教义民法学
——总则、物权

Doctrines and Constructions
of Chinese Civil Law——General Provisions, Property Rights

刘洋 ◎ 著

图书在版编目(CIP)数据

教义民法学：总则、物权 / 刘洋著. -- 北京：北京大学出版社, 2025.8. -- ISBN 978-7-301-36544-1
Ⅰ. D923.01
中国国家版本馆 CIP 数据核字第 2025XU0494 号

书　　　　名	教义民法学——总则、物权 JIAOYI MINFAXUE——ZONGZE、WUQUAN
著作责任者	刘　洋　著
责 任 编 辑	孙维玲
标 准 书 号	ISBN 978-7-301-36544-1
出 版 发 行	北京大学出版社
地　　　　址	北京市海淀区成府路 205 号　100871
网　　　　址	http://www.pup.cn　新浪微博：@北京大学出版社
电 子 邮 箱	zpup@pup.cn
电　　　　话	邮购部 010-62752015　发行部 010-62750672　编辑部 021-62071998
印 刷 者	北京鑫海金澳胶印有限公司
经 销 者	新华书店
	730 毫米×980 毫米　16 开本　16 印张　287 千字 2025 年 8 月第 1 版　2025 年 8 月第 1 次印刷
定　　　　价	66.00 元

未经许可，不得以任何方式复制或抄袭本书之部分或全部内容。
版权所有，侵权必究
举报电话：010-62752024　电子邮箱：fd@pup.cn
图书如有印装质量问题，请与出版部联系，电话：010-62756370

序言

我国民法学经过四十余年的发展，无论在学术研究还是人才培养方面，均已取得极大进步。在这一过程中，优质、理想的民法学教材发挥了巨大的作用。事实上，作为知识传播的工具、学说汇聚的载体，教材在任何一个国家的基础、中级、高等教育各个环节，都扮演着"枢纽性"的角色。《民法典》实施之前，我国已有不少兼具深度和体量的高水平民法学教材问世，为推动我国民法学教育的进阶做出了卓著的贡献。

《民法典》编纂，改变了我国民事立法的"割裂"局面，是民法规范的一次"系统集成"。此外，《民法典》还在不少制度设计上显著地更新了传统理念，担保制度的功能主义转向就是典型例证之一。成文法的此种大规模变迁及其最新司法实践的发展，必然呼唤教材及其内容的应时更新，以确保教学内容的与时俱进。刘洋博士将其多年来开设民法学课程的讲义加以系统整理，呈现出的这本《教义民法学——总则、物权》，就是这样的努力。

从民法学教学实践看，初入民法学之门的学子常受法律条款及其概念抽象难懂的困扰。对于甫入大学之门的青年学生而言，往往生活经验较为匮乏，对于复杂的交易及财产关系大多并无切身体会。这在一定程度上会阻碍他们对于民事法律关系及权利义务的想象。然而，民法制度的设计，正是建立在大量具体交易形态或生活场景的提炼与总结之上的。由此带来的结果是，民法课堂上的理论知识传授、法律制度讲解，如果离开必要的案例配合与辅助，就可能大大增加学生准确把握和理解相应法律条文的难度。出于这样的考虑,刘洋博士在本书中尽可能地融入相应法律制度所对应的事实场景及相关典型案例,让法律规范与生活世界之间的联系得以重建,这对于引导法科学子把握民法规范的适用情境、降低抽象概念的理解难度定能有所助益。

另外,该书呈现出语言简明的特点,在《民法典》相应制度的阐释过程中不拖泥带水。以相对有限的篇幅,呈现诸法律规则的立法意旨、规范内涵、比较法渊源以及适用中可能涉及的核心问题,能够让初学者以相对较低的时间成本,有效地建立对《民法典》精义的认识。

刘洋在我的指导下完成博士学业,随即入职上海财经大学法学院。该书源于其开设民法学课程的讲义,是他多年来坚持思考、勤于钻研的结果。在该书付梓之际,刘洋邀请我为之作序,我慨然应允;并期待他再接再厉,将教义民法学的剩余部分及时完成,确保教材知识体系的完整,为广大学子献出一本"称手"的简明教材。

是为序!

周江洪

2025 年 7 月 19 日

目录

第一章　导论 / 001

　第一节　民法的性质和体系 / 001

　　一、民法的性质 / 001

　　二、民法的体系 / 002

　第二节　民法的渊源 / 003

　　一、法律渊源的内涵和功能 / 003

　　二、法律与法律解释 / 004

　　三、行政法规 / 005

　　四、习惯法 / 006

　　五、司法解释 / 008

　　六、指导性案例 / 009

　　七、法律行为(契约) / 011

　　八、国际条约 / 011

第二章　总则 / 012

　第一节　民法总则的功能与实现技术 / 012

　　一、民法总则的功能 / 012

二、民法总则的立法技术 / 013

第二节　民法的基本原则 / 014

　　一、基本原则及其功能 / 014

　　二、私法自治 / 015

　　三、合法权益受保护 / 017

　　四、人格平等 / 017

　　五、信赖保护 / 017

　　六、公平 / 018

　　七、诚实信用 / 019

　　八、公序良俗 / 020

第三节　法律行为的概念 / 021

　　一、法律行为的类型 / 021

　　二、意思表示及其构成 / 023

　　三、意思表示的生效 / 024

第四节　意思表示瑕疵：欺诈 / 026

　　一、欺诈的构成要件 / 027

　　二、第三人欺诈 / 029

　　三、基于欺诈的撤销权 / 030

第五节　意思表示瑕疵：胁迫 / 030

　　一、胁迫构成要件 / 030

　　二、第三人胁迫 / 031

　　三、基于胁迫的撤销权 / 031

第六节　意思表示瑕疵：重大误解（错误） / 032

　　一、重大误解的类型 / 032

　　二、重大误解的撤销权 / 034

第七节　意思表示瑕疵：通谋虚伪意思表示 / 038

　　一、通谋虚伪意思表示的双层规范结构 / 038

　　二、通谋虚伪意思表示的效力与第三人保护 / 039

第八节　意思表示瑕疵：真意保留 / 040

　　一、真意保留的利益格局 / 040

　　二、真意保留的法律效果 / 040

第九节　意思表示瑕疵：戏谑表示（非诚意行为） / 040

　　一、戏谑行为的利益格局 / 040

　　二、戏谑行为的法律效果 / 041

第十节　法律行为解释 / 042

　　一、法律行为解释的概念 / 042

　　二、法律行为解释的方法 / 045

　　三、补充性的法律行为解释 / 046

第十一节　行为能力 / 047

　　一、行为能力的内涵和类型 / 047

　　二、无行为能力的法律效果 / 048

　　三、限制行为能力的法律效果 / 050

　　四、监护制度 / 053

第十二节　代理 / 056

　　一、代理制度的功能和体系定位 / 056

　　二、代理权与基础关系 / 057

　　三、代理行为 / 061

　　四、无权代理 / 062

　　五、表见代理 / 065

第十三节　法律行为的形式 / 066

　　一、形式自由原则 / 066

　　二、要式行为 / 068

第十四节　法律行为的内容 / 071

　　一、法律行为内容自由及其限制 / 071

　　二、法律禁令作为法律行为的边界 / 072

　　三、公序良俗作为法律行为的边界 / 076

第十五节　条件、期限和须经同意的法律行为 / 079

一、法律行为附条件 / 079
　　二、法律行为附期限 / 082
　　三、须经同意的法律行为 / 083

第十六节　格式条款 / 084
　　一、格式条款的界定和判断 / 084
　　二、格式条款纳入合同和"突袭条款"排除 / 085
　　三、格式条款的解释 / 086
　　四、格式条款效力控制 / 086
　　五、合同漏洞及其填补 / 088

第十七节　自然人 / 089
　　一、自然人作为民事主体的教义学构造 / 089
　　二、人格权保护 / 093
　　三、个体工商户和农村承包经营户 / 097

第十八节　法人 / 098
　　一、法人的通用规则 / 098
　　二、营利法人 / 103
　　三、非营利法人 / 108
　　四、特别法人 / 111

第十九节　非法人组织 / 113
　　一、非法人组织的设立 / 113
　　二、非法人组织的治理架构和责任承担 / 113
　　三、非法人组织的终结 / 114

第二十节　诉讼时效 / 114
　　一、诉讼时效的功能和适用范围 / 114
　　二、一般诉讼时效的长度及其调整 / 117
　　三、诉讼时效进行的障碍事由 / 118
　　四、诉讼时效届满的效力及其意定调整 / 120

第二十一节　权利体系 / 121
　　一、权利的概念及其规范要素 / 121

二、权利的类型化 / 123

三、权利的行使和限制 / 128

第三章　物权 / 129

第一节　物权的界定 / 129
第二节　物权法的基本原则 / 130
一、物尽其用和效率理念 / 130

二、物权法定及其缓和 / 131

三、物权绝对及其展开 / 132

四、区分原则和无因原则 / 133

五、公示原则 / 134

六、特定性及确定性原则 / 135

七、自治原则 / 135

第三节　物权的类型划分 / 136
一、完全物权和定限物权 / 136

二、不动产物权和动产物权 / 137

第四节　物权的保护 / 138
一、物权请求权的功能和特征 / 138

二、物权请求权的类型 / 139

第五节　占有 / 141
一、占有的规范要素 / 141

二、占有的法律功能 / 141

三、占有的类型界分 / 143

四、占有的法律保护 / 146

第六节　物权变动：基于法律行为的物权变动 / 146
一、动产物权变动 / 146

二、不动产物权变动 / 148

三、善意取得（从非权利人处取得）/ 150

第七节　物权变动：非基于法律行为的物权变动 / 152

一、添附 / 152

二、征收 / 153

三、基于裁判文书 / 153

四、继承 / 154

第八节　所有权 / 154

一、社会主义政治制度框架下所有权的三分形态 / 155

二、共有 / 159

三、建筑物区分所有 / 162

四、相邻关系 / 175

第九节　用益物权 / 176

一、用益物权的一般规则 / 176

二、建设用地使用权 / 178

三、宅基地使用权 / 183

四、农地承包经营权 / 185

五、农地经营权 / 187

六、居住权 / 190

七、地役权 / 192

第十节　担保物权 / 195

一、担保物权的通用规则 / 195

二、抵押权 / 203

三、质押权 / 217

四、留置权 / 227

五、增信措施的性质和法律效果 / 230

六、功能主义视野下的非典型担保形式 / 233

后记 / 245

第一章

Chapter 1

导论

第一节 民法的性质和体系

一、民法的性质

民法乃调整处于平等地位的自然人、法人、非法人组织之间人身、财产关系的私法规范集群,构成私法的核心支柱,理论上称为"基本私法"。理解民法的性质,可从如下几个方面切入:

其一,民法建立私法领域的基本规范框架,并为特别私法及领域立法创建"工具箱"。作为基本私法,《中华人民共和国民法典》(以下简称《民法典》)主要从大处着眼,一方面建构起私法宏观大厦的"四梁八柱"和整体体系;另一方面亦建构和供给了大量基础性的法律概念、原则、方法,如法律行为、支配权、请求权、抗辩权、形成权、善意、信赖保护、风险预防的制度建构和思维方法等,皆为当今时代日益膨胀蔓延的领域立法及其制度建构铺垫性地创设了大量可以直接援用的概念或理念工具。从这个角度讲,民法及其实证化结晶《民法典》的存在,使立法者在针对当今社会特定领域或特定风险创设特别私法及领域立法时,免去重新塑造支撑性的基础概念并经由诸种途径使之获得人民认可的负担。因而可以说,民法担当了特别私法及领域立法"工具箱"的角色。

其二,民法中绝大多数的规范均为任意性规范。民法奉行自治理念,以尊重并促成市民社会的自治为核心使命。即便立法者设计了数以千计的实证规范,也都是站在当事人的立场并从当事人的利益考量出发,揣测当事人于各种情境中最可能作出的交易安排,以便作为当事人合意空缺时的"候补性规则"。在顺位上,只要当事人有特别约定,即应以此特别约定为优先并直接作为确定当事人之间法律关系、权利义务的依据,并可借此排除现行法中的实证性规则。尽管也存在类如《民法典》第153条这样宣示法律禁令、善良风俗等自治边界的条款,但无论自体系抑或数量上看,此等管制性的规则均属绝对的例外。

其三,民法秩序存在隐藏的"规训性"。民法贯彻和宣扬的自治,乃制度性自治,绝非恣意妄为甚或随心所欲。就算是向来被人们视为"自治工具"的法律行为制度,也存在着变相管制的另一面。以自治贯彻最为彻底的合同制度为例,除了来自公法的强制性规范、源于道德的善良风俗和道德底线、生长于其内部的合同原则外,任何行为只要能以合意的方式达成,通常就不得以单独行为的方式确立。这恰恰是对单方行为的排斥,从而构成类型强制的表现形式,无疑极大地"裁剪"和"割舍"了生活中可能更加丰富的人的行为方式。此外,民法中还有大量的权能规范,比如无权代理、越权代表等,也都构成私法秩序对于私法主体行动方式的"规训"。

综上可见,民法有着多元面向和丰富内涵,只有站在更加综合的面向观察其制度构造,才能获取更加深刻的认识。

二、民法的体系

体系乃大陆法系立法的核心特点之一,民法当然也不能例外。依卡纳里斯之见,体系分外在体系和内在体系。前者乃概念、规则相互组合形成的可见体系;后者系潜伏于规则内部的一般法理思想和价值取向相互兼容而成的无形体系。[1]

就外在体系而言,我国《民法典》分为总则与分则,分则又包含财产权和人身权两大核心制度。财产权方面,我国《民法典》兼容了绝对性的物权和相对性的债权;而人身权则由人格权和身份权组成,其中人格权系我国《民法典》相较于《德国民法典》《法国民法典》等的特色所在,身份权则覆盖了婚姻家庭关系衍生的身份性权利和以亲属关系为前提的继承权。

---

[1] 参见〔德〕克劳斯-威廉·卡纳里斯:《法学中的体系思维与体系概念:以德国私法为例(第2版)》,陈大创译,北京大学出版社2024年版,第13、38—58页。

至于内在体系,原属无形的价值体系,但我国却通过基本原则成文化的方式将其转化为有形的法律条文。诸此基本原则及其所承载的内在体系,通常并不能直接作为裁判的依据,却能够在立法规则设计、规范解释适用等方面发挥重要作用。内在体系所囊括的诸项民法核心价值,是以高度凝练的方式从具体制度中抽取出来的。它作为蕴含于有形规范内部的指导性理念,一方面可作为具体规则妥当与否的评判基准;另一方面,又能在具体规则有所欠缺时,辅助填补成文法的漏洞。当然,站在外在体系的角度观察,它还能帮助人们"串联"起内在理念实质相同但条文编排上却因种种原因而无端"散落"于民法各个角落的大量规则,从而发挥"线索功能"。总结起来,内在体系承担着判断逻辑一致性与否、呈现规范内聚性并协助实现规范整全性的功能。①

第二节 民法的渊源

一、法律渊源的内涵和功能

法律渊源,即法律的表现形式,简称"法源"。对司法实践而言,法源系找法指向的对象,而找法又构成解释、适用规范并作出裁判的前提性工作,故法源范围的界定能够对裁判实务产生直接影响。在法学方法论的视野下,法源论是法学方法的重要组成部分。② 从历史演进角度观察,法源概念及其表现形态经历了较大的变化。早期的法源呈现开放格局,除了国家立法机关经由立法程序制定的成文法规则之外,还有大量的其他法源生成渠道和形成机制。以罗马法为例,概括性地看,习俗、法学家解答、市政官告示等都曾扮演过法源的角色。③ 只是随着时间的推移和国家立法权的强化,法源的形态才渐渐由多元走向单一,生成路径逐步从开放走向封闭,直至正式法源完全由国家立法机关垄断。这一变迁趋势带来了正反两方面的效果,就正面而言,人们找法的方向变得十分清晰,效率也相应提高;可反面言之,立法机关理性和效率有限,必然存在"视线盲点"

---

① 参见方新军:《内在体系外显与民法典体系融贯性的实现——对〈民法总则〉基本原则规定的评论》,载《中外法学》2017年第3期,第575页。
② 参见黄茂荣:《法学方法与现代民法》(增订七版二刷),2021年自版,第2—88页。
③ 详细研究参见汪洋:《私法多元法源的观念、历史与中国实践——〈民法总则〉第10条的理论构造及司法适用》,载《中外法学》2018年第1期。

和调整空白,法律漏洞出现的概率大大增高。① 由此,漏洞认定及其填补的方法得以登场并朝向日益精细化、复杂化的方向演进。

二、法律与法律解释

民法的渊源,首先表现为全国人民代表大会及其常务委员会(以下简称"全国人大及其常委会")制定的法律和法律解释。更精确地讲,《民法典》就是我国民法最重要、最集中的渊源。《民法典》是整个私法体系中具有基础性地位的一部法律,在"民商合一"的立法范式下,它具有统摄民法和商法的功能。鉴于我国并无形式意义上的商法典,《民法典》"法人"一章的相关规则又是在总结、升格《中华人民共和国公司法》(以下简称《公司法》)总则相关规则的基础上制定的,故在一定程度上可以说,《民法典》总则编是民法和商法共同的总则。② 不过,值得提醒的是,不能单凭"民商合一"的立法范式,就直接忽略民法和商法之间的分野和适用上的区别。③ 尤其是《民法典》中不少规则的解释和适用,应当辨识其规范属性,并且应留意民事法律关系和商事法律关系在解释方向上的差异。

除作为一般性私法规范载体的《民法典》之外,还有不少特别私法亦涵括了大量、关键的民事法律规范,比如《中华人民共和国农村土地承包法》(以下简称《农村土地承包法》)、《电子商务法》、《中华人民共和国消费者权益保护法》(以下简称《消费者权益保护法》)、《中华人民共和国个人信息保护法》(以下简称《个人信息保护法》)等。于司法适用之时,尤其应当关注《民法典》与相关特别私法之间关系的协调整合,以免出现规范之间的龃龉或者冲突。④

民法领域的法律解释并不多见,其中一个较为典型的例证缘起于"北雁云依与济南市公安局历下分局公安户口行政登记案"⑤。此案案情梗概为:原告出生于2009年1月25日,其父母分别为吕某某、张某某。吕某某、张某某二人共同决定为女儿取名"北雁云依"。2009年2月,吕某某前往燕山派出所为女儿申

---

① 详细研究参见张力:《民法转型的法源缺陷:形式化、制定法优位及其校正》,载《法学研究》2014年第2期。
② 参见钱玉林:《商法漏洞的特别法属性及其填补规则》,载《中国社会科学》2018年第12期。
③ 详参施鸿鹏:《民法与商法二元关系格局的演变与形成》,载《法学研究》2017年第2期。
④ 详参谢鸿飞:《民法典与特别民法关系的建构》,载《中国社会科学》2013年第2期。
⑤ 山东省济南市历下区(2010)历行初字第4号行政判决书。

请办理户口登记,被民警告知拟被登记人员的姓氏应当随父姓或者母姓,否则不符合办理出生登记条件。因吕某某坚持以"北雁云依"为姓名为女儿申请户口登记,被告燕山派出所遂依照《婚姻法》第 22 条之规定,于当日作出拒绝办理户口登记的具体行政行为。此案所涉纠纷因争议较大,故承办法院通过层报程序上报至最高人民法院(以下简称"最高法"),最高法则提请全国人大常委会释法。2014 年 11 月 1 日,第十二届全国人大常委会第十一次会议通过《全国人民代表大会常务委员会关于〈中华人民共和国民法通则〉第九十九条第一款、〈中华人民共和国婚姻法〉第二十二条的解释》,规定:"公民依法享有姓名权。公民行使姓名权,还应当尊重社会公德,不得损害社会公共利益。公民原则上应当随父姓或者母姓。有下列情形之一的,可以在父姓和母姓之外选取姓氏:(一)选取其他直系长辈血亲的姓氏;(二)因由法定扶养人以外的人抚养而选取抚养人姓氏;(三)有不违反公序良俗的其他正当理由。少数民族公民的姓氏可以从本民族的文化传统和风俗习惯。"从社会管理和发展角度而言,子女承袭父母姓氏有利于提高社会管理效率,便于管理机关和其他社会成员对姓氏使用人的主要社会关系进行初步判断。倘若允许随意选取姓氏甚至恣意创造姓氏,则会增加社会管理成本,无利于社会和他人,而且极易使社会管理出现混乱,增加社会管理的风险性和不确定性。再者,从历史传统看,姓氏在我国承载了对血缘的传承、对先祖的敬重、对家庭的热爱等,人们对姓氏传承的重视和尊崇,不仅体现了血缘关系、亲属关系,更承载着丰富的文化传统、伦理观念、人文情怀,符合主流价值观念,是中华民族向心力、凝聚力的载体和镜像。反之,如果任由公民仅凭个人意愿和喜好随意选取姓氏甚至自创姓氏,则会造成对文化传统和伦理观念的冲击,既违背社会善良风俗和一般道德要求,也不利于维护社会秩序和实现社会的良性管控。本案中并不存在实际抚养关系变动、有利于未成年人身心健康、维护个人人格尊严等例外情形,故法院最终驳回了原告要求确认被告拒绝以"北雁云依"为姓名办理户口登记行为违法的诉讼请求。值得注意的是,全国人大常委会释法的内容,后来在《民法典》编纂过程中直接入法,实现了从法律解释到法律规则本身的"华丽转身"。

三、行政法规

根据《中华人民共和国立法法》第 72 条,行政法规的制定权属于国务院。行政法规中的规则,只要就其属性而言可被用以调整民事法律关系,即属民法的法源,亦可称为"实质意义上的民法"。比如,《促进个体工商户发展条例》《互联网上网服务营业场所管理条例》《行政事业性国有资产管理条例》《私募投资基金监督管理条例》《碳排放权交易管理暂行条例》《非银行支付机构监督管理条例》《中国公民收养子女登记办法》《医疗机构管理条例》《征信业管理条例》《优化营商环境条例》等,尽管名称上皆冠以"管理",但其规则中夹杂着不少以交易为内容的条款,这些条款实质上都是私法规范,因而也属于民法的法源。

四、习惯法

我国《民法典》第10条规定:"处理民事纠纷,应当依照法律;法律没有规定的,可以适用习惯,但是不得违背公序良俗。"此条将"习惯"作为劣后于成文法的法源,不过,学说中常认为应将其解释为"习惯法"。[①] 因为习惯法作为不成文法源,具备长期践行和被普遍接受具有法律的拘束力两重要素,尤其是后一要素,是习惯所不具备的。单纯的习惯尽管亦经历了长期的运用、践行,但尚不具备规范的属性,只有在《民法典》相关规则明确援引并指出其可在民事纠纷裁判中发挥作用时,方可间接地成为裁判的依据,而且此时还需要当事人举证证明相应习惯的存在及其内容。

来源上,习惯法既可由习惯转化而来,亦可由法官法升格而成。习惯可以体现为地域习惯、行业习惯、群体习惯。自比较法观察,《德国商法典》第362条规定,商事主体对于收到的"商人确认书"(kaufmänische Bestätigung)如果未及时地意思表示,此种沉默将被视为承诺。[②] 这种打破法律行为论中沉默不具有任

[①] 详细分析参见汪洋:《私法多元法源的观念、历史与中国实践——〈民法总则〉第10条的理论构造及司法适用》,载《中外法学》2018年第1期。

[②] 《德国商法典》(Handelsgesetzbuch；HGB)第362条的原文如下:

(1) Geht einem Kaufmanne, dessen Gewerbebetrieb die Besorgung von Geschäften für andere mit sich bringt, ein Antrag über die Besorgung solcher Geschäfte von jemand zu, mit dem er in Geschäfts Verbindung steht, so ist er verpflichtet, unverzüglich zu antworten; sein Schweigen gilt als Annahme des Antrags. Das gleiche gilt, wenn einem Kaufmann ein Antrag über die Besorgung von Geschäften von jemand zugeht, dem gegenüber er sich zur Besorgung solcher Geschäfte erboten hat.

(2) Auch wenn der Kaufmann den Antrag ablehnt, hat er die mitgesendeten Waren auf Kosten des Antragstellers, soweit er für diese Kosten gedeckt ist und soweit es ohne Nachteil für ihn geschehen kann, einstweilen vor Schaden zu bewahren.

何意思表示上意义之一般规则的制度设计，最初即源于商事习惯，后来在修法时得以进入《德国商法典》，成为成文规则的组成部分。在我国语境下，可以让与担保为例加以说明。时至今日，我国《民法典》担保物权制度中仍未明确地将让与担保一般性地确认为有效的担保手段，可是交易实践对于此种担保工具的运用早已十分广泛。① 同时，裁判实践也早已认可其效力。因此可以说，让与担保在我国经历了由交易习惯向习惯法演化的无声发展历程。当然，需要注意的是，《民法典》第 766 条关于有追索权保理的规则，本质上属于债权让与担保，② 一定程度上构成对让与担保的部分认可。

"法官法"乃学理上的用语，系裁判者于立法不备时，为填补漏洞而续造形成的规则。此等规则经过学说理论的检验和认可，再辅之以长期实践，渐渐于民众中获取具有法律拘束力的信念，即可升格成为习惯法，从而具有法源的地位。从比较法看，德国民法发展史上有不少规则由法官法进化而成，积极侵害债权（pFV）、缔约过失责任（c.i.c.）、情势变更规则、容忍代理和表象代理规则皆属适例。我国民法发展史上的死者人格法益的保护亦然。③ 在早年发生于天津的"荷花女案"中，作家魏锡林以连载方式撰写同名小说"荷花女"并刊登于《今晚报》。小说以真实人物形象为原型，同时也添加不少令人难堪的虚构内容，从而被认定为侵害了死者荷花女的名誉权。不过问题在于，在我国民法权利能力规则中，死者欠缺权利能力，当然也不存在名誉权侵害的问题。因此，彼时的裁判虽在价值取向上值得认可，但在裁判说理及法技术构造上仍存在较大的瑕疵。后来，随着人格权学说的不断进步，人们认识到，人格作为一种抽象且位阶极高的法益，固然可于多种形态的载体之上呈现出来，并不能因载体之所限或其本身存续时间的界限而直接影响人格法益的法律保护。所以，名誉或良好社会评价这一人格法益的载体虽为有生命活力之肉体，但并不必然随着肉体的消灭而同逝。即便生命本身不复存在，名誉等值得保护的人格法益仍可能存在于其他载

---

① 参见黑龙江闽成投资集团有限公司与西林钢铁集团有限公司、第三人刘志平民间借贷纠纷案，载《最高人民法院公报》2020 年第 1 期；深圳市奕之帆贸易有限公司、侯庆宾与深圳兆邦基集团有限公司、深圳市康诺富信息咨询有限公司、深圳市鲤鱼门投资发展有限公司、第三人广东立兆电子科技有限公司合同纠纷案，载《最高人民法院公报》2020 年第 2 期，均涉及股权让与担保。

② 参见李宇：《保理合同立法论》，载《法学》2019 年第 12 期。

③ 参见税兵：《身后损害的法律拟制——穿越生死线的民法机理》，载《中国社会科学》2011 年第 6 期。

体之上，依然应当予以保护。我国《民法典》总则编第 185 条和人格权编第 994 条均以死者人格法益的保护为对象，①就是一步步由法律漏洞历经法官法再到习惯法最终升级为成文法这样的步骤演变而来的。

习惯法尽管无形，但其在效力上丝毫不逊于成文法规则，甚至还能在一定程度上改变成文法。当然，习惯法本身也不能违背公序良俗或者宪法。同时，习惯法也存在以新代旧的现象，新的习惯法生成，旧的习惯法就会逐步隐入历史尘埃。

五、司法解释

司法解释是具有中国特色的现象，诞生于中国特殊的法治环境，引导其发生并滋长的因素主要包括：

其一，改革开放后，我国重启法治进程，立法进入快车道。为使大量亟待法律调整的领域尽快实现"有法可依"的目标，时任全国人大常委会委员长彭真曾提出"宜粗不宜细"的立法指导思想。这就导致大量法律规则较为粗糙、宽泛，尽管它们在赋予法官自由裁量权以便因应不同地区特殊需要和预留弹性空间以便顺应时代变化产生的新问题方面具有优势，但这些也恰恰是此种立法理念的致命弊端——极易导致同一规则在不同地区司法机关形成相异乃至严重冲突的解释结论，并且为司法权力寻租提供了温床。为避免同案异判减损司法公信力，也为使各级法院对于某些抽象且重要制度的理解和适用能够更加清晰明确，最高法发布司法解释的体制便应运而生，并在长期运行过程中不断固定和丰富化。

其二，立法滞后于社会发展和交易需要，司法机关作为直面市场和处理交易纠纷的机构，不得不在立法有所欠缺的背景下创造规则。如所公认，自改革开放以来短短 40 余年的时间，中国经济和物质基础以及社会环境等外在条件都发生了翻天覆地的变化，此一背景下涌现出的大量新型业态、交易模式、社会现象和纠纷类型均呼唤相应法律规则的颁行，可立法毕竟是一个严肃的程序，需要经过较为冗长、复杂的论证、修改和审议过程，这就导致实证法的供给相较于社会的需要存在不小的缺口。最高法又一次以积极的姿态"担当重任"，司法解释就成了立法不备的背景下裁判机关解决纠纷的重要依据。研究表明，司法解释在中

---

① 参见曹相见：《死者"人格"的规范本质与体系保护》，载《法学家》2021 年第 2 期。

国民商事法律制度发展演进过程中,的确在不少领域发挥了不可小觑的作用。①

可是,从功能定位与分工角度言之,司法解释以一般性、普适性规则的面貌出现,难免会遭到"僭权"的正当性质疑。同时,最高法发布的司法解释本身也不乏内在冲突的现象,混合共同担保内部追偿权方面规范的反复即属十分典型的例证。这也有力地解释了《民法典》编纂过程中以薛军教授为代表的部分学者曾经大力呼吁废除司法解释制度并将其中合理部分吸收、融入《民法典》的主张。②

然而,随着《民法典》的颁布实施,司法解释体制不仅未能退出历史舞台,反倒愈益"勃发增长"。除既有的司法解释经最高法清理并于2020年年底发布新版本之外,针对《民法典》总则编、物权编担保制度、合同编通则部分、婚姻家庭编、侵权责任编,相应的司法解释早已如雨后春笋般纷纷涌现,并且成为各级法院裁判案件必须援引的依据。所以,从实然角度看,这些司法解释确属我国民法的法源。

六、指导性案例

我国属于成文法国家,民法领域总体而言受到以德国为代表的大陆法系影响较深,故其裁判推理所依凭的大前提往往并不包含仅具有个案拘束效力的生效判决。不过,随着民法规范体系渐趋完善,尤其是在《民法典》生效之后,规模性的立法走向尾声。于此背景下,社会基础更新引致的规范不足和缝隙,就有赖于判例的填补。鉴于此,最高法于2010年11月26日印发《最高人民法院关于案例指导工作的规定》(以下简称《案例指导规定》),启动指导性案例的遴选工作。根据《案例指导规定》第2条,能够入选的案例主要包括社会广泛关注、法律规定比较原则、具有典型性、疑难复杂或者新类型及其他具有指导作用的案例。从实效面观察,十余年来,最高法已经发布229件指导性案例,涵括民事、刑事、行政和仲裁等各种类型,涉及的法律关系形态也纷繁多样,其中不少案例因具有填补实证法漏洞的作用,甚至一度在学界引发了广泛的关注和热烈的讨论。例如,指导案例1号涉及居间合同中居间人报酬请求权的性质和实现③、指导案例

---

① 参见柳经纬:《当代中国私法进程中的民商事司法解释》,载《法学家》2012年第2期。
② 参见薛军:《当我们说民法典,我们是在说什么》,载《中外法学》2014年第6期。
③ 参见周江洪:《"上海中原物业顾问有限公司诉陶德华居间合同纠纷案"评释》,载《浙江社会科学》2013年第1期。

15号涉及关联公司人格混同和法人格否认①、指导案例67号涉及分期付款的股权转让合同中解除权的产生和行使②、指导案例99号涉及以英雄烈士为代表的死者名誉保护，③都成为学者深度研究的灵感来源。部分指导性案例确立的裁判规则，通过后续的法律修订程序直接成为法律规则的内容。前述指导案例15号确立的横向法人格否认规则，就在2023年《公司法》修订中直接被吸收，完善了我国商法框架下法人格否认制度的内容。

不过，指导性案例在我国是否属于法源，仍然存在一定的争议。④《案例指导规定》第7条规定，各级人民法院审判的案件如有相关的指导性案例，则"应当参照"。可见，指导性案例对于司法审判确能发挥较强的约束力。彭中礼教授曾运用SPSS软件，以统计分析的方法研究指导性案例在各级法院审判类似案件时是否真正被参照和援引，得出的结论是：指导性案例的采纳和适用受案件类型、案由、指导性案例的提供主体、律师代理、提供指导性案例的方式、审理程序和法院级别等因素的显著影响。在司法适用层面，指导性案例进入司法判决缺乏必要的程序保障和有效的方法论支持；就运作效果而言，案例指导制度尚未有效解决制度设计与法律理念、制度运行与适用方法之间的深刻鸿沟。⑤应当承认的是，对于法有漏洞的案件，这种经由司法造法形成的法官法规则，通过理论的商谈互动和实务的长期践行，不仅扮演着习惯法储备库的角色，而且完全可能凭借其自身的说服力具有法源的功能。

今天，案例在我国司法机关的工作机制中占据越来越重要的地位。随着《人民法院案例库建设运行工作规程》（以下简称《案例库工作规程》）于2024年4月29日发布，"人民法院案例库"极有可能在未来取代指导性案例的地位，成为最高法指导并统一全国各级法院解释适用法律规则、明确裁判口径的工具。《案例

---

① 参见石一峰：《关联公司人格否认动态判断体系的构建》，载《环球法律评论》2022年第3期。
② 参见万方：《股权转让合同解除权的司法判断与法理研究》，载《中国法学》2017年第2期；孙新宽：《分期付款买卖合同解除权的立法目的与行使限制——从最高人民法院指导案例67号切入》，载《法学》2017年第4期。
③ 参见曹相见：《死者"人格"的规范本质与体系保护》，载《法学家》2021年第2期；刘颖：《〈民法总则〉中英雄烈士条款的解释论研究》，载《法律科学》2018年第2期。
④ 肯定性的观点参见雷磊：《指导性案例法源地位再反思》，载《中国法学》2015年第1期。
⑤ 参见彭中礼：《司法判决中的指导性案例》，载《中国法学》2017年第6期。

库工作规程》第 19 条规定:"各级人民法院审理案件时,应当检索人民法院案例库,严格依照法律和司法解释、规范性文件,并参考入库类似案例作出裁判。"这就令入库案例的检索、参照成为司法裁判过程中必要的前置环节。当然,根据《案例库工作规程》第 21 条,入库案例目前尚无法像法律、司法解释那样具有裁判依据的地位,未来是否会在裁判中产生更强势的影响,还有待进一步观察。

七、法律行为(契约)

对于源自法律行为的法律关系及由此引发的纠纷,其裁断处理首先应当查明当事人合意并经由妥当的解释确定其内容,以作为第一顺位的请求权基础或者确定最优顺位的法源。① 此亦私法自治的核心要义。依德国法学家梅迪库斯(Dieter Medicus)之见,"法律行为是私法自治的工具",即民事主体借助法律行为为自己创设法律关系、取得权利、设定义务,凡在自治边界之内,法秩序均应容让和肯认之。一旦嗣后出现缘起于法律行为的纠纷,自亦应以法律行为及其内容为据对当事人的行为进行评价。就此而言,法律行为具有规范的品格,堪当私法场域的法源之任。② 不过,值得注意的是,当事人合意常有漏洞。此时,私法任意性规范即应登场并发挥备位性法源的作用。若实证法同样欠缺适当规则,就会面临双重漏洞的困境,此时有赖于补充性的司法解释,按照"假设的当事人意志"(Hypothetische Parteiwille)模拟出理性当事人在预见漏洞时可能采取的法律行为设计或交易安排。不过,在无涉法律行为的领域,它就不再担当法源的功能了。

八、国际条约

我国批准并签署的国际条约若涉及民事交往,自亦可担当民法法源,而且具有优先于国内法的效力。比如,《联合国国际货物销售合同公约》(CISG)、《联合国国际合同使用电子通信公约》等,均属之。

---

① 参见刘洋:《合同条款在私法法源中的优先地位及其实现——以隐名合伙的商事实践为例》,载《法学》2021 年第 4 期。
② 同旨,参见朱庆育:《私法自治与民法规范——凯尔森规范理论的修正性运用》,载《中外法学》2012 年第 3 期。不同见解参见李敏:《民法法源论》,法律出版社 2020 年版,第 276 页。

第二章
Chapter 2

总则

第一节 民法总则的功能与实现技术

一、民法总则的功能

总则式立法技术是德国法学家的创造,其在整个民法典宏观体系架构上的运用导致包括民法总则在内的各种形式的总则性规范的产生,如民法总则、物权总则、债法总则、家事法总则和继承法总则。总则的设置,可在如下方面发挥重要功能。

(一)避免重复,提高语言简洁度

民法中不少制度具有内在共通性或建立于共通性因素的基础上。意思表示及法律行为就是最为典型的例证。合同由要约、承诺两项意思表示相互合致而构成;基于法律行为的物权变动,离不开让与人和受让人之间就物权变动达成合意;婚姻的缔结,以双方当事人在平等、自由的前提下形成永久共同生活的意志为实质要件,此处所涉双方的意志亦属意思表示;继承制度中占据优先地位的遗嘱继承,同样建立在遗嘱人的意思表示基础上。既然意思表示、法律行为通用于分则各编,即可借助"提取公因式"的思维将其"置于括号之前",免去在每一编中均就意思表示的构成要素、法律地位及效果等反复加以规定的烦琐。分则相关规范适用时,径可直接援引总则中的相应条文。

又如民事主体制度,不论是财产权还是人身权,均以归属于特定私法主体为目的。故在《民法典》总则部分予以规定,建构起私法主体制度的基础性框架,同样可为分则部分节省相当多的条文,令规范呈现简约之风。

(二)便于识别规范之间联系,提升法律体系化程度

总则的设置,要求立法者按照阶梯式的结构对私法制度加以布局。对法律适用来说,司法者应发现此种层次化安排的规范之间的内在联系,如此方可实现规范的准确适用。故总则的存在,既能提示法律人关注法律规则的内在关联,又是法律体系性理念的技术承载和标志。

(三)为新型私法关系的调整预留弹性空间

总则中的条文一般通过对分则部分具体制度的核心要素加以提炼而生成,这些规范往往触及制度的内核及根本价值,因而呈现出极高的抽象性。高度抽象必然伴随着相对宽泛的解释空间和足够的弹性,即便社会环境有所变迁,私法关系的外观抑或表现形态有所更新,也不会直接导致总则中的相应制度丧失可用性。

仍以意思表示为例,前信息化时代,意思表示基本上发生于线下的物理空间,或以纸面文字为载体,或以特定行为呈现。随着人类社会的全面信息化,人们的生活、交易大量地发生于线上虚拟的网络空间,并借助信息技术手段对外传递。然而,此种外观上的更新并不足以导致意思表示的相关规则丧失可适用性。因为不论载体或传递渠道如何,就内核而言,只要具备行为意思、表示意识和法律效果意思且以外部可识别方式传达出来的行为人意图,即可认定为意思表示。在这个意义上可以说,总则中相当多规则具有准一般条款的属性,为应对社会变迁做好了充分的准备。

二、民法总则的立法技术

《民法典》总则部分使用的两项较为重要的立法技术为提取公因式和法条援引。

(一)提取公因式

整个《民法典》总则,就是提取公因式的结果。当然,这种技术同样也在分则各编得到贯彻和体现。不过,值得忖度的是,《民法典》总则部分的条文是否真的构成对于得适用于分则各个领域的通用性规则的抽取和提炼?事实上,回答可能是否定的。只要回顾诉讼时效适用范围的限定性,结论就会十分明了。即便

通常被称为"贯穿于民法全域之线索"的法律行为制度,在侵权导致的债之关系中,也往往根本无可置喙;在婚姻家庭关系中,也常常因照顾婚姻关系的所谓伦常性、道德性而不得不一再为例外规则及但书条款所修正,甚或遭遇排除。也正因此,理论上曾一度出现反思总则及总则式立法技术必要性、正当性的思潮。[①] 不过,如果对于总则规范在分编部分的贯穿性要求没有那么高,或者能够接受部分通用条款总则化的思路,那么总则的存在依然有益处并值得肯定。

(二)法条援引

法条援引的立法技术贯穿于整个《民法典》,在总则部分亦有使用。比如,第108条关于非法人组织参照适用关于法人的一般性规则的规定。法条援引是不同规则之间存有内在关联的直观标志和外在线索。主动援引的法条和被援引法条所涉的法律关系,或者存有实质相似性,或者本质上属于同一事物,这就令外在体系上可能相隔甚远的实证规范通过援引技术的运用而在内在价值的层面被统摄到一起。此种立法技术,亦属法律体系性、内聚性的印证。

第二节 民法的基本原则

一、基本原则及其功能

民法基本原则,系贯穿于民法各个分领域的一般性法律思想以及价值取向成文化、实证化的结果。可见,基本原则承载了那些潜藏于具体法律制度背后、蕴含于微观法律条文内部的无形思想或价值,在立法上可指导规范的设计、司法上可引领条文的解释、体系上可统领规范素材。

自比较法角度观察,将法律内含的一般思想和价值取向成文化并非国际惯例或普遍做法,至少《德国民法典》就并未将其核心价值取向或内在蕴含的一般法律思想明文固定下来。我国因向来有将特定法律基本原则和制度建设核心思想置于立法篇首予以清晰陈述的传统,故《民法典》也赓续了这一立法范式,理论上称为"内在体系外显"。[②]

[①] 参见朱庆育:《法典理性与民法总则——以中国大陆民法典编纂为思考对象》,载《中外法学》2010年第4期。

[②] 参见方新军:《内在体系外显与民法典体系融贯性的实现——对〈民法总则〉基本原则规定的评论》,载《中外法学》2017年第3期。

就功能而言,价值取向成文化的基本原则,一是能够为私法体系和制度安定性提供保障。理由在于,价值取向及一般法律思想本身通常会在相当长的时间内保持大体稳定。相应地,作为贯彻和落实法律价值取向或一般法律思想的技术工具的具体条文,自然亦能随之稳定,这对于法律安定性功莫大焉。不过,任何稳定都是相对的,即便价值本身也难免会在绵长的历史演进过程中随着外在情境或社会基础的变迁而有所更新。典型的例子是,平等观念由单纯形式主义走向形式与实质相结合的双层平等观。① 今天的平等,除了"透明化"思考背景下的人格、权利能力平等之外,以消费者为代表的弱者倾斜性保护亦已悄然融入平等概念的规范构造中,② 令私法价值体系中增添了消费者及弱者保护的内容元素。价值上的调整,必然会在具体制度和规范上反映出来。消费者保护规范在私法中的不断增生以及相应特别法的日益膨胀,就是最佳的注脚。

二是,基本原则可以作为提挈民法的丰富素材,确保庞杂的私法制度能够在统一理念下进行具有"内聚性"的有序生长。正如卡纳里斯所言,体系性作为法律最为核心的特点之一,其关键特质表现为,无论实证条文或微观规范有多么丰富多元的外观样态,就内在原理而言,均可回溯至一个或者少数几个内在和谐兼容的基本思想或价值,此即基本原则。对于民法来讲,最高理念非自治自决莫属。民法所有的具体制度或规范安排,或为自治自决之落实,或为自治自决之前提,或为自治自决适当边界之划定。

三是,基本原则可以扮演实证规范漏洞填补的工具。就个案裁判而言,具体规则之适用应恒优先于抽象的基本原则。然而,规则总有不备之处,法条难免有漏洞之可能。除可借由类推适用、目的性限缩等工具径直弥合漏洞外,对于有必要依托超越实证法之漏洞填补方法续造规则的案型,基本原则为规则续造勾勒了基本的框架和限度,也为此种法官法规则的生成提供了良好的方向指引。在私法发展史上,举凡缔约过失责任、积极侵害债权、情势变更等当今为人们耳熟能详的重要制度,无不是在诚实信用原则的兜底基础上续造而成的规则,足以印证此一判断。

二、私法自治

自治系私法最为核心的理念和最根本的价值取向,表现为《民法典》第5条

---

① 参见朱岩:《社会基础变迁与民法双重体系建构》,载《中国社会科学》2010年第6期。
② 参见应飞虎:《权利倾斜性配置研究》,载《中国社会科学》2006年第3期。

的自愿原则。在源头上,它根植于人的理性和自我决定能力,系康德哲学在法律领域的映射。就内涵而言,它是指任何私法主体皆得依自己意志为自身塑造法律关系、取得权利、创设义务、承担责任,不受公权之压制及他人之干预。简言之,即"法不禁止皆自由"。①

私法自治作为基本原则,毕竟仍过于抽象而难以直接适用于个案,法律行为制度则承载了使其具体化的功能。此亦梅迪库斯关于"法律行为是私法自治的工具"之判断的来源。为充分呈现容让自治的理念,法律行为不仅在行为与否、与谁行为、行为形式、行为内容诸方面一概交由私法主体自行决定和设计,而且行为的效果亦全凭当事人意愿来确定。更为重要的是,私法立法者在法源位阶的意义上将法律行为置于私法任意性规范之前,认可行为人意志的优先地位。这就确保了私法主体的自由意志和个性创造力得到最大程度的舒展,尽可能避免他治在伦理、效率及合法性等方面的困境。可见,私法自治在担当价值基础之外,还具有思维方法的功能,辅助人们建立更加融贯的私法知识体系,并在私法规范更加妥当的适用中发挥助益。

自治无疑有其边界。限制性力量一方面来自公法,以刑法、宪法和行政法为代表的公法规范,均为法律行为设定了界限。宪法中着力保护的基本权利、刑法中明文入罪的行为,皆排斥私法主体以法律行为方式直接或间接地侵入或作为追求的目标,否则即属《民法典》第153条中违反强制规范或公序良俗的无效行为,无法如当事人预期那样产生法律效果。另一方面,私法内部亦有大量权能性规范,引导民商事主体在法秩序预先建构的路径内追求自治。不论是以物权法定、结婚与离婚形态法定、遗嘱类型法定、公司类型法定等为显著代表的类型强制,还是以公司对外担保决议机制、预告登记准物权化效果、优先购买权对特定第三人的保护功能等为呈现方式的行为人权能范围限定机制,本质上都是以"画地为牢"的手段,迫使私法主体在特定规范管道的引导下或在"限量供应"的几种制度工具内择定其一,借以实现自治目的。即便是合同这一长期被理所当然地视为自由理念贯彻最为彻底的法律行为形态,其实也内在地蕴含排斥经由其他非合意途径实现单方意志的"外溢性效果"。这表明,在自治面具之下,依然掩藏着法秩序意图"规训"市民社会自由意志的内在动机和冲动,任一私法任意性规范的背后都有法秩序的"幽灵"在盘桓。在此意义上可以说,私法中的自治,实乃

---

① 参见易军:《"法不禁止皆自由"的私法精义》,载《中国社会科学》2014年第4期。

制度性自治，绝非由当事人随心所欲地挥洒其意志。

三、合法权益受保护

合法权益受保护经由《民法典》第 3 条获得规范确认，其本质是对私法自治原则的确认和延伸。究其原因，合法权益的内核无非是受法律保护的民事主体的自由意志。故保护合法权益，事实上就是对权利主体的自由意志予以认可。

四、人格平等

平等原则规定于《民法典》第 4 条。其内涵经历了从形式主义朝向形式与实质并重的变迁过程。19—20 世纪上半叶为法典化高潮时期，崇尚透明化的平等，即剥离民事主体在出身、民族、种族、性别、财富、受教育程度等各个方面的实质差异，强调所有人的人格一概居于平等地位。此种"人"的形象脱胎于启蒙运动的精神洗礼，意在扬弃罗马法时代家父对于家子的"人格荫庇"、奴隶的人格剥夺，创造一个人人皆得自主参与交往的环境，值得肯定。

然而，进入 20 世纪下半叶后，人们发现，社会中的确存在各种各样实实在在的不平等。经典时代的"透明平等观"虽有美好的期许，但是，倘若全然忽略消费者面对生产经营者、劳工面对雇主、形形色色弱势群体面对强势阶层所表现出来的不平等，则不仅无益于真正平等的达成，反倒会任由不平等的扩大和滋长蔓延。其间爆发的消费者运动促使人们对于价值无涉的"透明平等观"进行深刻的反思，渐渐确立了兼顾形式与实质双要素的更加全面的平等观。[①]

平等一方面是意思自治的前提，毕竟地位不平等的主体之间很难真正地以完全对等的方式进行谈判或确立合意；另一方面，为促成实质平等，立法又会以诸种规范对强势一方的意志予以限制，举凡垄断经营者的强制缔约义务、经营者对消费者负担的信息告知义务，均为例证。

五、信赖保护

信赖保护并未被《民法典》以实证规范方式予以确认，但在诸多私法关键制度中均能发现其身影。从相对人意思表示解释中相对人立场的选取以及一般理

[①] 参见姚佳：《中国消费者法理论的再认识——以消费者运动与私法基础为观察重点》，载《政治与法律》2019 年第 4 期。

性人理解可能性标准的确立、表见代理制度中对于合理信赖相对人的保护,到物权框架下为保护相对人善意信赖而设置的善意取得制度,再到债权制度中为保护债权人对于抵销合理信任而赋予罹于诉讼时效的债权以可抵销性的规则设计,其背后无不是信赖保护的价值取向以及借此维系合理预期并保障交易安全的理念在发挥作用。

对于商事交易而言,效率乃核心追求,支撑这一目标的关键性制度安排便是直接在权利外观及由此引发的合理信赖基础上确立法律效果。商事登记的信赖保护效果、商号随营业转移的强制要求、显名股东的处分权能,也都植根于此种价值基础之上。卡纳里斯更是从大量具体的制度和私法规范中提炼出信赖保护这一立于其后的法理思想,倡导将其确立为私法内在体系的组成部分,并建构起完整的信赖责任,获得学界广泛认可和接受。

因而,信赖保护同样属于民法基本原则的重要组成部分。

六、公平

公平规定于《民法典》第 6 条。作为基本原则,公平有主观与客观双重面向。从私法自治理念出发,公平首先应取主观主义内涵。换言之,不论交易在客观上是否符合市场价格,只要交易内容由当事人依自主意志而形成,即应认可其合乎公平。

一方面,此种主观主义的公平内涵建构范式,也存在与自治高度重合乃至完全可被后者取代的弊端。因而,理论界强调客观公平的见解始终存在,并认为其属于正义的表现形式。不过,客观公平也不得不回答如下问题:公平与否的基准何在?是完全仰赖客观市场价值,还是允许交易对价与客观市场价值有所偏离?如为后者,偏离幅度在多大以内可被认可,超出多大幅度才会被否定?对此,恐怕很难给出一个统一的尺度。较妥的做法毋宁是交由特别法,针对特定的交易形态和场景,结合相应交易类型的行业特点、核心要素和交易习惯,确立适当的客观标准。

另一方面,《民法典》第 151 条也从客观视角出发,设置了"显失公平"制度,赋予受不利益的一方当事人撤销权。但理论上对此制度的体系定位,向来存有争议。有学者认为其属公平原则的落实,亦有学者主张其乃公序良俗的表现形式。不过,从法律效果角度言之,违反公序良俗,一般会导致法律行为无效的后果,而第 151 条却为"显失公平"设置了可撤销的效果。因而,将其界定为客观公平的表现形式,仍属较为合理的选择。在构成要件方面,交易对价与客观市场价值的偏离只是"显失公平"得以成立的条件之一,一方处于危困、缺乏判断能力状态且被对方利用乃另一必要条件,而这无不需要在个案中综合全部要素加以综合衡量。故此,以客观公平为内容的正义,在自治理念主导下的私法秩序内仍有不可抹杀的生存空间。

七、诚实信用

诚信原则渊源深厚、历史悠久。罗马法谚云:诚实生活、勿害他人、各得其所,即系诚信原则的早期滥觞。及至近代,诚信原则在受德国影响较大的民法体系中占据日益显要的地位,甚至被誉为君临民法全域的"帝王条款"。

性质上,诚信原则实系道德法律化的结果,为民法在保持较为纯净的教义学思维范式和封闭运行逻辑的前提下,保持同外在伦理世界的互动能力,实现知识源头上对外开放提供了一个畅通的制度管道和规范机制。这在诚信原则具体化的过程中得到了充分体现。

只要稍稍回顾私法裁判和制度发展史就能发现,诚信原则总是在实证规范"青黄不接"而伦理观念及正义法感又告诫司法者不得不如此裁判时"力挽狂澜"。为防止启动磋商接触和谈判预备的当事人暴露于毫无保护的状态,诚信原则及时地提供了前合同义务和缔约过失责任;为防止瑕疵履行乃至造成债务关系对方当事人固有利益损害的债务人"逃之夭夭",诚信原则成了生成契约关系中保护性义务的温床;为防止外在情势或基础条件的重大变化导致契约严格履行可能造成的当事人权利义务严重不对等的格局,诚信原则再次为情势变更原则"接生";为防止格式条款以牺牲接受方的正当利益为代价,诚信原则又承担起效力控制机制的功能。所有这些诚信原则与微观个案相连接的场合,无不是在充分考量裁判时占据主导地位的伦理、道德观念的基础上方才完成"法的发现",而后通过援引诚信原则实现"法的证立"。这充分展现了诚信原则对于社会中道德观念的容纳和承接能力。

当然,上述对于诚信原则的具体化绝非穷尽。未来若出现新型案件,而现行法中并无得直接适用或可用作类推、目的性限缩的规范,则完全可能将诚信原则结合个案全部因素,引导出新的法官法规则,从而成为习惯法的源头活水。

诚信原则还衍生出禁止权利滥用的次位原则。后者规定于我国《民法典》第132条,从文义看,包括损害国家利益、社会公共利益或他人合法权益型权利滥用。即便如此,该条仍缺乏具体构成要件,有待在个案中结合案情因素并在综合衡量的基础上确定其能否适用。

学理中认为,《民法典》第9条所确立的绿色原则,构成禁止权利滥用的下位原则。① 这就形成诚实信用→禁止权利滥用→绿色三个层次有机结合的原则体系,核心意旨均在于,强调主体权利之间的并存以及社会运行秩序维持的必要行为界限确定。

八、公序良俗

公序良俗亦属道德入法,在此方面与诚信原则颇为相似。但有学者指出,公序良俗性质上属于一般条款,诚信原则却属于基本原则和一般法律思想,故在司法实践中,前者可用于裁判个案;后者则不能,顶多用于填补规范漏洞,但依然只是以续造形成的规则作为裁判依据,并非径直将诚信原则本身作为涵摄的前提。② 在调整对象上,公序良俗通常用于规制法律行为,而诚信原则主要调整权利行使。③

但实际上,公序良俗的功能并不仅限于对法律行为及其效力的调整,在侵权制度中亦可作为判定侵权行为成立与否的重要规范机制。例如,《德国民法典》第826条专门设置"悖俗侵权"一般条款。我国《民法典》虽并采行类似的三个小的一般侵权行为条款的制度建构范式,但理论中沿着德国范式进行学说建构的努力从未停歇。事实上,德国式侵权制度建构模式之所以有效,恰在于关注了权利与权利以外法益区分保护的必要性,在权益保护和行为自由之间寻得较好的平衡点。据此,不论是在法律行为论还是民事责任论框架下,公序良俗都具有为特定共同体设定行为底线的功能。唯当此种底线得到遵守时,共同体方可持续。

公序良俗之适用,有待通过案型建构的方式进行具体化。这能有效地降低其抽象性,使立法者的规范目的与个案更好地相互接近。

---

① 参见方新军:《内在体系外显与民法典体系融贯性的实现——对〈民法总则〉基本原则规定的评论》,载《中外法学》2017年第3期。
② 参见于飞:《民法基本原则:理论反思与法典表达》,载《法学研究》2016年第3期。
③ 参见于飞:《公序良俗原则与诚实信用原则的区分》,载《中国社会科学》2015年第11期。

第三节 法律行为的概念

法律行为,是民商法最为重要的概念之一,意指以一定的私法上效果发生为导向的表意行为。它是民事法律事实中人的意志介入最深的部分。[①] 法律效果上,法律行为作为一种法律事实,能引起民事法律关系的发生、变动或消灭,但这些变动基本上是依照行为人的内心意志和主观意图发生。在此意义上,法律行为是私法自治的工具。

一、法律行为的类型

类型化是观察法律行为的有效工具,依不同的标准又可区分出不同的法律行为形态。较为重要的法律行为类型划分如下:

1. 负担行为与处分行为

此系法律行为最重要的类型化路径,按民法泰斗王泽鉴先生的说法,此一类型划分乃民法学习的"任督二脉",非经打通,功力和境界不能到达顶峰。所谓负担行为,即仅使行为人承受未来履行某种义务之负担的法律行为;处分行为则指能直接导致权利变化的行为,包括得使权利移转、权利负担设立、权利内容变更或权利消灭四种主要亚类型。

负担行为与处分行为的关键分野体现在两个面向:一是,前者内容自由,可由当事人依自身需要和意愿设计内容的各个面向;后者内容固定且呈现格式化的样态。以物权合意为例,其内容无非是让与人愿意放弃并让渡物权的意思与受让人意图接受并取得物权的意思相合致,此外别无其他内容。二是,前者无须受确定性和特定性原则拘束,当事人可就未来物及集合物订立负担性的合同,以为嗣后履行的基础;后者必须受确定性和特定性原则拘束,非经特定化且为现存物不能径直发生权利的变化,故即便当事人就未来物订立合同,仍需待标的被确认为实际存在后方可加以处分。

负担行为与处分行为之间的关系组合及其在实证法中的映射,直接决定了区分原则和抽象(无因)原则有无容身之处。这两项原则均源自德国民法,被引

[①] 常鹏翱教授以人的意志介入程度深浅为标准,对民事法律事实进行了别样的类型化,殊值关注。参见常鹏翱:《民法中典型事实行为的规范关系》,载《法学》2012年第4期。

入中国民法是一批批留德学人努力的结果。① 区分原则意指,负担行为与处分行为系互相独立的两种法律行为,其成立、内容抑或效力等方面均应独立考察和判断,不可混淆。《民法典》第 215 条规定:"当事人之间订立有关设立、变更、转让和消灭不动产物权的合同,除法律另有规定或者当事人另有约定外,自合同成立时生效;未办理物权登记的,不影响合同效力。"从中可以较为清晰地看出,区分原则在我国民事立法中已获贯彻。抽象原则主要关乎负担行为与处分行为在效力层面的相互关系,其内核在于,将处分行为的权利变动功效从负担行为的"笼罩"或"包裹"中剥离出来,使后者的效力状态不能干扰前者功能的发挥,以便处分行为本身能够达到"自治"的境界。② 认可抽象原则意味着,物权或其他权利的变动无须以负担行为生效为前提,这就将交易后手从查询前手权利变动可靠性相关信息的束缚之下解放出来,产生保障交易安全、降低交易成本的双重效果。不过,我国民法学界对于抽象原则是否及应否进入我国《民法典》实证规范,依然存在较大争议。

2. 单方行为与多方行为

以行为是否以多方主体为必要,可将法律行为区分为单方行为与多方行为,后者还可再细化为双方行为与多方行为。单方行为仅需一方当事人进行意思表示即可,形成权行使的行为均属之。双方行为即合同行为,它是经济生活中极为常用的交易工具。决议行为是由三方及以上主体就某一事项所作的意思表示,组织型私法主体之治理往往离不开决议这一法律工具,公司股东会、董事会、监事会的表决就是适例。

这一分类之所以有意义,乃因为不同行为成立的要件不同。单方行为最为简单,全由行为人自行决定,只需其形成并将内在意志向外发出即可。双方行为的成立门槛已有提高,须以双方意思完全合致为前提,否则就构成不合意。当然,双方行为中存在利益相对两方的基本构造,也直接导致其内容查明和解释方面少不了要兼顾相对人的合理信赖,这就显然不同于无相对人意思表示中唯以查明表意人真意为要义的制度构造。多方参与的决议行为奉行少数服从多数原

---

① 参见孙宪忠:《物权行为理论探源及其意义》,载《法学研究》1996 年第 3 期;孙宪忠:《再谈物权行为理论》,载《中国社会科学》2001 年第 5 期;孙宪忠:《中国民法继受潘德克顿法学:引进、衰落和复兴》,载《中国社会科学》2008 年第 2 期。

② 参见朱虎:《物权法自治性观念的变迁》,载《法学研究》2013 年第 1 期。

则,这使得作出相反意思表示的组织成员亦不得不受其拘束,就此而言,其成立和规范特点与单、双方行为秉持的合意原则大不相同。也正因此,《民法典》第134条第2款才专门设置一款对其予以规定。

3. 人身行为与财产行为

以行为内容为基准,可将法律行为区分为人身行为与财产行为两种形态。人身行为主要对私法主体的人身性法益或利益产生影响,比如结婚、离婚、继承、收养、监护等。财产行为主要指向财产性利益,涉及物权、债权相关的行为均属之。

此种类型划分的价值主要体现在,人身行为因具有身份属性,一定程度上关乎伦理,故强制色彩更加浓厚、自治程度颇受限制。在人身行为领域,类型强制是常见的制度内容,比如在中国法语境下,有效婚姻的缔结必以登记为前提;继承中的遗嘱类型及其要件都十分固定,违者遗嘱无效,无法按照当事人意志实现财产代际流转。

4. 生前行为与死因行为

以效力发挥的时间点为基准,可将法律行为划分为生前行为与死因行为。死因行为主要表现为遗嘱。此种类型划分的意义主要体现为,死因行为内容的实现要等到行为人死亡之后,死亡之前行为人通常仍可较为自由地变更乃至取消该行为,相对人却并无救济之必要。例如,根据《民法典》第1142条第2款规定:"立遗嘱后,遗嘱人实施与遗嘱内容相反的民事行为的,视为对遗嘱相关内容的撤回。"若被继承人直接处分了遗嘱所涉的财产,则可视为其直接取消其遗嘱中的相关内容。对于生前行为而言,当事人无疑应当受其行为的拘束。比如,当事人一旦缔结合同,即应受其拘束,通常禁止恣意解约或者恶意违约。

二、意思表示及其构成

意思表示是法律行为的核心构成元素。既有单纯由一个意思表示构成的法律行为,比如遗嘱、解除权行使行为,也有两个及以上意思表示构成的法律行为,比如合同就包含要约和承诺两个方向相对的意思表示。在意思表示与法律行为的相互关系上,部分学者认为,有些法律行为的成立除了基于意思表示之外,还离不开一些额外的要素,比如交付的事实行为。这种学说的出现,主要是为了阐释物权行为的内在结构。按照这种见解,物权行为是由双方当事人的意思表示加上交付或登记的事实行为构成。不过,这种观点将法律行为与事实行为杂糅在一起,未能把私法主体促成权利变动的合意本身与借以使此种合意有形化的载体有效地区分开来,不值赞同。何况物权行为作为一种法律行为,亦受公序良俗和法律禁令之评价。若将交付、登记强行塞入物权合意内部,组成一种"包裹式"的物权行为,将导致其无法置于公序良俗和法律禁令的评价之下。

就自身构成而言,意思表示包含主客观两重要素。主观要素又可分为行为意思、表示意识和法效意思,客观要素则指意思表示行为。

行为意思即行为人在自主意志控制之下作出表示,而非受人操控或摆布,此系意思表示必不可少的要素,一旦欠缺就会导致意思表示无从成立。

表示意识指行为人知悉其行为具有法律上的意义,将会引发法律上的某种效果,至于具体为何种效果则在所不问。这一要素是否为意思表示所必要,向来有不同观点。德国权威学者卡纳里斯(Canaris)支持肯定说,认为表示意识本质上是行为人受法律拘束的意志。如欲坚守私法自治、自我负责基本理念不受颠覆,表示意识就必须被认定为意思表示的必要要素。否则,行为人在欠缺受拘束意志的场合,仍可能面临其所未曾预料之法律效果的束缚。不过,通说却走向了反面。卡纳里斯的见解虽不无道理,可私法中重要的价值并非唯独自治一端,合理信赖、交易安全亦属之。事实上,不论哪种学说,都需要在尊重自治与保护信赖之间取得平衡。对于表示意识欠缺的案型,如著名的教学案例"特里尔葡萄酒拍卖案"中,肯定说会导出意思表示不成立的结论,但举手示意之人仍需以赔偿方式保护相对人的合理信赖;否定说则认为意思表示依旧成立,举手示意者可借错误撤销权摆脱拘束,但最终仍难以避免赔偿责任的承担。就结果而言,二者殊途同归。

法效意思意味着,行为人知道其行为将会产生何种具体的法律效果。它并非意思表示的必要要素,早已是通说。

意思表示的表达方式有明示和默示,前者包括口头和书面形式,后者则指以某种可推断的行为进行意思表示。例如,登入公共汽车的行为,虽当事人均未以口头或书面方式表达缔结运输合同的意思,但从其行动中已能看出当事人的内心意志。即便嗣后当事人存有相反的主张,并以此为由拒绝价款义务的履行,也可借助"自我矛盾行为无效"的原理否定之。

三、意思表示的生效

意思表示只有在生效以后,才能对当事人的权利、义务和法律关系产生实质的影响。我国《民法典》对此采取了类型化的调整路径。依《民法典》第138条规定,"无相对人的意思表示,表示完成时生效"。不过,这一规则存在立法瑕疵。即便无相对人的意思表示、无须他人作出反应,意思表示仍可能对他人的利益产生影响,故应设置一个外界可辨识的标志作为判断生效与否的依凭。例如,无相对人的意思表示,应以意思表示发出时作为生效时点。

于有相对人的意思表示场合,鉴于意思表示往往会给对方当事人权利义务带来一定影响,故须待该意思表示到达时方可生效。具体而言,《民法典》第137条又区分对话与非对话两种情形作了不同规定,分别对应着《德国民法典》中相对人在场和不在场两种类型的意思表示。对于以对话方式作出的意思表示,在相对人确实地获悉其内容时发生效力,理论上称为"了解理论"(Vernehmungstheorie)。学理中不乏将其进一步划分为口头和书面意思表示两种形态的观点,只是从务实角度看可能意义不大。一则,在具有直接对话、即时交流可能性的场合,当事人却依然苛求各自将内心想法形成书面稿进行意见交换,难谓合乎常情常理;二则,纵然承认并接受这种再类型化的思路,对于口头意思表示的了解和对书面意思表示的获悉,也很难给出有实质意义的界分。

对于非对话方式作出的意思表示,应以该意思表示到达的时点作为其生效时点。到达的判断,须如下两重要素均已齐备:一是意思表示已经进入相对人控制的空间,二是相对人通常而言可得获悉该意思表示的内容。一般而言,争议主要发生于前述第二重要素,因为此处决定性的问题并非相对人事实上已经知悉意思表示的内容,站在理性第三人立场观察只要能够对相对人可得知悉该意思表示的内容作出肯定的判断,就应当认为意思表示已经到达。准此,对于已进入信箱(电子邮箱)的要约信件(邮件),只要理性第三人一般会拆阅(点开)从而获知其内容,就可以认定该要约已经到达并生效,即便事实上相对人将该要约误认为骚扰广告或垃圾邮件径直丢弃,亦不会动摇前述结论。此一脉络之下,意思表示到达的时点就取决于理性第三人一般可以获悉意思表示的时间点。就此而言,须对民事交往和商事交往加以区分。对民事主体来说,即便周末投入的信件,也可以期待其当天收取并阅读,意思表示也就随即生效;但就商事主体而言,前述判断难以适用,毕竟商事主体和商事交易基本上有营业时间上的制度性规则,无法一般性地推定或苛求商事主体及其内部机构周末仍旧处于正常运营状态,故周末进入(电子)邮箱的要约,恐怕只有到次周营业时间方可认为已经到达并生效。不过,这一规则亦存例外。在相对人事实上获悉意思表示的时间早于理性第三人一般能够知悉该意思表示的时间点时,应以前者作为该意思表示到达和生效的时点。仍以前述周末进入商事主体(电子)信箱的要约为例,设若相对人周末恰好加班,工作人员在加班期间取阅了(电子)信件内容,此时应以相对人实际知悉要约的时间作为生效时间。总结言之,在事实知悉与通常可能知悉的两个时间点中,以较早者作为判断意思表示到达和生效的时间点。

值得注意的是,从逻辑上讲,意思表示唯有先被发出,而后方可到达,可惜前者被立法者忽略。理论上认为,所谓发出,即表意人以交易为目的将其意思以可识别的方式朝着相对人终局性地投入交易关系中去。发出作为前置环节之所以有留意的必要,是因为某些情况下,表意人虽在脑海中酝酿出特定的意图或想法,甚至已经付诸笔端、呈现为文字,但或许尚存一丝犹疑,只要其并未将该意思表示发出,原则上就不应受到拘束。例言之,若担保人草拟好担保函件后因病意外丧失行为能力,债务人径自取走担保函件交付债权人,此时即不应肯定担保合同的成立。其根源就是在于,该担保的意思表示从未由作为表意人的保证人主动、终局性地对外发出。

到达作为意思表示生效时点的规则具有风险分配功能。换言之,表意人将意思发出后,仍需承担起其在途丢失、迟延的风险;意思表示一旦到达,相对人迟延取阅、利用乃至并未知悉该意思表示的风险,就由相对人自行承担了。

值得说明的是,如表意人于意思表示发出后死亡、丧失行为能力,为保护通常对此并不知情的相对人,意思表示的到达及生效不应受此等因素影响。而在相对人为非完全行为能力人的场合,该意思表示只有到达法定代理人方可生效,其意无非在于保护非完全行为能力人,避免其暴露于过重的法律风险之下。然而,我国《民法典》对这两种情形均未作规定,审判实践中有赖于司法人员在参考比较法的基础上,依托诚信原则进行规则的续造。

第四节 意思表示瑕疵:欺诈

欺诈是交易和审判实践中较为常见的案型。因受欺诈而作出意思表示、进入合同关系的,民法自由自治的理念就会受到扰乱,故有必要对受欺诈的当事人施以救济。基于这一价值取向,《民法典》第148条规定:"一方以欺诈手段,使对方在违背真实意思的情况下实施的民事法律行为,受欺诈方有权请求人民法院或者仲裁机构予以撤销。"

一、欺诈的构成要件

欺诈的成立,以如下构成要件齐备为前提:

第一,欺诈行为的实施。所谓欺诈行为,实质上是违反信息告知义务,在相对人处引发、强化或维持一种错误的认识状态。然而,需要注意的是,交易实践中,任何一方当事人均不负有一般性的信息告知义务。因为在双务合同关系中,双方当事人的利益事实上处于对立地位,各方原则上皆应就其作出交易决策所需仰赖的信息自行付出努力以及承担成本加以搜寻、整理,而非单纯等待对方的"信息投喂"。不过,这并不排除某些场合中,特定因素的存在会导致信息告知义务的产生。能够导致信息告知义务的因素主要包括:

(1) 法定的信息义务。在《消费者权益保护法》中,此种信息义务最为广泛。按照《消费者权益保护法》第 8、18、20、21 条的规定,商品或服务的价格、产地、生产者、用途、性能、规格、等级、主要成分、生产日期、有效期限、检验合格证明、使用方法说明书、售后服务,以及服务的内容、规格、费用等有关情况,均属经营者应向消费者提供的信息和告知、说明的对象。

在此方面,我国司法实务中有不少经典案件。比如"邓美华诉上海永达鑫悦汽车销售服务有限公司买卖合同纠纷案"[①],法院判决认为:汽车经销商对于车辆后保险杠外观瑕疵予以"拆装后保、后保整喷"的维修超出了车辆售前正常维护和 PDI 质量检测的范围,经销商对此未履行告知义务的,侵犯了消费者的知情权、选择权,使其陷入错误认识,属于故意隐瞒真实情况,构成消费欺诈。消费者要求经销商按照消费者权益保护法赔偿损失的,经销商应承担车辆三倍价款的惩罚性赔偿责任。在"苏向前与徐州百鑫商业有限责任公司百惠超市分公司、徐州百鑫商业有限责任公司侵犯消费者权益纠纷案"[②]中,法院判决指出:产品标识为消费者认识和判断商品特征、价值、适当性和效用的基本依据,是消费者选择和判断是否进行产品消费的重要信息来源。依照《中华人民共和国产品质量法》第五条的规定,销售者应确保产品标识内容的真实性,该内容为对消费者所负真实义务的最低标准。如因产品标识记载的内容不真实而导致消费者受损,经营者应当依法承担相应的责任。在"张莉诉北京合力华通汽车服务有限公

[①] 载《最高人民法院公报》2018 年第 11 期。
[②] 载《最高人民法院公报》2013 年第 12 期。

司买卖合同纠纷案"中,案涉小轿车曾在运输途中造成划伤,于 2007 年 1 月 17 日进行过右前叶子板喷漆、右前门喷漆、右后叶子板喷漆、右前门钣金、右后叶子板钣金、右前叶子板钣金等多项维修,维修中更换底大边卡扣、油箱门及前叶子板灯总成。然而在交易过程中,销售人员却并未向作为消费者的购买人告知,法院经审理认定构成欺诈,支持了消费者撤销合同、主张惩罚性赔偿的诉讼请求。①

(2)交易对手的主动追问。此时,被追问的一方当事人通常应将自己所知悉的信息告知相对人。不过,若交易对方所追问的信息内容与交易并无实质关联,甚或被追问的内容具有违法性,被追问的一方自然可以拒绝回应或提供信息。

(3)缔约当事人间存在某种特殊的信义或信赖关系。这是一种兜底性的机制,具有较大弹性,其适用仍有赖法官结合个案全部情势进行综合权衡和考量。

第二,欺诈的主观意图或恶意。欺诈行为往往出于故意,尽管有部分学者尝试提出并论证过失欺诈的可行性,②但至今仍未得到主流学说接受。对于主观方面要素的理解,应从"知"和"意"两个面向把握。就前者而言,意指行为人知道自己的行为悖于实情却依然予以提供或不予纠正;而后者则指,行为人有意追求相对人陷于错误认识,从而在错误认识状态下作出交易决策。反之,若行为人自身亦不知晓事情真实情况,故意要件便不能成立。举例来说,甲将购入的二手机动车转卖,由于其自身亦不知道车辆于前手处发生过车祸,因而未能向后手告知。此时,甲的状态即欠缺故意。

第三,因果关系。表意人方面错误认识的出现、持续或强化,至少部分由欺诈行为所造成。相反,若表意人早已知悉事实真相,亦无从构成欺诈。这一要件在《消费者权益保护法》第 55 条第 1 款欺诈规则及其惩罚性赔偿责任的适用方面,意义重大。此即裁判实务中多次出现的"知假买假"现象。那么,"知假买假"之人可否主张惩罚性赔偿的保护?否定观点即以因果关系欠缺为由,否认欺诈的成立,并排除惩罚性赔偿责任的适用。不过,裁判实务中却更倾向于采肯定

---

① 关于该案例的学理分析,参见陆青:《论消费者保护法上的告知义务——兼评最高人民法院第 17 号指导性案例》,载《清华法学》2014 年第 4 期。
② 参见刘勇:《缔约过失与欺诈的制度竞合——以欺诈的"故意"要件为中心》,载《法学研究》2015 年第 5 期。

说。例如,在"孙银山诉南京欧尚超市有限公司江宁店买卖合同纠纷案"①中,裁判文书载:"《食品安全法》规定消费者有权获得支付价款十倍的赔偿金,因该赔偿获得的利益属于法律应当保护的利益,且法律并未对消费者的主观购物动机作出限制性规定,故对其该项主张不予支持。"同时,最高人民法院也在裁判摘要中明确指出:消费者购买到不符合食品安全标准的食品,要求销售者或者生产者依照食品安全法规定支付价款十倍赔偿金或者依照法律规定的其他赔偿标准赔偿的,不论其购买时是否明知食品不符合安全标准,人民法院都应予支持。

二、第三人欺诈

欺诈行为除了可能源自合同关系的一方当事人外,还可能由第三人实施,此即第三人欺诈。《民法典》第149条规定,第三人实施欺诈行为,仅当相对人知道或应当知道该欺诈行为时,受欺诈的表意人才可以主张撤销。这种制度安排背后的法理在于,相对人如不知悉欺诈行为,则其对于合同关系的维系和履行存有正当信赖,应予保护。一旦相对人了解欺诈行为的存在,合理信赖即被刺破,对其便再无保护的必要性和正当性。

对于第三人欺诈,"第三人"的判断值得关注。代理人、谈判辅助人等与一方当事人存在实质内在关系并且行为效力应当归属于一方当事人的主体,并不属于"第三人",法律适用上亦应将之与一方当事人一体把握,整体适用《民法典》第148条。反之,如欺诈行为源自行为效果无法归属于一方当事人的主体,此时认定第三人欺诈成立方为妥当。实务中重要的一种第三方欺诈案型是,债务人隐瞒其资信和财产状况,骗取担保人信任,导致担保人与债权人签订担保合同。②此时,债务人相较于担保合同而言,即构成第三人。担保人可否主张撤销,关键在于作为担保合同相对人的债权人是否知道或应当知道债务人的欺诈行为。在债权人不知且不应知道的案型中,表意人固然无法主张撤销合同,但根据《最高人民法院关于适用〈中华人民共和国民法典〉合同编通则若干问题的解释》(以下简称《民法典合同编通则司法解释》)第5条第1分句规定,当事人因此遭受的损害,可通过向第三人主张赔偿的方式获得填补。③ 从第三人外延对于法律适用的

---

① 最高人民法院指导案例23号。
② 参见上海市第一中级人民法院(2021)沪01民终12266号民事判决书。
③ 详细研究参见王洪亮:《〈民法典合同编通则解释〉第三人缔约过失责任制度的创设与再发展》,载《浙江工商大学学报》2024年第2期。

影响可以看出,《民法典》第 148 条与第 149 条适用范围上呈现此消彼长的关系。

三、基于欺诈的撤销权

一旦成立欺诈,受欺诈方将取得撤销权。在行为由代理人实施的场合,是否受到欺诈,以代理人主观状态为准,撤销权则由被代理人取得。个案之中,代理人是否同时也享有行使撤销权的代理权,则须依据案情事实,通过解释当事人意思表示的方式予以查明。

撤销权是形成权,由权利人以单方意思表示方式行使,于意思表示到达相对人时生效。一旦权利人行使撤销权,合同将自始没有法律约束力(《民法典》第 155 条)。但较多见的情况是,双方当事人已经履行。此时,依《民法典》第 157 条规定,双方当事人对对方皆负有返还义务。鉴于此处被撤销的对象是负担行为,并不涉及处分行为或物权变动,故就性质而言,此处的返还义务乃不当得利返还之债。同时,被欺诈一方遭受额外损失时,还可向相对人主张赔偿。

鉴于形成权效果过于强大,得径以单方意思表示改变关涉对方权益的法律关系,故须受除斥期间限制。根据《民法典》第 152 条第 1 款第 1 项,欺诈撤销权须于权利人知道或应当知道撤销事由之日起 1 年内行使,否则撤销权将归于消灭。该条第 2 款规定,撤销权最长保护期限为 5 年。

第五节 意思表示瑕疵:胁迫

胁迫同样会导致意思表示不自由,由此成立的合同显然有悖私法自治精神。《民法典》第 150 条规定,基于胁迫实施的法律行为,受胁迫方有权请求撤销。

一、胁迫构成要件

胁迫的成立,须具备如下规范前提:

第一,胁迫行为的实施。胁迫人宣告若不按照要求作出相应的意思表示,将会导致不利的后果,且胁迫人宣称对不利后果的出现有控制能力。但该不利后果并非必须针对表意人,亦可针对其近亲属、其他利害关系人,甚至还可以针对胁迫人自身。实践中,欲以胁迫为由主张撤销合同之人,须就胁迫成立的各项要素承担举证责任。未履行该举证义务者,则应承担程序法上的不利后果。如在

"许长安、杨凤兰等诉曹桐勇公司增资纠纷案"①中,原告许长安依据案涉《债务确认书》要求被告曹桐勇承担履行义务,被告尽管承认前述《债务确认书》确由自己签字,但称系其受原告胁迫所为,故并不对原告承担任何债务。对此,法院以被告未就胁迫行为提供证据证明为由,未予采纳。

第二,胁迫行为应有不法性。此处的不法性,包括手段不法、目的不法、手段与目的关联不法。所谓行为不法,指胁迫行为本身具有不法性,举凡行为本身违反法律、有悖公序良俗、有违合同约定的情形皆属之。目的不法,指要求被胁迫人发出的意思具有不法性。比如,胁迫他人从事贩卖毒品、枪支弹药等法秩序所禁止的交易,即属典例。手段与目的关联不法,指单从手段、目的各自观察,均属合法,但二者之间却欠缺正当性。例如,以检举揭发他人违法行为为由,逼迫他人对外作出捐赠的意思表示。尽管单从检举揭发的行为和捐赠的目的看,各自均非不法,但若二者之间并没有什么实质的内在关系,却被强行关联在一起,便可成立不法。

第三,因果关系。这一前提要求,胁迫行为至少是他人陷入精神强迫状态,进而基于此作出意志自由状态下所不愿作出的意思表示的共同原因。

二、第三人胁迫

第三人实施胁迫行为的场合,无论相对人知悉与否,表意人均可撤销。就此而言,第三人撤销与第三人欺诈在制度构造上并不完全一致。对此,学理中的解释是:胁迫行为具有法秩序所不容许的不法性,故不管相对人是否知道胁迫行为的存在,皆应认可撤销权的产生。当然,也有反对观点表示质疑:欺诈行为难道就没有不法性吗?体系定位上,欺诈及胁迫均属于意思瑕疵中的表意不自由,在第三人欺诈的案型中,法效果设计却作如此重大的区分对待,正当性基础何在?②

三、基于胁迫的撤销权

胁迫行为会导致撤销权产生,由权利人以意思表示的方式行使,于意思表示到达相对人时发生效力。据此,被撤销的合同自始没有法律约束力(《民法典》第

---

① 最高人民法院(2015)民二终字第313号民事判决书。
② 参见薛军:《第三人欺诈与第三人胁迫》,载《法学研究》2011年第1期。

155条)。合同已经履行的,有关标的需要返还。不能返还的,应按照市场价进行补偿。类似于欺诈的案型,受胁迫方可向相对人主张赔偿。不过,如为第三人胁迫的案型,而撤销权人又存在过错,反倒可能由撤销权人向相对人承担赔偿责任。

基于胁迫的撤销权,同样受除斥期间限制。《民法典》第152条第1款第2项规定,胁迫的除斥期间为自胁迫行为终止之日起1年。最长保护期限为5年。

第六节 意思表示瑕疵:重大误解(错误)

意思表示基于重大误解作出的,依《民法典》第147条规定,表意人亦可行使撤销权。与欺诈、胁迫案型的不同,在发生重大误解的场合,表意人并非表意自由受到干扰,而是表意真实性受到减损,以至于发生意思与表示之间的不一致。此种案型中表意人自治与相对人信赖之间存在冲突,制度设计上,不论我国还是德国,都无非以促成私法自治与合理信赖之间的适当平衡作为意旨和归宿。

不过,从法条用语看,我国民法向来以"重大误解"称之,这极易令人产生我国立法者更关注表意人意思形成过程与背后动机的印象,与《德国民法典》将能够产生撤销权的错误主要限定于已确定的意思对外传递过程发生扭曲的现象形成鲜明对照。此亦表明,我国立法者在"错误法"领域更重视主观意志和人格自决,但为了防止危及交易安全,又不得不以"重大性"作为"限制阀"。此种原则与例外相结合的规范模式,最终与《德国民法典》以客观表示过程为起点并兼顾主观真实意志的规范构造达到殊途同归的结果。

一、重大误解的类型

我国《民法典》第147条是一般条款式的立法范式,内容十分概括,并未对"重大误解"的具体形态进行再类型化。就其适用而言,仍有必要参考比较法细化讨论。

(一)表示错误

表示错误是指,表意人已确定的内在意志向外传递过程中出现扭曲,以至于偏离原定真实意志。鉴于内在意思外在化的表示过程包括明示、默示两种形式,明示可借助口头或书面方式,默示则主要通过行为传达意志,故表示错误也可以简化为口头表达错误、书写错误或行动错误三种典型的样态。① 例如,甲公司欲从乙公司购入 100 吨木材,但甲公司员工通过邮件发出要约时,误写成欲购 1000 吨木材。我国《民法典》第 147 条虽未明确提及,但完全可通过目的性解释的方式将此种情形纳入其辐射范围。

(二) 内容错误

内容错误是指,意思在传递过程中虽未发生扭曲,但表意人对于所表达内容的理解或赋予语言符号的意义不同于受领人视角下从一般理性人角度出发所能产生的理解、赋予的含义。此种错误之所以发生,主要源自语言符号的多义性。尽管特定语言符号通常存在某种惯常性的解读方式,但这并不排除某些主体以个性化的方式对其加以使用。一旦出现此种状况,首先应站在受领人角度,按照一般理性人的语言使用习惯和该受领人可能的理解确定其内容或含义,并据此认定合同内涵。不过,此种理解方式以及由此确定的合同内涵,必然与表意人的真实意图存在偏差,实质上亦会出现与表示错误相同的利益格局,故应等同视之。其实,在某种程度上可以认为,内容错误恰是由于表意人在将已确定的内在意志向外传递过程中选择了"错误"的语言符号,与表示错误子类型中的"说错"有异曲同工之处。

(三) 传递错误

传递错误是指,已确定的意思在对外传递过程中发生偏差,以致引发背离表意人真实意志的结果。此种错误,可以表现为传递人将错误的意思传递给了正确的相对人,亦可表现为传递人将正确的意思传递给了错误的相对人。在交易过程纳入翻译的案型,此种情形易于发生。

(四) 性质错误

性质错误是指,表意人出于对交易所具有的某种性质的错误认识而形成以及向外表达特定的意思,并由此受其拘束。此种错误本质上属于动机错误,按理说本不应当对意思表示的拘束力产生影响,但考虑到交易中重要的性质判断和认识往往直接关乎表意人是否愿意进入特定的交易关系中,故为尊重意思自治,仍有必要赋予表意人摆脱该意思拘束的可能。从我国《民法典》第 147 条立法用

---

① 德国学者通常将表示错误总结为说错(Versprechen)、写错(Verschreiben)、拿错(Vergreifen),易懂且清晰。Vgl. Helmut Köhler, Der Allgemeiner Teil des BGB, 46. Aufl., C. H. Beck München, 2022,§ 7, Rn. 16。

语看,性质错误本身也与"重大误解"的文义解释相吻合。比较法上,《德国民法典》的客观主义立法范式本来难以将性质错误延纳其中,但其第119条第2款仍以拟制的方式,将重大的性质错误视为内容错误,例外地赋予表意人救济手段。

自立法史观之,《最高人民法院关于贯彻执行〈中华人民共和国民法通则〉若干问题的意见(试行)》(以下简称《民通意见》)第71条曾规定:"行为人因对行为的性质、对方当事人、标的物的品种、质量、规格和数量等的错误认识,使行为的后果与自己的意思相悖,并造成较大损失的,可以认定为重大误解。"该条提及的行为性质、对方当事人、标的某些属性三种因素,便是性质错误发生的三种典型情形。更具体地说,人的性质应当是指那些附着于特定人身上,并足以使其具有不同于他人的特点和标志的属性,比如人的财产、信用或健康状况;物的属性则是指那些能够长期、持续地影响物的使用性能或者价值的事实及法律属性,比如画作的著作权、饰品的含金量等。

(五)动机错误

动机错误即刺激表意人形成某种意思的内在因由发生错误。在德国法框架下,立法者从交易安全出发,排斥此种错误导致撤销权的可能性。法律效果错误就是典型的动机错误,不足以令表意人拥有撤销权。但若某些动机错误过于严重,《德国民法典》也会例外地施以救济。我国立法上并未明确表现出对于动机错误的排斥,但理论上亦受德国民法学理论影响,倾向于强调立法规则须在表意自由与交易安全之间取得适度平衡。因此,大体上亦可采纳德国民法学理中一般性排除基于动机错误的撤销权和例外救济的规范框架。上文关于性质错误的陈述足为印证。

二、重大误解的撤销权

重大误解一旦成立,表意人即取得撤销权。以下对其内涵、行使及效果予以展开。

(一)撤销权及其限制

撤销权会给法律行为带来破坏性的后果,故在解释和适用上应秉持克制,予以限缩。

1. 错误的重大性

表意错误较为轻微时,不宜赋予撤销权。这既利于相对人合理信赖保护,亦符合鼓励交易的取向。但错误之严重性达到足以令表意人于知道真实情况时将不会或不会以此种内容发出意思表示的程度时，意思表示之维持就丧失了正当性。此即学理中错误的主观重大性。但是，此种主观重大性纯粹取决于表意人的个人倾向，如何从外部予以判断？对此，一定程度上可以借助经济损失的重大性作为判断依据。当然，表意人负有举证责任，如其无法从客观、主观上证明错误的重大性，则不得主张撤销权。

2. 撤销权的期限

撤销权有存续期间，这与所有形成权的机理一致。不同在于，与欺诈、胁迫等同样能产生撤销权的因素相比，源于错误的撤销权除斥期间更短，仅有3个月，自当事人知道或应当知道撤销事由之日起计算。

3. 相对人的认可与误载不害真意

实务中，面对表意人撤销合同的主张，如相对人明确表示愿意以表意人所主张的内容确定表意人意思表示的含义和形成当事人之间的法律关系，不论从利益格局抑或制度目的看，均应排除撤销权。相对人的接受，本质上是以表意人所主张的真实意思取代以外在视角解释出来的客观意思，无异于赋予语言、动作等意思载体或表意符号不同的内涵，因而构成"误载不害真意"。况且，撤销权的意旨本来也在于维护表意人的自治和"身心合一"。相对人对于表意人所称的真实意思的认可，已令后者的自治自决得到贯彻，故其不应有更多诉求。例如，甲以电子邮件向乙表示购买原材料100吨，误写为1000吨。如乙对于甲主张的意思表示完全认可，并主动提出以100吨作为二者买卖合同的数量内容，此时不应允许撤销。

4. 典型风险配置结构优先

某些合同本身就内在地蕴含着特殊的风险因素，一方当事人不得以其对于潜在风险及其现实化可能造成损失的认识偏差为由，主张构成重大误解，进而寻求撤销。

以保证合同为例，保证人处于随时可能为主债务人承担债务的地位，正是在此意义上，包括保证在内的诸种担保形态均被称为"风险行为"。如保证人对于主债务人偿债能力评估失准，对债权人要求其承担保证责任的请求，则不得以重大误解为由主张撤销。

这表明，重大误解其实是候补性规则，唯于当事人合意空白且立法中亦无风险配置规则时，方可适用。当然，当事人如有排除适用的特约，亦应以之为优先。

5. 瑕疵担保责任与性质错误的竞合与适用关系

错误的主观重大性以表意人于交易标的上的主观预想和实际状态之间的重大偏差为缘由。从实践中的交易进程看，表意人发现上述差别通常是在受领标的并完成检验之后。表意人对于标的性能、质量的预期如能通过解释方式成为应然的标准，此种实然与应然之间的差别就能构成规范意义上的给付瑕疵，由此导致违约请求权的成立。可见，性质错误可能与瑕疵担保责任构成竞合，此时如何进行规范适用？

通说认为，应以瑕疵担保责任优先。① 此种比较的正当性，主要源自二者在法律效果上的区分。具体而言，瑕疵担保责任所触发的多种救济手段，或者能使表意人取得与其想象相符的标的，或者令其通过赔偿请求权获得相较于缔约之前更优的法律地位，均呈现面向未来的姿态；而错误撤销权则以回溯性视角为内核，允许表意人"回到过去"。不论从个体利益还是宏观交易的视角，瑕疵担保责任的制度设计都是更加优越和适当的。

6. 劳动与合伙合同中撤销权的限制

撤销权的行使会进一步引发当事人之间的返还关系，要求已经实施的给付行为恢复原状。如以行为为给付内容的交易，内在地有着不可逆的特质，故而原状返还殊非易事，强行返还只能人为引发诸多难解的问题。鉴于此，理论上遂从便宜出发，对于可能滋生上述问题的合同关系，主张应尽可能限缩撤销权行使带来的负面效果。比如，对于已进入履行阶段的劳动合同，即便允许撤销，在法律效果的面向上也应仅允许其产生面向未来的效力，而非一概寻求"回到原点"或主张返还。同样，在合伙合同的场域，也是只赋予表意错误人终止合伙关系的权利。这就与该两种法律关系框架下解除权的规范构造呈现实质的相似性。

（二）撤销权行使及其法律效果

撤销权系形成权，以非要式、须予受领的意思表示的方式行使。依《民法典》第155条，法律行为被撤销的，自始没有法律约束力。如当事人已经履行，则须根据《民法典》第157条第1句第1分句原状返还。

此种返还请求权的性质，理论上尚存诸多争议。② 返还标的为有体物的，有

---

① 参见许德风：《论瑕疵责任与缔约过失责任的竞合》，载《法学》2006年第1期。
② 参见叶名怡：《〈民法典〉第157条（法律行为无效之法律后果）评注》，载《法学家》2022年第1期。

学者从物权变动的有因性出发,认为债权合同的撤销会直接导致物权的自动复归,从而令给付人得向对方主张原物返还请求权。在交易关系指向无形财产的场合,有因性观念同样会导致处分行为随负担行为的撤销而自动失效,被转移的财产权自动复归,给付人因此重新成为权利人。如该等财产权涉及有体物或相关证明文件等的占有,给付人同样可请求返还。

不过,有因性观念未能妥当贯彻物权自治性观念,对于交易安全的保护亦有不利,不值得采信。站在无因性的立场,已经完成的不动产、动产物权变动源自独立的处分行为,其效力有自身独特的判断依据和准则,并不直接受底层负担行为效力状态及其存续与否的殃及和牵连。因此,纵使负担行为被撤销,给付人顶多可以要求受领人承担不当得利返还义务,而不得径直以权利人身份要求原物返还。

在双方均已履行的场景中,各方对他方均得主张返还请求权。两重请求权之间虽不具有双务合同意义上的牵连关系,但亦非毫无关联。在履行进程中,二者亦应参照双务合同之给付与对待给付,原则上须同时履行。一方未为返还时,对方可以留置抗辩权为由拒绝履行己方的返还义务。

如需予返还的标的于实际交还之前毁损、灭失,原状返还的义务将由此陷入不能。因在此种案型中,相对人并无可归责性,不得将法定解除权场合的风险回跳及解除权人优待规则平移至此处。故不论标的之毁损、灭失发生于撤销权行使之前抑或其后,也不管毁损、灭失事由之发生是否可归责于返还义务人,一旦出现原状返还不能,即应以价值补偿的方式实现替代性的返还。当然,如返还义务人对于标的之毁损、灭失存有过错,则应额外地承担损害赔偿责任。

(三) 基于错误撤销的赔偿责任

撤销权虽对表意人自治之贯彻有利,但同时却会导致相对人合理信赖落空。从利益平衡出发,亦应对相对人施以合理救济。故此,《民法典》第157条第2句规定,撤销权人应就相对人遭受的损害承担赔偿责任。

理论上认为,源于撤销权的赔偿责任,系因相对人的合理信赖落空而生。故从功能看,此种赔偿责任旨在填补相对人从中衍生的损害,不论撤销权人是否有过错。因而,这种责任也被称为"担保责任"(Garantiehaftung)。然而,《民法典》第157条却将过错作为赔偿责任的前提,显然有所失当。当然,这也与第157条本身规范内容过于综合、庞杂不无关系。只要稍作深入观察就会发现,本条中涵括了法律行为无效、被撤销、不成立或附条件等各种情形中的法律效果,可能涉及物权或不当得利返还、赔偿、缔约过失等法律关系,立法者在追求一体化规则的宏大目标时,难免存在挂一漏万的弊端,以至于未能顾及部分情形的特殊性。

第七节　意思表示瑕疵:通谋虚伪意思表示

一、通谋虚伪意思表示的双层规范结构

所谓通谋虚伪意思表示,即在须予受领意思表示的场合,表意人在相对人同意的前提下,将某种行为仅作为表象对外发出。就构成而言,通谋虚伪意思表示包含意思表示、虚伪和通谋三个要素。在法律行为制度框架下,此种行为意味着,意思表示的双方当事人皆欠缺表示意识或受法律拘束意志。此亦构成通谋虚伪意思表示与规避行为的根本分野所在。对于后者来说,当事人恰恰希望通过规避行为导出一种于己有利的法律效果,借以逃避原本应对自己适用却又不为自己所期待的规范及其法律效果。可见,规避行为人恰恰是具有表示意识、希望产生法律效果的。

从交易实践看,通谋虚伪意思表示往往是掩盖当事人其他不欲为人所知行为的工具。这种潜藏于暗处的行为,学理中称为"隐藏行为"。当事人之所以要隐藏该种行为,大多是想借此避免某种不利后果。自经验角度言之,以此作为逃避税收的手段,系为最常见的动机。此种操作在娱乐圈、直播带货领域颇为流行,如明星范冰冰、郑爽以及著名直播带货主播薇娅等人被查出以"阴阳合同"的方式逃避本应承担的税负义务达数十亿元人民币,其实就是利用通谋虚伪意思表示与隐藏行为相结合的方式,将写有较少交易金额的虚假合同文本提交至税务机关,用于申报纳税义务,而真正的合同及其金额却被隐藏起来。

当然,此种现象绝非仅限于演艺圈和直播带货领域,其他交易中亦属常见。比如,在"江西腾荣实业有限公司与江西银行股份有限公司南昌高新支行债权转让合同纠纷案"①中,江西腾荣实业有限公司(以下简称"腾荣公司")为从江西银行南昌高新支行(以下简称"南昌支行")处获得5400万元借款,遂于签订《借款合同》的同时,还额外缔结了《债权转让协议》和《资产委托管理协议》两份合同,以10620439.51元的对价受让南昌支行的债权。而后,腾荣公司再委托南昌支

---

① 载《最高人民法院公报》2023年第1期。

行予以清收,清收所得款项在扣除支出费用后,剩余款项全部作为委托管理费归后者所有。其结果是,腾荣公司在向南昌支行支付了10620439.51元的债权转让款后,并不能从受让的上述债权中获取任何收益。嗣后,法院通过调查确认如下事实:腾荣公司2015年5月13日向南昌支行出具的《关于要求提供债务人信息资料的报告》中载明:"我公司为了在贵行贷款伍仟肆佰万元人民币,接受了贵行债务人江西维财实业有限公司的不良贷款债权转让条件……"南昌支行在本案一审中也有关于"该借款腾荣公司享受了优惠的利率政策,年利率仅为6.15%,当时南昌支行的贷款利率执行的标准为年利率13%左右,这也是腾荣公司同意接受本案债权的原因所在"的陈述。

最终,法院认定:腾荣公司与南昌支行关于债权转让及资产委托管理的意思表示是虚假的,后者收取的10620439.51元的债权转让款应认定为其就案涉5400万元借款在双方于2013年10月21日签订的《借款合同》之外另行收取的利息。根据《民法典》第146条第1款,案涉当事人以虚假的意思表示所实施的债权转让及资产委托管理行为应无效;以该虚假的意思表示所隐藏的支付10620439.51元借款利息的行为,实际系双方订立本金为5400万元的借款合同这一民事法律行为的组成部分,对该行为的效力应依照有关法律规定处理。

上述案例,一方面清晰地展现了交易实务中当事人运用通谋虚伪意思表示的方式;另一方面,也妥当地揭示了通谋虚伪行为的规范调整路径。

二、通谋虚伪意思表示的效力与第三人保护

一旦涉及第三人保护,通谋虚伪意思表示的效力即须区分内外两个面向。在债权让与的场合,如被让与债权系债务人与让与人基于通谋虚伪意思表示而确立,但债务人就该债权制作和交付了债权证书,则受让人对于被让与债权源自通谋虚伪意思表示的情况不知情且不应知情时,债务人不得以意思表示无效或债权不存在为由,拒绝给付义务的履行。在比较法上,《德国民法典》第405条专门就此作出了规定。尽管一般来讲,作为一种无形财产权的债权并无有形实体或具有公信力的登记,难以如不动产、动产那样引发他人信赖,然而,债权证书的制作和交付,足以形成类似于有形载体或登记的效果,使受让人产生信赖。故在三方关系中,鉴于债务人具有可归责性,受让人显然更值得保护,立法上遂从信赖保障和交易安全的立场出发,排除了通谋虚伪意思表示对抗第三人的可能。

我国私法实证规范中并无与《德国民法典》第405条相同的规则,但在价值

取向上,信赖保护及交易安全同样系我国民法重点保护的核心价值之一。因而,对于此种案型,司法实践中仍需通过类推适用的方式,填补实证规则欠缺遗留的立法漏洞。

第八节　意思表示瑕疵:真意保留

一、真意保留的利益格局

所谓真意保留,即表意人将其真实意志隐藏于内心,并以虚假意思表示于外的现象。对表意人而言,就出现了意思与表示割裂的局面;对相对人而言,因并不了解表意人的真实意志,故只能以表示在外、直观可感的意志作为决定是否接受对方意思表示并成立法律行为的基础。不过,相对人一旦知悉表意人存在内心保留,便不再存在值得保护的信赖,法律效果的设计就应当另行安排。

二、真意保留的法律效果

对于真意保留,我国《民法典》并无明确规则。《德国民法典》第116条规定,真意保留原则上有效,且以表意人表示出来的意思作为当事人之间法律行为内容及权利义务确定的依据,除非相对人知道表意人存在真意保留。

实务中,如有真意保留的待决案件,可依托《民法典》第142条第1款意思表示解释规则,站在相对人立场,确定表意人意思表示的内容,并作为当事人之间法律行为内容查明及权利义务认定的依据。反之,在相对人了解真意保留的场合,鉴于表意人并无表示意识和受法律拘束的意图,相对人方面也并不存在值得保护的合理信赖,可据此认定行为无效。如此,亦可达成比较法上相同的法律效果。

第九节　意思表示瑕疵:戏谑表示(非诚意行为)

一、戏谑行为的利益格局

所谓戏谑行为,即表意人欠缺表示意识,并不意欲其所表达之意志发生效力,且此种表示意识欠缺的状态具有公开性。从相对人角度考量,理性相对人一般都不会对表意人的真实意图产生误解,因而通常也没有信赖保护的必要。

就构造而言,戏谑行为与真意保留颇有几分相似,均以表示与意思的割裂及表示意识的欠缺为典型特征。只不过,对前者来说,表示意识的欠缺较为明显,相对人通常也能够较为清晰地识别;但对后者来说,从外观上看,表示意识之欠缺一般难以为相对人所识别。故在法律效果的构造上,立法者作出了不同的制度安排。

从表示意识欠缺的公开性角度考量,戏谑行为与通谋虚伪意思表示又有相通之处。对后者来说,若相对人未能有效地识别表意人仅将意思表示作为表象并就此与相对人达成共谋的意图,就会生成"失败的通谋虚伪法律行为"的状况和格局。此种行为的效果,亦应按照戏谑行为的规则予以确定和调整。

二、戏谑行为的法律效果

戏谑行为在我国《民法典》中欠缺直接的法律规范。《德国民法典》第118条从表意人立场出发,规定此种行为无效。其背后的法理在于,戏谑行为欠缺表示意识,此种欠缺状态又易于为相对人所识别,故并无保护相对人之必要。

当然,此种情况一般并不排除某些案型中,相对人仍可能误判表意人的意图,以至于未能准确发现表意人主观上的非严肃性。我国实务中曾发生与此相关的"阎崇年案"。[①] 据报道,2009年6月,阎崇年校注的《康熙顺天府志》出版发行。同年9月9日,阎崇年邀请刘某等四位媒体记者到家中谈该书的校注出版。当月12日,记者刘某撰写的报道在报纸上刊发,其中有如下内容:"著名清史学家、《百家讲坛》主讲人阎崇年校注的《康熙顺天府志》已由中华书局出版。对于这部倾注了40年心血、先后校注15遍的书,阎崇年也希望读者来监督,挑出一个错,奖金1000元。"阎崇年读到了该报道,但未向报社或记者提出异议。2010年5月,山西大学副教授白平将阎崇年诉至法院称,自己读到阎崇年的公开声明,遂网购此书,后发现该书在校注方面存在严重问题,至起诉时已为此书挑出错误909处。白平认为阎崇年有发布悬赏广告的动机,其通过报纸发布的悬赏广告真实可信,要求阎崇年支付奖金85万元。

本案中,从学术研究的规律讲,任何学者都很难绝对地排除自己作品中存在

---

① 参见左峥、王要勤:《清史学家阎崇年被读者索挑错酬金85万》,中国法院网,2011年7月11日,https://www.chinacourt.org/article/detail/2011/07/id/456585.shtml,2024年8月8日访问。

差错或疏漏的可能。站在阎崇年的角度,即便其于访谈过程中的确曾有此种表示,通常亦只是展现学术自信的"修辞性"表达,自一般理性第三人的视角观察,往往都会一笑置之,并不当真。故就法律性质而言,将阎崇年的表示界定为戏谑行为更加妥当。可是,案涉请求人白平却误判了表意人的真实意图。此时,表示行为的效力虽然仍应予以否认;但考虑到表意人的行为引发了相对人的信赖及损失,此种利益格局与表意错误导致行为被撤销的案型有实质相似性,故有必要赋予相对人信赖利益的赔偿请求权。

第十节 法律行为解释

法律行为解释旨在查明当事人之间的行为在法律行为方面所具有的意义。在当事人之间就此存在争议或特定法律效果是否出现存有争议时,往往需要运用法律行为解释的方法。在裁判实践中,法律行为解释往往是法官的重要任务之一。

一、法律行为解释的概念

法律行为解释在裁判实践中十分常用且意义重大。对于不少有明显亲缘性的私法制度,单纯从理论上加以区分并不困难,可在实践中,当事人的意思表示究竟属于何者,往往不易辨明并构成争议的焦点。这时,当事人行为性质的界定关键仰赖法律行为解释。

举例而言,代物清偿和间接给付系债法中相近、平行的两项制度,理论上对于二者的区分技术和标准早已形成较为成熟的学说。然而,实务中当事人将他种给付交予债权人的行为在法律视野下究竟构成何者,仍需经由解释查明当事人的真意并对行为性质进行界定。值得注意的是,法律行为解释并非总能得出唯一确定的答案。其原因是,有些时候当事人表意过于模糊。作为应对手段,私法实证规范中遂设置了不少任意性解释性规则。比如,在代物清偿与间接给付的判断上,当事人行为真意难以查明时,则推定为间接给付,而非代物清偿。这种规则,本质上是站在一般的理性第三人视角,模拟和推测此情此景下当事人最可能作出何种意思表示。由此确定的所谓当事人的真意,事实上早已不是全然或必然忠实于当事人意志的结果,而是立法者为当事人"建构出的真意",属于规范性色彩极为浓厚的解释行为。在体系性视角下,基于此种解释性规则的法律行为解释,处于纯粹的规范性解释和法律行为漏洞填补连接所形成的谱系的中间地带,具有承上启下的衔接作用。这当然也向我们展示,法律行为解释难以也不可能以完全忠于当事人意志作为根本准则,法秩序的介入与规范属性的渗透是贯穿始终的。

(一)法律行为解释的对象和工具

对于法律行为解释来说,首先应当确定的是,以何者作为解释的对象?换言之,欲提取当事人真意的来源何在?通说认为,行为人的口头语言、书面表达、行为动作均可以是解释的对象。当然,在当事人有约定、法律有规定或存在交易习惯时,当事人"毫无作为"的单纯的沉默也可以被作为解释和从中提取真意的源头或对象。

解释工具则指,为了辨识和明确上述载体中所蕴含的当事人真意及其具体内容,解释者可以依赖的辅助手段。合同谈判的过程以及在此过程中形成的记录材料、与该交易直接相关的习惯、交易发生的时间和地点、当事人的职业及其所受教育等,均可在当事人真意查明的过程中发挥作用。

(二)类型化视角下法律行为解释的目标

法律行为以意思表示为内核并由意思表示组成,故理论上惯于将法律行为解释与意思表示解释等同视之。不同交易场域中的法律行为由不同的意思表示组成,解释模式亦有不同,类型化是有力的分析工具。

1. 须予受领意思表示的解释

须予受领意思表示既可出现于以合同为代表的双方法律行为,亦可体现为以形成权行使为典型的单方法律行为中。不论哪种形态,均以触及受领人之利益和法律地位为共同特质。故在经由解释以认定该意思表示之真意并据以确立当事人的权利义务时,相对人从外在视角所可能形成的理解就占据关键地位。此亦我国《民法典》第142条径直以"有相对人的意思表示"取代理论上"须予受领意思表示"概念的机理所在。不过,从第142条第1款的规范内容看,其中尽管提及文义、体系、目的、习惯及诚实信用等诸多解释中须予关注的因素,却有意无意地忽视了顾及上述因素时所应当择取的立场和视角。而作为一种意义传递的符号,不同的解读立场却又偏偏会在很大程度上影响乃至决定语言解释的结果。因而,第142条第1款的规则设计很难说是理想的。

但这并不妨碍裁判实务中具体展开对于须予受领意思表示的解释时,以受领人的理解可能性为起点,塑造和确认意思表示的规范性内容。比如,在"枣庄矿业(集团)有限公司柴里煤矿与华夏银行股份有限公司青岛分行、青岛保税区华东国际贸易有限公司联营合同纠纷案"[①]中,就合同解释的操作范式,最高人民法院在裁判摘要中专门指出:"对合同约定不明而当事人有争议的合同条款,可以根据订立合同的目的等多种解释方法,综合探究当事人的缔约真意。但就目的解释而言,并非只按一方当事人期待实现的合同目的进行解释,而应按照与合同无利害关系的理性第三人通常理解的当事人共同的合同目的进行解释,且目的解释不应导致对他人合法权益的侵犯或与法律法规相冲突。"此处所谓"无利害关系的理性第三人通常理解",正是相对人或意思表示受领人视角下,以理性人的通常理解力阐释和确定法律行为的内涵与意义。可见,立法上的不完备并不必然阻碍裁判实践的有效、妥当进行,只是会对司法者的理解力有所要求。

2. 无须受领意思表示的解释

无须受领意思表示均属单方法律行为,且不以到达特定相对人为必要。现行私法体系中,遗嘱为其典型代表。故在解释上,此种意思表示及其所建构的法律行为便呈现出不同于须予受领意思表示的特点。理论上认为,解释和厘清无须受领意思表示的内涵,核心在于探究行为人之真意,不应受制或拘泥于文义。毕竟,语言文字只是意义的载体和意图传递的符号而已。因此,《民法典》第142条第2款规定:"无相对人的意思表示的解释,不能完全拘泥于所使用的词句,而应当结合相关条款、行为的性质和目的、习惯以及诚信原则,确定行为人的真实意思。"这一规则既提示了解释无须受领意思表示应当考量的因素,比如词句、体系、目的、习惯和诚实信用原则,同时也强调了立场和视角,即以挖掘并揭示行为人的真实意思为目标,故相较而言,比本条第1款更为妥当。

3. 向不特定多数人发出意思表示的解释

某些意思表示系向不特定多数人发出,可能对不特定多数人的法律地位产生影响。典型的例子包括流通性证券、公司章程、悬赏广告、生产者为售卖产品而向不特定消费者作出的允诺等。此种意思表示与须予受领意思表示存在一定的相似性,即行为的效力"外溢效应"明显,会触及他人的权利义务。故在解释上,应从客观化的立场出发,纳入考量的因素应当为未曾参与意思表示的第三人所能够知悉或毫无困难即可了解的情形。

---

① 载《最高人民法院公报》2010年第6期。

上述提及的情形,多数会涉及证书的签发、流通或者书面文件的制作,交易实践中对此等证书、文件如已形成较为通行、固定的解释取向或方案,自应以此优先。

二、法律行为解释的方法

法律行为之解释,虽不同于法律解释,但在方法上却有不少相通之处。宏观上看,解释方法均包含文义、体系、历史和目的四种。

文义解释以当事人所使用的字词、语句、动作为起点,以此等语言符号和意义载体在通常交流过程和当下社会环境中所具有的内涵或含义作为确定当事人真意的基础。

体系解释意味着,也要关注需予解释的条款在整个合同或法律行为中的位置,以关联和整体性的视角,结合相关条款或法律行为内在其他元素对于需予解释条款的意涵加以查明。当然,交易实践中,也常见交易当事人为某一交易而在一段持续的时间内不断签署若干合同,或者实施多个法律行为。此种背景下,不论理解先签合同还是洞察后续合同的真意,均不能割裂地就事论事,而应以关联的思维,整合多个合同内容,以便形成准确的判断,避免片面。[1]

至于历史解释,主要涉及解释过程中对于法律行为、意思表示及当事人合意形成背景、历程的挖掘,留意法律行为及其内容的形成脉络,以便精准地查明和确定该法律行为所传递的当事人的真正意图。

所谓目的解释,无非是在准确判断当事人实施该法律行为目的的基础上,将此种目的贯穿于法律行为具体内容的解释中,毕竟任何语言或词句均服务于当事人目的的达成。据此,任何解释方案,如其偏离或悖于当事人借法律行为所欲追求的目的,均非妥当。

四种解释方法中,虽理论上通常认为目的解释具有决定性的意义,但在实际操作中,往往是多种解释方式的综合与并用。例如,在"厦门东方设计装修工程有限公司与福建省实华房地产开发有限公司商品房包销合同纠纷案"[2]中,当事人签订合同时对某一具体事项使用了不同的词语进行表述,在发生纠纷后双方当事人对这些词句的理解产生分歧。就该事项所涉词句的解释及其意义的认

---

[1] 参见崔建远:《先签合同与后续合同的关系及其解释》,载《法学研究》2018年第4期。
[2] 参见《最高人民法院公报》2006年第4期。

定,最高人民法院明确指出:"人民法院在审判案件时应当结合合同全文、双方当事人经济往来的全过程,对当事人订立合同时的真实意思表示作出判断,在此基础上根据诚实信用的原则,对这些词语加以解释。不能简单、片面地强调词语文义上存在的差别。"这就表明,理论上固然可以对诸种解释方法加以区分,但实践之复杂程度远超想象,综合性的解释往往不可避免。

三、补充性的法律行为解释

法律行为之解释,必然以法律行为中存在相应的内容或相关线索为前提。倘当事人根本未曾约定,以致法律行为中留有空白,此时需要运用法律行为漏洞填补规则进行补充。多数情况下,法律行为中的漏洞可直接适用现行法中的任意性规范进行弥补。比如,当事人缔结的合同未就瑕疵给付的责任承担与救济方式加以约定的,可直接适用《民法典》关于违约责任的条款(第577条以下)。这就有效地解答了,在允许当事人以特约排除现行私法实证规范的背景下,为何立法者依然大量地设置任意性规范。其动机恰在于,用作当事人合意有所缺漏时的候补性规则。也正是在此意义上,理论上也将私法中的任意性补充性规范称为"缺省规则"(default rules)。

当然,并非任何案型的当事人均乐于或甘于将自己遗漏的合意因素交由任意性规则填补。立法者虽已尽力以当事人之立场为出发点去想象当事人获悉合意有所不备时将可能设计的规则或采取的交易安排,但这毕竟与当事人自主的判断仍有不同,依旧难以完全取代当事人的自行约定。在某些交易中,排斥立法者"家父式的包办"和实证法的填补甚至已成常态,因此不得擅自运用任意性规范作为补充当事人合意之备位性工具。

此时,依学理通说,便是补充性法律行为解释的出场之机。为此,解释者亦需立于当事人之处境,假设当事人预料到他们所未能合意调整的案型,在对自己的利益作妥当权衡的情况下,依照诚实信用原则和交易习惯,作为一个正直的交易当事人本来会作出怎样的约定。在内核上,这其实还是在追问和塑造一种假设的当事人意志。与立法者设置任意性规范时的事前预设相比,此时的假设是一种事后的、基于个案全部因素、更加情景化和个性化的意志推测,与特定交易关系中的当事人诉求和意图可能更加契合或匹配。

尽管如此,仍需提示的是,此种意志已是客观化的规范构造物,其实可能与真正的解释相去甚远。也正因此,学说中才出现对于所谓"补充性解释"的名称予以批判的倾向。① 从这个角度出发,在补充性法律行为解释的操作过程中,要秉持相对谨慎的态度,解释者应以尽可能准确、忠实地再现和发掘当事人的真实意图为目标,既不能导出明显有违当事人意志的解释结论,更不应假借此种解释工具去修正、拓宽乃至废弃当事人的真实意思。

第十一节 行为能力

一、行为能力的内涵和类型

（一）行为能力的内涵和功能

行为能力即有效地发出和受领意思表示,并借此参与法律交易往来的能力。立法者借此将一部分人排除于法律交往之外,故行为能力实质上是一种立法上有限的"资格赋予",不同于权利能力作为权利义务担负者的普遍享有性。

行为能力制度之所以生成,一是从社会及生理规律看,自然人在精神、心理上的成熟及对社会认识的深化均需要相当时间,唯当行为人具备充分的认识和意志能力时,允其以意思表示方式进行自治,并受其意思表示的拘束,才是正当的;二是,以行为能力制度将不具有充分精神成熟度和意志能力之人排除于交易往来之外,可避免其直接暴露于法律交易产生的风险之中。这一制度包含浓郁的"父爱主义"色彩,理论上不时有反思的声音,认为其剥夺了未成年人及成年非完全行为能力人参与法律交往的机会,背离人道观念。这种批评的确有其道理,但该制度也涉及利益衡量,即在非完全行为能力人的自治及其所面临风险的防范之间应有所选取和侧重。尽管法定代理制度可帮助未成年人取得权利、承担义务,但代理行为及交易决策仍然排除了非完全行为能力人自行参与的可能,并未能真正解决行为能力制度带来的"人格剥夺"问题。

（二）行为能力的类型

在我国民法语境下,自然人的行为能力分为三个层次:从出生至 8 周岁(不

---

① Vgl. Jörg Neuner, Vertragsauslegung-Vertragsergänzung Vertragskorrektur, in Heldrich, Prölss, Koller（Hrsg.）, Festschrift für Claus-Wilhelm Canaris zum 70. Geburtstag, Band I, Verlag C. H. Beck München, 2007, S. 918; Franz Wieacker, Die Methode der Auslegung des Rechtsgeschäfts, JZ 22. Jahrg., Nr. 13（7. Juni 1967）, S. 390.

含),为无行为能力人,不得参与法律交往,任何法律行为皆由法定代理人代为实施;从8周岁(包含)至18周岁(不含),为限制行为能力人,仅能在有限的范围内参与法律交往,实施纯获法律上利益及与其年龄、智力、精神健康状况相适应的法律行为;自18周岁(包含)起,原则上为完全行为能力人,可自由地参与法律交往、实施法律行为,除非患有精神疾病,难以辨识和控制自己的行为。

对于患有精神疾病的成年人,区分疾病严重情况,又再次划分无、限制、完全行为能力三个层次。如精神疾病导致完全丧失辨识和控制自己行为的能力,则属无行为能力人;如只是导致辨识和控制行为的能力部分丧失,则构成限制行为能力人;否则,推定为完全行为能力人。当然,某些精神疾病对于自然人辨识、控制能力的影响并非长期持续存在,发病可能也只是暂时的,故仅在发病期间将该自然人认定为非完全行为能力人。

《民法典》还对结婚设立了高于普通行为能力的年龄要求。第1047条规定,在结婚年龄方面,男不得早于22周岁,女不得早于20周岁。此即理论上所谓的特殊行为能力。

二、无行为能力的法律效果

(一)排除于法律交往之外

无行为能力,顾名思义,不得自行实施法律行为,既不能有效地发出也不能有效地受领意义表示,更不得担任他人的代理人,毕竟代理人需要自行作出决策和意思表示,至少应有限制行为能力。

(二)法定代理人的确定

无行为能力人须由法定代理人代为实施法律行为(《民法典》第20、21条)。法定代理人由监护人担任,故对于无行为能力人而言,只要确定了监护人,法定代理人也随即确定。在监护人的确定方面,未成年人与成年的非完全行为能力人稍有不同,须区分考察。

1. 未成年人的监护人确定

未成年人原则上由父母担任监护人,这最符合也最有利于未成年人成长,因为未成年人不论在感情抑或心理上,都与父母最为亲近,父母也通常都是从未成年人最佳利益出发实施行为。从体系上讲,此处"父母"概念的外延应当同时包含生父母、养父母以及具有抚养关系的继父母。

父母死亡或没有监护能力时,按照(外)祖父母→兄、姐→其他愿意担任监护人的自然人或组织的三层顺位确定监护人。当然,父母亦可以遗嘱方式指定监护人,以备"不时之需"。一旦父母死亡,作为死因行为的遗嘱即时生效,监护人可直接按照遗嘱的内容加以确定。

因父母死亡或无力监护而确定监护人的过程中,可能发生多个监护人内部存有争议,以至于监护人确定受阻的状况。举例来讲,祖父母与外祖父母均希望担任监护人时,即可通过协议方式确定监护人。协议中应询问并充分考量被监护人的意愿,以便体现对被监护人的尊重。协商的结果可能是某一方监护人单独履行监护职责,也可能是多个适格监护人共同履行监护职责,只要不违背强制规范、公序良俗且符合被监护人最佳利益即可。

不过,协商也并非总是能达成一致。此时,争议当事人可申请被监护人住所地的居委会、村委会或民政部门指定监护人。当事人对指定不服的,仍可再次向法院申请指定。同时,当事人亦可越过居委会、村委会、民政部门指定的环节,直接申请法院指定。在指定程序中,依然要尊重被监护人的真实意愿,如此才与被监护人最佳利益原则相吻合。在指定程序进行中,被监护人可能处于无人保护状态,为避免被监护人利益受损,应由被监护人住所地的居委会、村委会、民政部门或其他法定组织担任临时监护人。法院指定行为具有法律拘束力,未经法定程序不得变更,当事人擅自变更也不会导致监护职责的免除。因监护职责不履行导致被监护人利益受损,被指定的监护人应承担包括赔偿责任在内的民事责任(《民法典》第31条、第34条第3款)。

若被监护人并无具有监护资格的人,比如《民法典》第27条中配置的监护人均欠缺,则由民政部门或具备履职条件的被监护人住所地的居委会、村委会担任监护人。

2. 成年的非完全行为能力人的监护人确定

对于已成年的非完全行为能力人而言,因法律推定其为已婚状态,故在监护人确定顺位上,将配偶作为优先备选人。此外,按照父母、子女→其他近亲属→其他愿意担任监护人的个人/组织的次序进行确定。

当然,《民法典》第29条父母遗嘱指定监护人的规则对于成年的非完全行为能力人同样适用。成年的非完全行为能力人的监护人确定出现争议,按照《民法典》第30、31条予以解决;欠缺适格监护人,按照《民法典》第32条,由民政部门、被监护人住所地具备监护条件的居委会、村委会担任兜底性的监护人。

三、限制行为能力的法律效果

（一）无须同意的法律行为

限制行为能力人，顾名思义，主体仅在有限领域具有行为能力并可自行实施法律行为、参与法律交往。此种"有限领域"的范围界定，亦需从保护非完全行为能力人的角度出发。理论上认为，凡令限制行为能力人纯获法律上利益以及与其年龄、智力、精神健康状况相适应的行为，均在允许的范围内。

具体而言，在负担行为的场合，鉴于大多属于双务行为，限制行为能力人必然因此承担义务，故难谓纯获法律上利益。不过，例外在于，限制行为能力人作为赠与允诺中的受赠人、债务允诺及债务承认中的获益人时，并不会因此承担义务，可允许限制行为能力人单独实施。

如为处分行为，限制行为能力人不得作为处分人，因处分行为必然导致处分人有所失去。相反，如处分行为的实施会令其直接取得权利，属于纯获法律上利益的情形，则允许限制行为能力人单独实施。

代理行为之有利及不利效果概由被代理人承担，代理人只要在代理权范围内实施行为，即不会因代理行为的实施而遭受法律上的不利益，故理论上称为"中立行为"。从鼓励并为非完全行为能力人尽可能提供参与法律交往机会的角度出发，亦应允许限制行为能力人实施代理行为。

至于与限制行为能力人年龄、智力、精神健康状况相适应的行为，则须考量个案中行为的内容和行为人的认知发展状况或成熟度，尤其应斟酌权利、义务及法律责任等因素，并结合行为人的认知能力进行综合判断。当然，理论和实务至少已在部分类型的行为中达成共识，比如以零用钱购买小额生活或学习用品，此外的其他行为仍应基于个案具体情况进行权衡。

除去以上特别讨论的场景，其他情况下，限制行为人均不得单独实施法律行为，相应的行为或由法定代理人代为从事，或经后者同意实施，方为有效。

（二）须经同意的法律行为的教义学展开

以同意先于抑或后于法律行为的时间为准，须经同意的法律行为可分为事先许可与事后追认。

1. 事先许可

限制行为能力人不得自行实施单方行为，因此种行为往往给行为人带来不利益。典型例子是形成权行使行为,如限制行为能力人行使撤销权或解除权,则会导致其承担返还义务乃至赔偿责任(基于错误的撤销权属之)。如将此种行为效力的发挥系于法定代理人的同意,则会导致相对人法律地位处于过分不清晰状态,在利益衡量上须受拒斥。故此,除非经过事先许可,否则限制行为能力人实施的单方行为无效。

事先许可得分为个别许可和概括许可。前者即法定代理人专门针对某一特定行为之实施而授予许可,如允许限制行为能力人购买价值 1 万元的电脑;后者乃未就允许缔结法律行为之细节予以明确的事先许可,如父母每月给予子女 1 万元生活费,并允许其依自己意愿自由处分。

2. 事后追认

限制行为能力人实施的双务行为如未经事先许可,则处于未决不生效力的状态。该行为最终效力如何,端赖法定代理人是否追认。一旦获得追认,该行为即溯及实施时生效。至于追认的对象,可以是限制行为能力人,亦可是交易相对人。反之,如法定代理人拒绝追认,则该行为终局地归于无效。

在追认与否尚未明确期间,行为的效力便一直处于摇摆未定的状态,因而会给交易相对人带来相当的不确定性,故《民法典》第 145 条赋予相对人催告权。一旦相对人作出催告,法定代理人即须于 30 日内明确表示追认与否。此种背景下,追认的意思表示仅得向相对人作出;反之,如未作任何表示,立法上推定为拒绝,此乃突破沉默通常不具有任何意思表示上意义的一般理论,并少见地将单纯沉默拟制为拒绝的法定案型。当然,某些情况下,限制行为能力人实施行为时已距离成年不远,其本人可于成年后对该行为自行追认,亦能令该行为发生效力。

相对人对于自己的交易相对人尚未成年的情况并不了解时,构成善意,值得立法上予以特别保护。《民法典》第 145 条因而允许其于法定代理人追认前撤销该行为。一旦撤销,该行为视为自始无法律约束力。

(三)劳动成年与经商成年

《民法典》第 18 条第 2 款规定:"十六周岁以上的未成年人,以自己的劳动收入为主要生活来源的,视为完全民事行为能力人。"为虽未成年但事实上早已参与法律交往并能够取得相当收入、维持自给的自然人创设了例外得获取完全行为能力的制度通道,理论上称其为"劳动成年"。

从比较法观察,《德国民法典》第 113 条设置了类似的规则,即未成年人进入服务或劳动关系且获得家事法院认可的前提下,可获得完全行为能力。不过,其与我国法语境下"劳动成年"制度的区别在于,《德国民法典》第113条允许获得完全行为能力的未成年人并无16周岁以上的年龄限制,并且在规范性质上,德国私法将其界定为法定代理人在特定社会交易领域内对于未成年人概括许可的司法确认。换言之,在德国民法框架下,未成年人并不能依托此一制度一揽子取得全部领域的行为能力,甚至特定领域的行为能力也要通过逐案评估的方式获取,并且法定代理人嗣后还能通过撤销或限缩概括许可的方式缩减乃至取消未成年人行为能力的范围。

相比之下,我国"劳动成年"制度虽将其适用范围限定于16周岁以上的未成年人,但其对于该未成年群体行为能力的授予乃立法确认,具有不分场景地一揽子赋予完全行为能力的效果。① 至少从文义看,既排除了司法确认的必要,亦未允许法定代理人通过撤销许可来取消未成年人经由立法获得行为能力的可能性。可见,我国《民法典》的劳动成年制度与德国的规则仍有较大不同。从生活经验看,16周岁的未成年人对于社会运行逻辑通常已有基本的了解,以立法方式概括授予其全方位的行为能力,能够提高交易效率,避免事事须经许可,并鼓励、促进未成年人舒展其意志,值得赞同。

《德国民法典》还在第112条设置了所谓的"经商成年"规则。其规范构造与第113条针对未成年人进入劳务、劳动合同关系基本相同,乃法定代理人对于未成年人在商行为领域概括授权的司法确认,故须由家事法院予以确认,且法定代理人嗣后仍有撤回授权、取消未成年人在此领域行为能力的可能。

相较而言,我国民法实证规范并无与德国民法相匹配的条款。不过,《德国民法典》第112、113条的内核仍在于概括的事先许可,我国民事主体当然也可以通过概括许可的方式达成与其相同的效果。这既能满足艺术、体育等特殊行业对于低龄影星、运动员参与的需求,又不至于因行为能力开放敞口过大而给此等低龄未成年人带来过高的风险。只不过,德国借助于司法确认的方式,对于贯彻未成年人保护原则确有助益。

---

① 参见黄薇主编:《中华人民共和国民法典总则编解读》,中国法制出版社2020年版,第52页;最高人民法院民法典贯彻实施工作领导小组主编:《中华人民共和国民法典总则编理解与适用(上)》,人民法院出版社2020年版,第125页。

四、监护制度

（一）监护制度的立法目的

监护乃配合行为能力阶层化构造而出现的制度。非完全行为能力的自然人主体仍有参与法律关系、取得权利和承担义务的需要，故须为其确立适当的监护人，作为其代理人。此外，监护制度还包括如下规范目的：

其一，保护被监护人的人身、财产权益。被监护人不论是未成年人还是成年的非完全行为能力人，皆存在心智、能力方面的障碍，难以单凭自身认知、能力保护自己的人身和财产方面的法益，监护人的核心职责即在于此。具体而言，监护人须保护被监护人的人身安全，对其加以教育；代管和维护被监护人的财产；防止被监护人暴露于过大的风险之中。

其二，促成被监护人人格完善。尽管处于被监护之下，但被监护人仍要不断发展并健全自己的人格，以期适时地融入社会、独立交往、自我负责。尤其是被监护人多数为未成年人，而未成年人更需要在逐渐接触社会和体验交往的过程中习得社会运行规律和逻辑，以便成为人格完整的公民。故监护人在履职之时，应尽可能尊重被监护人的意见表达和意志自由。

其三，保障交易秩序和交易安全。监护人代被监护人直接参与法律关系，除了帮助后者屏蔽风险外，其实在相对人一边也能起到维系交易安全的效果。毕竟，限制行为能力人实施的行为的效力状态往往存在瑕疵，对于相对人稳定预期的实现有一定程度的威胁。因而，监护制度对于交易秩序亦有助益。

（二）监护人的义务及违反义务的法律效果

1. 义务内容及其履行要求

依《民法典》第34条的规定，监护人首先是法定代理人，应代理被监护人实施法律行为；其次，监护人还负有保护被监护人人身、财产权利及其他合法权益的职责；最后，监护人还应照料被监护人的日常生活。

在所有上述义务和职责的履行过程中，监护人的行为均须贯彻一条根本准则，即最有利于被监护人的利益。具体而言，涉及财产方面的监护职责履行时，除为被监护人利益外，监护人不得处分被监护人的财产；作出其他关乎被监护人利益的决策时，监护人应当尽可能征询、了解被监护人的真实意愿，最大限度地尊重之（《民法典》第35条）。当然，此种类型化仍然十分抽象，实践中裁判者需综合个案全部因素,以便判断监护人之行为是否与被监护人的最佳利益相一致。

2. 违反义务的法律效果

监护人违反义务,将导致如下后果:

(1) 监护人资格丧失

从《民法典》第36条的规定看,不论监护人在监护职责履行过程中的消极不作为,抑或积极实施其他侵害被监护人身心健康、人身财产权益的行为,均显然背离被监护人最佳利益原则,并违反其监护职责,可能导致监护资格的丧失。

(2) 承担赔偿责任

基于监护关系而产生的义务系法定义务,违反此种义务,造成被监护人损害的,应承担赔偿责任。

(3) 基于身份关系的义务存续

由父母、子女、配偶等近亲属担任监护人的场合,婚姻家庭法中本已为此种关系的当事人之间设置了抚养、赡养、扶养的法定义务。因此,即便因违反监护义务导致监护资格丧失,亦不影响监护人基于身份关系而须承担的法定义务,比如抚养费、赡养费、扶养费的给付(《民法典》第37条)。

(4) 利益悖反行为构成无权代理

监护人对被监护人财产的处分行为如并不符合被监护人的最佳利益,应当认定其超出法定代理人的代理权限,进而将此种行为认定为无权代理。[①] 鉴于法定代理属于"无所不包"的概括性代理权,故在判断处分行为与被监护人最佳利益的一致性时,应充分考虑监护人在财产管理行为中的裁量权,综合全案诸种要素进行综合衡量。比如,房市行情普遍下跌时,监护人仍执意抛售登记于被监护人名下的不动产,外观上即已可疑。然而,如此系为被监护人治疗危重疾病而筹款,则利益衡量可能又当别论。

(三) 监护人身份的取得和丧失

1. 监护人身份的取得

监护人身份同时也是一种法律地位,该地位的取得可源自法定和意定两种渠道。就法定而言,《民法典》第27、28条分别为未成年人、成年非完全行为能力人的监护人确定设置了法定顺位,第32条以居委会、村委会、民政部门等作为兜

[①] 参见解亘:《论监护关系中不当财产管理行为的救济——兼论"利益相反"之概念的必要性》,载《比较法研究》2017年第1期。

底性的法定监护人。在意定方面,除《民法典》第32条对于遗嘱指定监护人的确认以及第30条允许复数适格监护人以协商合意方式确定监护人外,第33条还专门设计了成年人意定监护制度,以呼应我国进入老龄化的社会状况和时代背景。

值得注意的是,成年人意定监护在充实监护制度内容、为老龄社会增加制度供给的同时,也引发了谁来监督意定监护人的疑虑。毕竟,意定监护人并无主体资格上的限制,一旦撇开亲情或血缘上的纽带,由外人甚至商业化组织担任监护人,确实难以完全免除监护人滥用监护地位或手中"权力"的可能。当然,对于滥用监护地位的意定监护人,《民法典》第34—36条法律责任条款可在事后进行填补性的救济或规制。可是,事后救济除了要面对举证与证明上的困顿外,尤其是监护作为一种亲密的身份关系,外人往往并无置喙或介入取证的可能,还不得不正视的是,被监护人属于典型的弱势群体,通常处于"任人摆布"的状态,如无适当的事前预防制度,极可能引发"人权窘境"。

鉴于此,有学者建议,在意定监护制度适用中,应将财产与人身相互区隔,前者交由专业信托机构管理运营,我国日趋丰富的信托实践和逐渐完善的信托制度足以提供规范框架;后者则由意定监护人负责实施。[1] 如此,至少从财产角度消灭了可能激发"人性之恶"的诱因,令意定监护人专注于被监护人人身利益的保障。应当承认,该思路的确能够在一定程度上减少因监护人"见财起意"而可能带来的危险,但在根源上,欠缺有效监督机制导致被监护人暴露于风险之下的弊病依然未能完全消除。对此,有待立法者未来通过完善意定监护配套监督制度的方式予以补充。

从实践运作状况看,成年人意定监护制度还被大量LGBT(女同性恋者、男同性恋者、双性恋者与跨性别者)人群用作办理伴侣登记的制度工具。[2] 在我国并未明文认可同性婚姻的宏观背景下,这为少数人群的需求容留了一丝规范空间。这也间接地表明,法律制度的实践运行未必总是按照立法者预想或规划的那样展开。"运行中的法"(law in action)与"书本中的法"(law in book)完全可

---

[1] 参见朱晓喆:《意定监护与信托协同应用的法理基础——以受托人的管理权限和义务为重点》,载《环球法律评论》2020年第5期。

[2] 参见《意定监护让同性伴侣有了"生死协议","但绝非等同于结婚登记"》,南方人物周刊,2019年8月17日,https://static.nfapp.southcn.com/content/201908/17/c2532134.html,2024年8月8日访问。

能存在不小的缝隙,学者对于法律制度的研究和思考,绝不可脱离实践面向及其运作的社会环境。

此外,《民法典》第31条关于监护争议解决程序的规则中,看似新设了一种基于指定的监护人身份取得方式。但事实上,此处因指定而确定的监护人,必定来自法定适格监护人中的一个或数个。因而,这并不足以成为一种独立的监护身份取得路径,而只能作为法定监护身份取得的附随性程序规则。

2. 监护人身份的丧失

监护人身份可能因被撤销监护资格而丧失,撤销的理由均在于监护人违反监护义务达到较为严重的程度(《民法典》第36条)。

此外,监护人身份背后隐藏着监护的双方关系。任一方出现足以导致监护关系存续面临实质性障碍的因素,皆可能导致监护人身份的丧失。这包括:被监护人取得或恢复完全行为能力、被监护人死亡、监护人丧失监护能力,以及经由司法确认的其他情形。

第十二节 代 理

一、代理制度的功能和体系定位

代理是法律效果归属规范,借此,代理人所实施法律行为的效果不由代理人承受,而是转归被代理人(本人)承担(《民法典》第162条)。就此而言,代理制度通常属于辅助性规范,不得单独作为请求权基础。一项重要的例外在于无权代理的场合,可能出现相对人对于代理人独立的请求权基础。

代理之所以必要,一是因为专业分工的细化和人的知识、精力有限,对于不熟悉和难以掌控的领域,本人可径将相关行为的实施托付相应领域"懂行"的专业人士。如此,本人可以达成预期经济目的,代理人也无须承担行为后果,在经济分析意义上实现"双赢"和资源配置的正向增益,因而值得肯定。于商事领域,职业经理人的大量涌现足为明证,经理权实系代理权在商事领域的应用。二是部分民事主体欠缺充分的精神成熟度和自我保护能力,有赖于其他主体保护其合法权利和地位,这为法定代理的滋生和成长提供了空间。

代理制度经历了长期的发展历程,早在罗马法时期即已有其雏形。只不过彼时,代理人独立的意思表示及其效果转归的规范机理还稍显蹩脚。① 今日,人们对于代理的三方构造及其中具体行为与效果归属的分殊早已达成共识。我国《民法典》总则编第七章规定的代理以显名为原则,合同编第925、926条则参考《国际货物销售代理公约》规定了隐名代理,二者相互嵌合即为直接代理。②

自适用范围观之,代理原则上对所有法律行为均可适用,但部分具有高度人身属性的行为,如结婚、离婚、收养等,不得适用代理。就功能而言,代理一般被用于实施表示行为,其中容纳了法律行为、准法律行为及目的意思独立的事实行为。③ 由此,作为违法行为的侵权行为,不允许代理。

代理与某些行为存在一定相似性,有必要加以区分。其一,与使者的区分。在代理行为中,意思表示由代理人自行确定和作出;而使者却单纯扮演"人体传声筒"的角色,并不形成独立的意思。由此,无行为能力人亦可承担使者的任务;而代理人却至少应有限制行为能力。其二,与信托的区分。信托系源自英国的制度,近些年亦因经济和交易需要而在大陆法系日渐获得广泛的认可和应用。信托须以财产权的完全转移为前提,受托人完全以自身名义经营、管理相应财产并实施法律行为;代理则通常不以财产权的转移为必要,且以公开性为原则。其三,与财产代管人的区分。私法体系中存在形态多样的财产管理人,如遗产管理人、破产管理人、遗嘱执行人等。此等主体以管理人身份对他人财产进行管理,通常能由此获取财产处分权,其权限可能源自法定、司法机关指定甚或当事人合意约定,并不必然伴随着代理人身份的取得或代理行为的实施。

二、代理权与基础关系

(一)意定代理权

意定代理权系与法定代理权相对的概念,意味着代理人的权限源自当事人

---

① 详细研究参见〔德〕保尔·拉邦德:《依〈德国普通商法典〉缔结法律行为时的代理》,刘洋译,载《苏州大学学报(法学版)》2021年第4期。

② 参见最高人民法院民法典贯彻实施工作领导小组主编:《中华人民共和国民法典合同编理解与适用(四)》,人民法院出版社2020年版,第2495—2497页。不过,对于《民法典》合同编第925、926条的教义学解释,学理中依然存在较大争议。参见方新军:《民法典编纂视野下合同法第402条、第403条的存废》,载《法学研究》2019年第1期;朱虎:《代理公开的例外类型和效果》,载《法学研究》2019年第4期。

③ 关于目的意思独立的事实行为,可参见常鹏翱:《论目的意思独立的事实行为》,载《法律科学(西北政法大学学报)》2012年第3期。

的意思表示。

1. 意定代理权的产生

意定代理权因本人授权行为而产生。授权行为性质上属于单方须予受领的意思表示,可由本人向代理人发出,此为内部授权;亦可由本人向交易相对人发出,此为外部授权;还可由本人以公告方式对外公示,此为公告授权。

一般而言,授权行为奉行形式自由原则。但在部分案型中,如代理行为属要式行为时,鉴于要式行为规范目的多以防范行为人草率、鲁莽为要义,在相应行为可由代理人实施的场合,为防止要式规范的目的落空,即有必要将要式行为的要求扩张及于代理权授予行为,以便在上游环节即对本人加以警示和提醒。

授予代理权的行为既属意思表示,自然应当受到意思表示和法律行为制度的调整。当授权行为出现意思瑕疵时,应允许授权人行使撤销权。该撤销权的行使通常向被授权人发出意思表示即可,但代理人在代理权被撤销之前已经实施代理行为的,为使相对人及时了解法律关系的变化,应同时向相对人作出撤销代理权的意思表示。代理权撤销后,代理人此前实施的代理行为即变成无权代理,可能因此承担《民法典》第171条规定的赔偿责任。不过,在授权行为因重大误解而被撤销的场合,代理人可基于无因管理将赔偿责任转嫁由本人承担。相反,如授权行为因被授权人的欺诈、胁迫等恶意或不法行为而被撤销,代理人无从转嫁责任。假如代理权被撤销之前,代理人并未实施代理行为,此时虽不存在已实施的代理行为溯及既往转化为无权代理的问题,但若内部撤销代理权的意思表示未能消除外部授予代理权行为产生的合理信赖,就极易引发相对人的合理信赖,从而生成表见代理。

2. 意定代理权的范围和界限

意定代理权源自授权行为,故其范围亦需通过解释授权行为而予以查明,这就转化成了须予受领意思表示解释的问题。依《民法典》第142条第1款,此时"应当按照所使用的词句,结合相关条款、行为的性质和目的、习惯以及诚信原则,确定意思表示的含义"。在解释和勘定授权范围时,应当站在受领人的视角,以理性第三人的标准分析授权意思的内涵及其传递出来的讯息。

就代理权范围而言,个别、种类与概括代理权的类型划分较有实务意义。个别代理权的适用范围和标的事项均仅限于特定法律行为;种类代理权的适用范围和标的事项则扩张及于特定种类或类型的法律行为,此于商事代理的场景较为常见,如公司法人销售部门的员工通常拥有售货代理权;概括代理权则足以使代理人对于特定领域所有法律行为均有权实施,商事法框架下的经理权(Prokura)是典型代表。不过,鉴于概括代理权会令代理人产生十分宽泛的权限,对于本人的法律地位会带来相当的影响或者威胁,故在解释和认定时应持守谨慎态度,存疑予以否认。

机关代理权有一定的特殊性。就权限来源而言,它以意定为基础。法定代表人和职务代理人作为机关代理权的两种类型,在与法人之间的合同关系上存有不同,通常认为前者为委托合同而后者为劳动合同,但无论如何,二者均植根于当事人的合意。在权限范围方面,机关代理权的"法定"色彩浓厚。具体而言,法定代表人的职权内容在《公司法》关于法人机关的规则中有较为清晰的规定,并且公司内部的限制不得对抗善意第三人(《公司法》第 11 条、《民法典》第 61 条);职务代理人在其岗位职责范围内通常也是可以直接以法人名义实施行为,明显属于种类代理权,公司内部对员工职务代理权限范围所作的限制也不得对抗善意第三人(《民法典》第 170 条)。

部分案型会涉及代理权的对外再授予。对法定代理权这样一种"无所不包"的概括性代理权而言,毫无疑问是允许的;在机关代理权的场合,通常亦应承认;但就意定代理权而言,须以解释授权人意思的方式厘清授权人对于代理人亲自实施行为是否存在显见的利益。如授权行为恰因授权人对于被授权人才能、经验、品德等诸方面个人特质的信任,则应排除代理权的对外转授。若代理权授予并非基于特殊的人身信赖关系,则虽允许代理权转授,但次代理权在范围、期限等方面皆应小于主代理权,此系"任何人不得将自己未曾取得的权利授予他人"之基本法理的映射。

代理权作为一种"能权"(Könnensrecht),代表着代理人得借此将行为效果转归本人的法律地位,在对外关系上发挥作用;但就内部关系而言,本人完全可以对代理人如何运用代理权、如何实施代理行为等设置限制。此种背景下,若代理人滥用代理权,其行为虽未逾越外部权限却违背内部限制,法律效果如何?对此,从提高交易效率、降低信息查询成本出发,不宜向交易相对人苛加查询内部限制信息的义务,故可径直推定其对于代理权限的内部限制并不知情,由此构成善意相对人。为保护此种善意信赖与交易安全,应当认可代理行为的有效性。只不过,代理人须因与本人的内部限制而承担赔偿责任。但在某些场合,若相对人事实上知悉代理权行使的内部限制,抑或代理权之滥用具有相当的明显性,则应例外地否认代理行为的效力,认定本人不受其拘束。不过,此时应由本人就相对人的恶意负举证责任。再进一步,若代理人与相对人就代理权之滥用存有恶意串通行为,那么从法律行为角度讲,可通过类推适用《民法典》第154条令此种法律行为归于无效;同时,如若本人利益因此遭受损害,则代理人与相对人构成共同侵权,须承担连带赔偿责任(《民法典》第1168条)。

就界限而言,代理权不得用于从事自我行为,包括自我代理和双方代理。此种限制以防范利益冲突为主要目的,罗马法谚"没有人可以同时服务两个主人"精巧地揭示了这一规则背后的法理。这种"一刀切"式的规范设计,固然能为简洁高效的规范适用提供判断上的便利,在促进法的安定性上颇有助益,但亦可能造成文义辐射范围超出规范目的的尴尬,比如父母向未成年子女赠与,父母代理未成年子女接受自己的赠与,虽与自我行为规范文义完全吻合,但显然并不会因利益冲突而损害未成年子女的利益,故须借目的性限缩将此种案型排除于《民法典》第181条(正当防卫免责)适用范围之外。当然,从私法自治出发,若本人对自我行为表示同意,不论以事先许可还是事后追认的方式,自应从之。比较法上,《德国民法典》第181条还设置了一种例外情形,即自我行为所涉及的是事先已经存在的债务的履行。我国虽立法上未见此种规则,但从规范目的出发,考虑到通过自我行为履行已经事先确定的债务并不会引发难以控制的风险或利益冲突,不妨参考前述规则,将这种情形从我国《民法典》第181条的适用范围中剥离出来。另外,也不排除某些情况下,当事人有意地借助次代理人规避该第181条的涵摄,此时应通过目的性扩张的方式否认该行为的效力。

3. 意定代理权的消灭

意定代理权的消灭,可从代理权本身和内部关系两个角度观察。

在代理权本身层面,可能有多种因素对其存续产生影响。(1)代理权因约定期限经过、标的事项完成或目的无法达成而消灭。(2)本人撤回授权。代理权原则上可被本人随时撤回,即便授予了所谓的"不可撤销代理权",当出现重大事由动摇本人对于代理人的信任时,亦应允许撤回。(3)代理人放弃代理权。(4)授权人死亡或丧失行为能力,但在如下情形中,代理权不消灭:代理人不知且不应知代理人死亡、被代理人的继承人予以承认、授权中明确代理权在代理事务终止时消灭、被代理人死亡前已经实施且为了被代理人继承人的利益而继续代理的。(5)代理人死亡或丧失行为能力。代理行为离不开代理人亲自实施,死亡意味着代理人主体资格消灭,行为能力丧失则意味着代理人欠缺行为实施的主观条件,此时代理权消灭易于理解。除非代理权之授予纯粹为代理人的利益,对于代理人来讲,此时代理权构成一种具有财产价值的法律地位,自然不会因代理人的死亡、丧失行为能力而消灭。另外,若代理权本身不具有高度人身属性,且被代理人的继承人亦予以认可,也可以认为代理权能够在代理人死亡或丧失行为能力后继续存在。

从内部关系变化对代理权影响的角度看,内部关系的消灭原则上会导致代理权消灭。例如,代理权以委托作为基础关系时,代理权基本上与委托关系共存亡。同理,劳动关系的消灭,基本上也伴随着职务代理权的取消。否则,如在基础关系消灭的情况下依然认定代理权存续,很难谓合乎当事人的意图。

(二)代理权与基础关系

代理权与基础关系是两重不同的法律关系,前者是一种法律地位,扮演法律效果转归桥梁的角色;后者是一种内在的权利义务安排。在此意义上,代理权与基础关系各自的独立性应予承认。代理权的基础关系可以多样化的形式表现,劳动合同、合伙合同、委托合同均无不可。但就二者在效力上的相互影响而言,理论上曾一度发展出类似物权行为无因性的所谓"代理权无因性"(die Abstraktheit der Vollmacht)理论,其内核无非在于,将代理权从基础关系的包裹中独立出来,使代理人即便在基础关系不复存在的状态下仍然能够有效地实施代理行为和将自己行为的法律效果转归本人承受。表面看来,这种规范模式能够使交易相对人免于审查基础关系的效力,有利于相对人的合理信赖以及对交易安全的保护,但这是以牺牲本人自我决定为代价的,正当性值得质疑。若采相反的制度安排,一体决定基础关系与代理权在效力层面的相互关系,于相对人不知基础关系效力瑕疵时,仍可借助表见代理制度实现交易安全的维系,同时也对本人的自治自决赋予充分的尊重,则其利益衡量更加妥当。因此,当今的代理法理论中,代理权无因性理论受到越来越多的质疑。① 前述论及代理权消灭时指出,基础关系的消灭,原则上会导致代理权随之消灭,就是这种理论发展趋势的印证。

三、代理行为

代理行为是代理人与相对人之间实施的行为。代理行为是否存在意思瑕疵,须以代理人方面的状态作为判断标准。某些规则的构成要件中包含行为人主观上对某种情况的知悉或不知,比如善意取得制度的适用必以相对人主观善

---

① 参见叶金强:《论代理权授予行为的有因构造》,载《政法论坛》2010年第1期。

意为前提,此种善意或恶意状况的判断,同样取决于代理人方面。但应注意的是,若本人意欲"巧借"代理制度规避自己主观恶意状态,则可能带来的不利后果。此时,代理人即便主观上处于善意状态,亦应认定代理人仅属本人规避法律的工具和"稻草人",从而仍然穿透式地以本人主观恶意作为确定法律效果的依据。在前述善意取得制度适用的例子中,若本人知悉代理人欠缺处分权能,本来并不能适用善意取得规范,本人只是通过引入不知情的代理人并令其为自己实施交易行为,就能够简单地达成善意取得规则并按照自己预期加以适用的目的,这显然会导致善意取得及代理制度双重规范目的的落空。

当代理行为的参与人之一为法人等组织型主体时,须将前述知情归属规则稍作调整,以适应组织型主体的特点。组织型主体以内部的精细化分工及紧密合作为特质,由此决定了,一方面任一单个员工可能都无法全面、完整地掌握组织获取的全部信息;另一方面,组织内部必然存在正常的人员更新、流动,员工病休、离职乃至死亡,都是带来前述变动的正常因由。但从平等对待的基本原则出发,不能仅仅因为参与代理行为的一方当事人是组织型主体,就毫无理由地使对方当事人的法律地位恶化。何况,从商事交易经验看,一个正常、有效运转和经营的商事组织,内部必然存在周密和完整的信息留存、共享和传递机制。因而,只要是商业交易往来中通常应当予以记录在案的信息,不管具体参与代理行为是单个、部分员工还是机关组成人员,都应直接推定该组织内的其他人员均已知悉,由此组织型主体也整体知悉。这也显示,代理制度的适用领域正逐渐扩张,从起初的行为归属朝着信息归属的方向演进,代理人的身份也由单一的行为或表意代理人逐步发展到信息/知识代理人。

四、无权代理

代理人之所以能将自己行为的法律效果转归本人承受,恰因代理权这一桥梁的存在。因之,代理权一旦欠缺,法律效果转归的通道就被阻塞了。在这种无权代理场合,利益格局呈现"三足鼎峙"状态:代理人存在将法律效果转嫁于本人的诉求;本人则往往排斥此种"不请自来"的"侵入行为",并意欲维护自身的自治自决;而相对人则希望行为拘束力尽快明晰,以便了解可得向何方主张何种内容的请求权。

(一)本人追认权

对于无权代理人实施的行为,应由本人决定是否加以追认。本人追认时,可以向代理人或相对人作出追认的表示;但若相对人进行催告,则本人只能向相对人作出追认的表示。在本人追认之前,此种行为处于未决、不生效力的状态。若本人拒绝追认,或因其未作任何表示而被视为拒绝的,则代理行为终局性地归于无效。据此,在代理行为作出至追认与否得以确定两个时点之间,代理行为的效力处于摇摆不定的状态。这就给相对人的法律地位带来了相当的不确定性。为避免或尽快结束此种不确定性,相对人有催告和撤销两种应对措施。不过,《民法典》第 171 条规定,撤销权仅善意相对人方可享有。而被催告之后,本人的应对期限也相应地缩短为 30 日。

比较法上,《德国民法典》第 180 条规定,单方行为不允许无权代理。这主要因为,单方行为以撤销权、解除权等形成权的行使最为典型。诸此案型中,相对人的法律地位本就处于相当不确定的状态,并且相对人并无介入和决定自身法律地位的机会。如再融入无权代理的因素,恐怕相对人的法律地位会更加晦暗不明,以至于"无所措其手足"。为避免这一状况的发生,立法遂排斥单方行为的无权代理。但这也只是立法者从一般理性人角度出发所作的推测,未必一定合乎当事人的心意。从私法自治原理出发,设若相对人本身愿意接受单方行为的无权代理,自亦无须否认。另外,如果相对人对于无权代理人宣称自己享有代理权的状态并未质疑,则亦应允许此种状况下单方行为的无权代理。我国《民法典》并未有意区分合同和单方行为,但德国的立法范式无疑值得参考。

(二)代理行为未获追认时相对人的请求权

如无权代理行为未获追认,本人即无须受代理行为拘束,此时需要重点考量的是,如何保护相对人?对此,《民法典》第 171 条第 3 款规定,善意相对人可在赔偿和履行双重请求权之间二择其一。这时仍有必要讨论的是,赔偿请求权的范围怎样界定?赔偿与履行请求权之间是何种关系?我国早期的学说一度认为,无权代理未获追认引致的赔偿责任指向信赖利益。但后来的学说有所更新,认为赔偿请求权系实际履行请求权的替代,而履行请求权无疑指向履行利益,作为替代工具的赔偿请求权亦应如此。可事实上,上述两种认识均未能考虑代理人善意、恶意状态对于赔偿责任的影响。以《德国民法典》为参照,其第 179 条第 1、2 款明确区分了代理人对于代理权欠缺明知与不知情两种状态下的赔偿责任。从事物本质出发,明知代理权欠缺依然实施代理行为的,可苛责性更强,赔偿责任指向履行利益;反之,代理人对于代理权能欠缺的状况不知情的,可苛责性就弱了很多,赔偿范围应为信赖利益,并以履行利益为最高限额。至于履行请求权,反倒应当是代理人恶意案型中赔偿责任的替代。其实,从历史角度观察,早在一百多年前的《德国民法典》尚未生效时,拉邦德在研究代理的专文中就已经明确指出,无权代理的场合,履行请求权应当是赔偿请求权的替代,而非相反。① 鉴于此,应对我国《民法典》第171条第3款赔偿责任的适用范围作目的性限缩,使其仅适用于代理人恶意的场合。②

当然,相对人保护也存在若干限制。首先,履行请求权相当于合同内容的实现,故代理行为不能存在代理权能欠缺以外的其他效力瑕疵;反之,如代理行为还附有违法悖俗的瑕疵,则相对人不得主张履行请求权,其救济路径仅限于缔约过失或履行障碍产生的其他请求权。其次,代理人由未成年人担任时,从保护未成年人出发,须排除其责任。再次,相对人如有欺诈行为,则代理人可主张撤销,自无须承担责任。最后,如果相对人明知代理权能欠缺的瑕疵,则应按其过错严重程度,对赔偿请求权的内容作相应程度的扣减(《民法典》第171条第4款)。

无权代理如发生于多层级代理的案型中,则有必要考察瑕疵究竟源自哪一层级。次代理权瑕疵导致无权代理的,责任始终由次代理人承担。在主代理权瑕疵引发次代理人构成无权代理的案型中,应分别代理人是否披露代理的多层级以认定责任。当次代理人披露代理的多层级时,责任由主代理人承担;否则,次代理人自行承担责任。

代理人依《民法典》第171条第3、4款承担责任后,具备无因管理条件的,可借此转嫁责任。当然,若本人对无权代理行为予以追认,由此受到合同拘束并承担了本应由代理人承担的责任,则可向后者主张合同、不法无因管理甚或侵权的请求权。

实践中常有冒用他人姓名从事交易的现象,在被冒用的名称或姓名本身对于相对人交易或缔约意志的形成具有重要意义时,同样会出现类似于无权代理的三方构造。理论上认为二者具有实质相似性,故可类推适用《民法典》第171

---

① 详细研究参见〔德〕保尔·拉邦德:《依〈德国普通商法典〉缔结法律行为时的代理》,刘洋译,载《苏州大学学报(法学版)》2021年第4期。

② 同旨,参见方新军:《内在体系外显与民法典体系融贯性的实现——对〈民法总则〉基本原则规定的评论》,载《中外法学》2017年第3期。

条,以确定冒名行为的法律效果。①

五、表见代理

在无权代理的场合,如相对人基于代理权存在的合理信赖实施了法律行为,法律制度的天平就会朝着相对人方向倾斜。《民法典》第 172 条表见代理制度即其规范承载。就法理而言,此一规则的正当基础植根于信赖保护。

构成要件方面,代理权表象(或外观)及本人可归责性是表见代理成立的两项核心要素。代理权表象的形成可有多种原因:(1)外部或公告授予的代理权,嗣后被内部撤回,由此遗留了代理权存续的外部表象;(2)向代理人交付代理权证书后,代理权被撤回,证书却未交还,同样会造成代理权存续的表象。不论前述何种情形,至少本人都曾有过授权行为,只是后来代理权限方面的实际变化未能以客观可靠的方式同步地向外传递,导致信息分布的内外隔阂。相较而言,本人可归责性较为明显,故以外部呈现出来的权利外观作为法律效果形成的连接点,本人遂不得不接受代理行为的拘束。

某些案型下,本人从未有过授权行为,却遭遇他人主动以其代理人身份实施法律行为的情况。知晓此种情况的本人如能介入并阻止却未介入或阻止,同样易于在相对人处造成已授予代理权的表象。我国 1986 年《民法通则》(已废止)第 66 条第 1 款曾规定,"本人知道他人以本人名义实施民事行为而不作否认表示的,视为同意"。这一规则虽在《民法典》中未能延续,但其法政策判断无疑是妥当的。比较法上,此种案型在《德国民法典》亦无成文规则,但在长期司法实践积累中已升格成为无形的习惯法规则,学理上称为"容忍代理权"(Duldungsvollmacht)②。在我国法语境下,《民法典》第 172 条"没有代理权""相对人有理由相信行为人有代理权"的用语本身非常宽泛,完全能够涵摄这种状况。③ 值得进一步思考的是,本人并不知晓他人以自己代理人的名义实施行为,法律效果又该如

---

① 参见杨代雄:《使用他人名义实施法律行为的效果——法律行为主体的"名"与"实"》,载《中国法学》2010 年第 4 期;冉克平:《论冒名处分不动产的私法效果》,载《中国法学》2015 年第 1 期。

② Vgl. Brox/Walker, Allgemeiner Teil des BGB, 44. Aufl., Verlag Franz Vahlen München, 2020, § 25, Rn. 26 ff.

③ 详细研究参见张家勇:《两种类型,一种构造?〈民法通则〉第 66 条第 1 款第 3 句的解释》,载《中外法学》2012 年第 2 期。

何构造？对此,德国裁判实践中认为,若本人的不知情存在过错,而代理人的行为又确实制造了某种代理权存在的外观,那就仍应类推适用表见代理制度,学理上称为"表象代理权"(Anscheinsvollmacht)。在我国法制框架下,对于这一案型,如的确存在保护相对人信赖的必要,则可径纳入《民法典》第172条的调整之下。只是要注意,实务中对此种权利外观的认定及本人可归责性的判断要保持谨慎,不可随意扩张,毕竟此处是以牺牲本人的自治为代价换取对相对人信赖的保护。一般而言,如"代理行为"已持续一段时间,而本人虽知却无动于衷或不知却疏忽依旧,则可考虑适用表见代理。

近些年来,实务中常见公章或签名滥用引发表见代理制度适用与否的争议。① 对此,不论公章抑或签名,实际上都只是一种用于证明代理权存在的证据,或者作为相对人推断代理权存在的表征。合同的缔结如有公章或签名的加持,固然外观上极易给人以"有权代理"的安全感,但相对人如仅仅据此就简单地认为代理人属于适格代理人,恐怕还难以被认定为法律上值得保护的合理信赖。代理人的职务、与被代理人的关系、交易的内容和类型等,同样会对相对人信赖的合理性产生影响。换言之,如代理人与被代理人本来并无任何基础关系,或者在法人作为被代理人的场景中,代理人所实施的行为显然与其行为时在组织内所处的地位及肩负的职务难以匹配的,则相对人尚不得以公章或签名齐全主张表见代理制度和适用。反之,若代理人此前就已经与被代理人存在密切关系甚或居于被代理人的高管职位,再有公章、签名的附署,就令外部交易相对人更能对交易的合理合法"深信不疑",此时自应适用表见代理制度,令被代理人受到拘束。再者,如公章或签名滥用是被代理人所无法防范和控制的,即其不具有可归责性,则不应强求其承担无权代理的不利后果。②

第十三节 法律行为的形式

一、形式自由原则

法律行为的形式自由,是私法自治原则的表现形式之一。《民法典》第135条规定:"民事法律行为可以采用书面形式、口头形式或者其他形式;法律、行政

---

① 详细研究参见陈甦:《公章抗辩的类型与处理》,载《法学研究》2020年第3期。
② 参见朱虎:《表见代理中的被代理人可归责性》,载《法学研究》2017年第2期。

法规规定或者当事人约定采用特定形式的,应当采用特定形式。"据此,民事主体可以依其所愿决定法律行为的形式,除非存在法定或约定例外。合同作为法律行为的典型表现形式之一,同样奉行上述原则(《民法典》第469条第1款)。

法律行为可以采用口头、文本、书面、电子、公证等多种形式,以下详述:

(一)口头形式

口头形式是指当事人以面对面谈话、电话或其他即时通讯工具进行交流的方式实施法律行为,具有方便快捷、成本低的优势,日常生活中即时结清的小额交易最为常用。比如,集市、商店等场所的交易,大多如此。① 其缺点也很明显,由于欠缺较为固定的证据,一旦出现纠纷,取证存在较大难度,因此往往会给纠纷化解带来障碍。②

(二)文本形式

文本形式是指,将当事人的意思承载于一个可以有形地表现其内容的永久性介质之上,以供相对人获取和了解其内容。此种介质的表现形式十分多元,且随着时代的推移而更新。早期社会,牛皮、竹简等都可以是契约文本的介质和载体。进入信息化的时代后,USB存储器、CD或DVD光盘、电脑硬盘以及当今愈发盛行的云盘等都可以是承载这种信息的介质。相较于口头形式的法律行为,文本形式令当事人的意思有了相对可靠的依托,便利事后的查证和取阅。但其弊端依然明显,即易于伪造。

(三)书面形式

书面形式是在文本形式有形地表现当事人的意思内容之外,再加上手写的签名,对法律行为予以确认。③ 书面形式在生活和交易实践中十分常用,就功能而言,除了可在纠纷发生时扮演证据角色、服务于当事人意思查明之外,还具有警示当事人并防止其过分草率、鲁莽的效果。再者,随着当今物证鉴定技术的发展,笔迹鉴定在司法实践中应用日益广泛,因书面形式必以手写签名的存在为前

---

① 参见最高人民法院民法典贯彻实施工作领导小组主编:《中华人民共和国民法典总则编理解与适用(下)》,人民法院出版社2020年版,第693页。
② 参见黄薇主编:《中华人民共和国民法典总则编解读》,中国法制出版社2020年版,第438页。
③ 参见最高人民法院民法典贯彻实施工作领导小组主编:《中华人民共和国民法典合同编理解与适用(一)》,人民法院出版社2020年版,第51页。

提,故于当事人对契约真伪存在争议时,书面形式还能发挥真实性功能。当然,当事人的合意一旦付诸纸面并附上签名,意味着缔约阶段的完成,此即完成性功能。

《民法典》第469条第2款规定:"书面形式是合同书、信件、电报、电传、传真等可以有形地表现所载内容的形式。"这一规则虽列举了若干可承载契约内容的介质,却偏偏忽略了最为重要的手写签名这一要素,在立法设计上存在一定的瑕疵。

(四)电子形式

信息技术的突飞猛进为其商业化利用提供了坚实的基础。今日,以电子化手段签订合同成为越来越受欢迎的选择,对跨境交易来说,这还是一种更加经济高效的缔约手段。鉴于此,《民法典》第469条第3款规定:"以电子数据交换、电子邮件等方式能够有形地表现所载内容,并可以随时调取查用的数据电文,视为书面形式。"但这一条款同样存在遗漏签名要素的规范瑕疵。在以电子形式缔结合同时,手写签名难以实施。作为替代,电子签名技术应运而生。《联合国国际合同使用电子通信公约》第9条为此专门规定,电子签名技术在能满足安全性、不可篡改性的要求时可以被功能性地等同于手写签名。我国亦属该公约缔约国,此项功能性等同方法也被引入国内。由此,书面形式在信息技术时代就有了更加丰富的含义层次。

(五)公证形式

公证形式是要求比较高的形式,通常由公证机关依照法定程序实施和完成,公信力较高。某些情况下,被赋予强制执行力的公证文书可以直接进入执行程序。公证员在公证程序中往往会对当事人行为的风险等进行一定的提示,故理论中认为,公证形式具有资讯提供功能。

二、要式行为

(一)要式行为的实证法梳理

在我国法语境下,要式形式多体现为书面形式。通过梳理可以发现,我国《民法典》明确规定,如下法律行为当事人须以书面形式实施:

(1) 意定监护协议(《民法典》第33条);

(2) 建设用地使用权出让合同(《民法典》第348条);

(3) 建设用地使用权转让、互换、出资、赠与及抵押合同(《民法典》第 354 条);

(4) 居住权合同(《民法典》第 367 条);

(5) 地役权合同(《民法典》第 373 条);

(6) 债权人允许债务人转移债务全部或部分债务,提供担保的第三人表示同意(《民法典》第 391 条);

(7) 抵押合同(《民法典》第 400 条);

(8) 抵押权人放弃抵押权或其顺位、协议变更抵押权顺位及其数额,受不利影响的其他抵押权人的同意(《民法典》第 409 条);

(9) 债权人向提存部门表示放弃领取提存物权利的意思表示(《民法典》第 574 条);

(10) 借款合同(《民法典》第 668 条);

(11) 保证合同(《民法典》第 685 条);

(12) 一般保证人放弃先诉抗辩权的意思表示(《民法典》第 687 条);

(13) 主债权债务合同发生不利于保证人的变化,保证人表示同意的意思表示(《民法典》第 695 条);

(14) 债权人允许债务人转移全部或部分债务,提供担保的第三人表示同意(《民法典》第 697 条);

(15) 期限 6 个月以上的租赁合同债权人允许债务人转移全部或部分债务,提供担保的第三人表示同意(《民法典》第 707 条);

(16) 融资租赁合同(《民法典》第 736 条);

(17) 保理合同(《民法典》第 762 条);

(18) 建设工程合同(《民法典》第 789 条);

(19) 建设工程监理合同(《民法典》第 796 条);

(20) 技术开发合同(《民法典》第 851 条);

(21) 技术转让合同和技术许可合同(《民法典》第 863 条);

(22) 物业服务合同(《民法典》第 938 条);

(23) 业主解聘物业服务公司的意思表示(《民法典》第 946 条);

(24) 物业服务企业拒绝续约的意思表示(《民法典》第 947 条);

(25) 不定期物业服务合同解除权行使的意思表示(《民法典》第 948 条);

(26) 人体细胞、人体组织、人体器官、遗体捐献的意思表示(《民法典》第

1006 条);

(27) 接受人体临床试验的意思表示(《民法典》第 1008 条);

(28) 夫妻财产制约定(《民法典》第 1065 条);

(29) 离婚协议(《民法典》第 1076 条);

(30) 涉外收养(《民法典》第 1109 条);

(31) 继承人放弃继承的意思表示(《民法典》第 1124 条)。

除此而外,也有部分法律行为可能存在更高的形式要求。比如,《民法典》第 1139 条规定,公证遗嘱必须由遗嘱人经公证机构办理方可生效。

(二) 形式欠缺的法律效果

《民法典》第 135 条但书条款虽从正面确认法定及意定的特定形式民事法律行为,但对违反形式要求的民事法律行为的效力却未置一词。从比较法观察,《德国民法典》第 125 条规定,违反法定形式规则会导致民事法律行为无效的后果;意定形式的欠缺则需首先查明当事人关于形式特约的目的,存疑时亦应认定行为无效。可见,形式规则具有对法律行为效力的调控功能。我国《民法典》第 490 条第 2 款规定:"法律、行政法规规定或者当事人约定合同应当采用书面形式订立,当事人未采用书面形式但是一方已经履行主要义务,对方接受时,该合同成立。"从文义解释看,这一条款旨在确认履行行为治愈形式瑕疵的功能。然而,前已述及,形式瑕疵对于法律行为的影响主要应当体现在作为价值评价的效力层面,而非事实性的合意存在与否,故《民法典》第 490 条第 2 款的规范设计存在对象定位上的偏差。撇开这一瑕疵,还应注意的是,这一规则在体系定位上属于例外条款。换言之,若不存在履行治愈的事实,形式要件的欠缺亦应导致行为无效的后果,否则法定形式规则的目的可能落空。对于违反意定形式规则的情况,关键要看当事人特约的目的何在。若意定形式要求仅以证据为目的,那么违反该形式并不会引发行为无效的后果,只要仍有其他证据能够证明当事人意思表示的存在和内容即可。当然,除了履行治愈的例外条款外,实务中也可能遭遇形式瑕疵无效悖于个案正义或危及当事人生存利益等极端案型,此时可借助于诚实信用原则创设例外,以避免形式瑕疵无效规则造成令人难以接受的法律效果。

担保合同和保证合同中涉及形式强制的几项规则中,大多关乎主债权债务合同内容变化对于担保人的影响。这种变化如不利于担保人,则除非经担保人的书面同意,否则不对担保人发生效力。此系特别法规则,应当优先于前述关于形式瑕疵无效的一般性处理模式。

第十四节　法律行为的内容

一、法律行为内容自由及其限制

自治乃私法的核心理念和最高原则，法律行为则是贯彻此等自治的工具。故法律行为之实施亦在各个方面奉行自由原则，内容自由即其面向之一。法律行为内容自由意味着，当事人得依其所愿和需求任意设计自身参与的法律关系之内容，为自己取得权利、承担义务，借以形塑自身的法律地位。

不过，法律行为内容自由同样存在界限。首要者即法律行为上的类型强制。具体而言，在合同领域，尽管当事人得自由创设无名合同，但这一框架下的契约原则其实排除了经由单方行为建立义务的可能性，故本质上也为法律行为划定了框架。在物权领域，类型法定不仅贯彻于完全物权和定限物权，更是上升成为物权制度的基本原则，足以体现法秩序对于法律行为内容自由的控制。在婚姻家庭法和继承法领域亦然，不论结婚、离婚形式方面的限制，抑或特留份制度对于遗嘱自由的限制，均属类型强制的适例。

上述类型强制，均存在于私法内部，系法秩序对私法主体行为权限设定的边界。对于此等私法规则，理论上称为"权能规范"。其作为法律行为内容自由的限制，作用方式显著区别于公法等外在的强制性规范。违反权能规范的法律行为，其效果并非无效，而是不会按照当事人的意愿发生被期待的效力。以违反物权法定的行为为例，其效果为不得依当事人意图产生物权效力，但仍能产生债法层面的效力。故权能规范实质上是为适格的法律行为及通过法律行为的自治创设一定的门槛，借此排除"正向要件"欠缺的行为产生法律行为意义上的效果，自然就形成自治空间限定的功能。

除私法内部的类型法定或权能规范之外，对于法律行为内容自由更重要的限制，来自公法、社会法等规范领域。比如，刑法、行政法、反垄断法对于当事人行为自由的限制，不仅表现形式多样，而且法律效果通常较为刚性，多表现为无效。毕竟，此等领域的强制性规范作为"直接适用的法"，实质上直接排除了允许当事人自主形成法律关系的可能。

二、法律禁令作为法律行为的边界

《民法典》第153条第1款规定:"违反法律、行政法规的强制性规定的民事法律行为无效。但是,该强制性规定不导致该民事法律行为无效的除外。"理论上认为,本条款系规定法律行为内容自由边界的核心规则,其中提到的"法律、行政法规的强制性规定"被称为"法律禁令"。就此一规则的法律性质,相当多学者认为属于转介规范,即其本身并无实质内容,其功能主要在于将私法之外的其他强制性规则引入私法,一方面为私法自治划定边界;另一方面,亦可促成公法与私法的合作及互动,确保法秩序的内在统一性,避免体系冲突或评价上的矛盾。不过,苏永钦教授指出,单纯将其界定为转介规范会影响该规则效用的充分发挥,构成法官因应不同情势、综合个案进行利益衡量和灵活裁判的障碍。更准确的应当是将其定性为一般条款,这除了能将公法中已有的强制性规范容纳其中,还能为裁判者根据公法的整体价值取向引导出足以影响法律行为效力的规则铺垫基础。

（一）法律禁令的来源

《民法典》第153条第1款中的强制性规范,只能来自法律、行政法规。这就极大地限缩了足以影响法律行为效力之规范的范围。其背景是,早在1999年《合同法》第52条中就已经存在影响合同效力的规则。然而,计划经济的残留和公权的扩张,极易导致我国语境下"强制性规范"的外延扩张,从而对合同自由及当事人自治形成严重侵入和戕害。一旦合同效力被否定,交易将无从进行,就会对经济运行造成负面干扰。为避免公权扩张及强制性规范判断方面的司法裁量权滥用,最高法遂通过司法解释的方式专门明确,即阻碍合同效力的所谓"强制性规范"应仅限于由全国人大及其常委会、国务院制定的法律、行政法规。

不过,德国私法对于强制性规范外延的认定却与我国完全不同。《德国民法典施行法》(EGBGB)第2条规定,其民法典中所谓的"法"可以是任何法律规范。这当然不仅限于联邦层面级别较高的法律规范,毋宁各联邦州乃至最低层级公权力机关制定的法律规范均可涵盖,甚至从既有法律整体价值取向中凝练、提取出来的法律理念也可以用于否定法律行为的效力。此种规范模式的正当性在于,从法秩序统一性、融贯性原理出发,一国各个层级的法律规范均应保持评价上的一致性,位阶更低的法律规范应当是对位阶更高法律规范的贯彻执行和具体化。由此,低位阶法律规范中如有否定法律行为效力的制度安排,则绝非对于高位阶法律规范的突破或背离,而应是后者价值取向的流露和显性化。因而,单纯以位阶更低为由排除相应强制性规范对于法律行为效力判断问题上的可适用性,是违背法秩序统一性原理和体系观念的。

尽管如此,考虑到我国实务中法律行为常受否定,公权戕害自治的乱象仍时有发生,从实用主义角度出发,还是以尊重和维持立法者于《民法典》第153条第1款中的判断为宜。

(二)法律禁令的判断

对私法来讲,法律禁令是例外,也应当是例外。故在判断特定规范是否属于强制性规范时,务必持守克制谨慎的态度。

从外观上看,强制性规范中多使用"不得""禁止""应当""必须"等标志性的字眼,但并不能简单地认为,凡有上述字样的条文皆属强制性规范。故在规范属性的认定上,仍需更多地仰赖实质性判断。那么,如何作实质性判断?

最高法曾以司法解释的方式专门规定,能够导致合同/法律行为无效者,仅限于效力性强制性规范,而非管理性强制性规范。这无疑释放了最高司法机关容让自治的善意,清晰地表明其力求将私法主体自我决定放到最大,将来自公权的限制压到最小的意图。然而,其所提供的思维框架却并不能实质上解决问题,甚至被讽为"以问答问"。[①] 因为人们仍需进一步追问的是:何谓效力性强制性规范?如何认定此种规范?其与管理性强制性规范的分野或界线何在?

学界当然也一直尝试在强制性规范判断的理论方面推陈出新。早期的代表性学说是站在事实层面,通过总结裁判实践的方式建构导致法律行为无效的强制性规范的类型。比如,侵害他人基本权利的法律行为、损害社会公共利益的行为等。这无疑在很大程度上促进了《民法典》第153条第1款这样抽象条款的具体化,也为裁判实践创造了更多的安定性。可是,此种进路受到非穷尽性的质疑。后续的理论发展将视线转移到规范层面,以规范目的的厘定为支点,考察相应规则对于法律行为效力的影响。在此一思考框架下,关键是讨论,特定法条规范目的的实现是否必然以否认法律行为的效力为前提。若回答是否定的,即应认可并维持法律行为的效力。只有当肯定法律行为效力将导致特定法条规范目的落空时,方可使法律行为归于无效。然而,这一范式同样存在裁量基准不尽统一、法益衡量轻重失当的困境。

---

① 参见苏永钦:《以公法规范控制私法契约——两岸转介条款的比较与操作建议》,载《人大法律评论》2010年第1期。

在最新的教义学阐释中,有学者主张,应站在宪法的高度,将私法自治及作为其实现工具的法律行为界定为宪法自由权在私法中的投射和体现。这意味着,否定法律行为的效力是对私法自治的限缩,同时也构成对宪法上自由权的侵入。在基本权利教义学框架下,得限制或侵入基本权利者,唯其他基本权利或社会公共利益而已。由此,如欲否定法律行为之效力,只有当相应的强制性规范构成其他基本权利载体或者社会公共利益的实现工具时,方为可行。这就将整个思考层次提高到俯瞰全局的宪法层面。在完成强制性规范与基本权利或社会公共利益的关联性判定后,仍需在具体裁判时运用比例原则或务实协调的思维方式,准确分析是否有必要将法律行为效力认定为无效。①

由上可见,强制性规范及其对法律行为效力的影响直接关乎公私法协调与合作的议题。在裁判中,既要充分保证自治,又不能任由公法目的落空,如何在二者之间寻得一个妥当的平衡,不仅对司法者构成重大挑战,对于学者的理论建构也提出了极高的要求。尽管学说范式不断演进,但在操作中依然面临诸多有待进一步的明晰和值得探讨的议题。

(三)法律禁令的类型化

强制性规范形态多样,类型化是分析其立法意图和法律效果的有效手段。

1. 单方禁令与双方禁令

以强制性规范指涉的对象仅限单方抑或兼涉双方为标准,可将其区分为单方禁令与双方法律禁令。就前者而言,公法中的负面评价或不利效果一般仅针对一方当事人。即便法条文义中使用了具有管制色彩的字眼,比如"不得""禁止""应当"等,通常亦不直接导致合同无效。不少民刑交叉类案件可归入此种形态,比如在诈骗类刑事案件中,尽管刑法中明确设置了禁止诈骗的强制性规范,然而受害人因受诈骗而签订的合同并非必然无效。其机理恰在于,刑法规范中的诈骗禁令乃专门针对诈骗行为人设置的禁止性规则;作为相对人的受害人,则是立法意图保护的对象。因而,如今学理中渐就涉刑事诈骗的合同效力形成共识,即其仅属可撤销,而非无效。② 同样,不少旨在规定金融犯罪的刑法规范亦具有相同的特点。非法吸收公众存款、非法集资即属典型的例证,此等行为虽然

---

① 参见章程:《从基本权理论看法律行为之阻却生效要件——一个跨法域释义学的尝试》,载《法学研究》2019年第2期。

② 参见叶名怡:《涉合同诈骗的民法规制》,载《中国法学》2012年第1期。

构成犯罪,但不得仅仅因此径直否定犯罪主体与受害人之间形成的投资合同的效力。究其原因,刑法中的负面评价主要集中于实施相应犯罪行为的主体,而非须予救济的受害人。

相反,如公法中就某一法律行为的双方当事人皆规定了不利后果或给予负面评价,则此种强制性规范通常会引发法律行为的无效。理由在于,对双方行为的否定意味着,双方行为范式均为公法秩序所排斥,这就会直接导致基于该双方合意的法律行为内容不为法秩序所容许。

2. 内容禁令与非内容禁令

以强制性规范管制的对象涉及法律行为内容与否,可将其分为内容禁令与非内容禁令。内容禁令意味着,当事人合意所欲追求的法律效果恰不为法秩序所容许,此种行为范式超出了当事人自治的范围,因此会导致法律行为的无效。反之,强制规范管制的对象如仅涉及行为的外在环境、时间、地点、人群等,并不直接指向法律行为的内容,这意味着当事人的法律效果意思以及借助合意追求的法律效果并非法秩序要排斥的对象,故应认可法律行为的效力。

(四) 违反法律禁令的法律效果

1. 负担行为

违反强制性规范的负担行为效力如何,判断时始终要秉持克制态度,此系私法自治原则的必然要求。理论上为此发展出多种思考工具,比如部分无效、履行控制代替效力控制等。就部分无效而言,溢出法定最高利率值的借款约定、超出竞业限制限度的竞业禁止约定等,均会导致超出部分无效;对履行控制代替效力控制来说,如违反资质管制实施的法律行为,裁判实践现已逐渐以履行不能制度予以调整,而非简单粗暴地干涉行为的效力。

当然,如立法目的要求必须判定行为整体无效,从之即可。

2. 履行行为

履行行为通常具有价值中立的属性,但同样不排除某些场合中其为强制性规范所禁止。一旦履行行为归于无效,通常就要同时认定与其相对应的负担行为无效。否则,有效的负担行为将使债务人仍有履行义务,导致规范评价的内在矛盾。例如,让与毒品、枪支弹药等禁止流通物的履行行为显然无效,其基础性的债权行为亦属无效。

3. 返还清算

履行行为的无效,会导致物权自动复归,给付人由此得以主张原物返还请求权。不过,在履行行为并非法律行为的案型中,比如履行行为涉及服务提供时,无效规则无法用于调整履行行为的效力。此时,如基础性的负担行为无效,则受领人构成不当得利,给付人可主张返还。

4. 损害赔偿请求权

法律行为之无效,如可归责于某一方当事人,则会成立缔约过失。受损害方可依据《民法典》第 157 条第 2 句第 1 分句向过错方寻求赔偿。在赔偿范围的界定方面,如受损方同样存有过错,则赔偿请求权须相应地予以扣减。

三、公序良俗作为法律行为的边界

《民法典》第 153 条第 2 款规定:"违背公序良俗的民事法律行为无效。"这就为法律行为及当事人的自治划定道德和社会公序的底线,这一规则由此成为道德进入私法的通道。如同强制性规范一样,公序良俗条款既是转介条款,又是一般性条款。

(一)何谓公序良俗

欲以公序良俗调控法律行为之效力,首先要厘清何谓公序良俗。我国学理上通常将其拆解为公共秩序与善良风俗。但实际上,善良风俗作为不确定概念,同时也是一般条款,在具体化的过程中,无疑要将整体法秩序中的秩序原则纳入考量,因而公共秩序的要素和价值判断本身完全可以由善良风俗加以涵盖。

所谓善良风俗,即整个社会中正直思考之人的平均道德观。此种道德观不仅内容上表现为多种形态,而且具有流变性。判断其是否影响法律行为的效力,关键是看法律行为实施时的道德观。实施时因悖于善良风俗而被认定无效的行为,并不会仅仅因为后续道德观念的变迁而变成有效。以国内首例诉讼投资协议案为例,[①]某投资管理公司因与案外公司的一起服务合同纠纷案,与某网络科技公司、某律所签订《诉讼投资合作协议》,约定由某网络科技公司向某投资管理公司提供诉讼投资服务。该协议主要约定:某网络科技公司是中国首家法律金融公司,投资某投资管理公司在标的案件中的全部诉讼费用。某投资管理公司根据标的案件的生效判决,以其最终实际收到的案款的 27% 作为某网络科技公司的投资收益。若某投资管理公司败诉或无法实际收到案款,某网络科技公司自担损失。某网络科技公司的关联方某律所担任某投资管理公司在标的案件中的代理人。某

---

① 参见上海市第二中级人民法院(2021)沪 02 民终 10224 号民事判决书。

投资管理公司有权跟进标的案件的进展情况,对案件的调解、和解与诉讼行为,有权参与最终决策制定。某网络科技公司可以参与商讨标的案件的诉讼策略等问题。同日,某投资管理公司与某律所签订《委托代理合同》,约定由某网络科技公司向某律所支付律师费。此后,某网络科技公司按约支付了诉讼费用。后案外公司向法院交付案件执行款,但某投资管理公司未按约支付投资收益,某网络科技公司提起诉讼,请求某投资管理公司支付投资收益、法律服务费和违约金。

对于上述协议,主审法院认为:"首先,有违司法活动服务社会公众利益的属性。网络科技公司通过与案涉律所的高度关联和过度控制诉讼的权利成为司法活动的密切利益方,其私利目的或影响司法。其次,有违和谐、友善的核心价值。"因而,该服务悖于善良风俗。然而,仔细分析案情,裁判说理未必成立。涉案网络科技公司作为诉讼投资方,委托关联律所代理案件,很难说直接据此就能认定这种合作足以影响案件的审理。至于以和谐、友善的价值观否定此种投资协议,更显得苍白无力,毕竟法律和司法机关的存在本身就是建立在承认纠纷难以避免的基础上。

不过,即便嗣后人们对于诉讼投资协议形成更加宽容的观念,也不能使得此前已被判定为无效的协议重归有效。

(二)悖俗行为类型化

善良风俗作为一般条款,仅当并无具体规则时,方可作为裁判依据。其灵活性固然为填补漏洞提供了便利,却也带来了裁量权滥用的疑虑。为使裁判更加具有预见性,经由案例群建构类型,使之走向具体化,系重要的方法。

不过,理论中就其类型化有不同的思路,梁慧星先生总结的十种类型包括:危害国家公序、危害家庭关系、违反性道德、射幸行为、违反人权和人格尊重、限制经济自由、违反公正竞争、违反消费者保护、违反劳动者保护、暴利行为。[①]

新近的学理发展已对此种类型化加以更新,依杨代雄教授之见,悖于善良风俗的典型行为形态包括:违背性道德、违背家庭伦理、违背职业道德、服务于犯罪或违法行为的法律行为、过度限制自由、依高度人身性给付为标的之交易、旨在干扰公权力行使或破坏公平竞争秩序之交易、违背行政规章及地方性法规中蕴含的公序良俗。[②]

---

① 参见梁慧星:《民法总论(第二版)》,法律出版社 2001 年版,第 205—207 页。
② 参见杨代雄:《法律行为论》,北京大学出版社 2021 年版,第 413—419 页。

上述两种类型化方案虽在具体组成上有所不同,但依然存在共通之处。究其实质,无非都要包括经济层面①、人权/人格层面②、家庭伦理层面③、社会秩序层面④、政治层面等若干面向的道德通念和考量。即便形成若干类型,仍有赖司法者于个案中结合全部因素进行衡量。

（三）悖俗行为的法律效果

悖于善良风俗的通常是负担行为,而履行行为往往具有价值中立的特性,故除非履行行为恰恰会导致道德上所不允许的法律效果,原则上应当维持其效力。

一旦履行行为无效,物权会自动复归,给付人得向受领人主张原物返还请求权。反之,履行行为有效的,给付人得主张不当得利返还请求权。但《德国民法典》第817条第2句排除了明知违法、悖俗依然给付之人的返还请求权,一方面表明立法上否定性的价值评判;另一方面,也能对潜在的有意违法、悖俗之人起到一般预防的效果。可是,这一规则也引发了教义学上的两难困境,因为排除返还意味着给付停留于受领人处,而受领人保有该利益可能恰恰有悖于强制性规范、善良风俗的内在意旨。是故,如何在返还与排除之间取得适当平衡,除了单

---

① 比如关于比特币、以太币等虚拟货币投资交易的协议,随着我国监管的强化,尤其是以《关于防范代币发行融资风险的公告》(2017年9月4日)为代表的一系列文件发布施行后,此等虚拟币投资协议基本往往被判定无效。

另外,金融交易作为强监管领域,亦存在不少因违背国家金融监管政策和价值取向而归于无效的约定。典型的例子是刚性兑付条款无效。

② 比如"吴海澜诉上海聚仁生物科技有限公司买卖合同纠纷案"(载《最高人民法院公报》2021年第6期),该案涉及人体胚胎干细胞买卖,法院以买卖标的具有独特生物属性,只能用于科研试验,不得作为交易对象为由,判定该合同无效。

③ 就此,最为中国法律人所熟知的案件非"泸州遗赠案"莫属。但事实上,此案中被继承人遗嘱行为究竟应否归于无效,理论上仍有争议。尽管受赠人并非被继承人的妻子,但其妻在被继承人生病及病重期间并未尽到配偶的照顾、抚养义务,反倒是受赠人尽心竭力,因而价值判断上尚容有商榷余地。

进入信息时代后,值得关注的类似现象是,配偶一方沉迷线上直播并向女主播打赏金钱等财物,此等行为效力如何？如涉及线上色情服务,该打赏行为属于无效无疑;如不涉及色情服务,则可以打赏财产属于夫妻共同财产为由认定,只要未经配偶另一方同意,配偶一方无权处分,行为最终应归于无效。

④ 比如"饶国礼与江西省监狱管理局物资供应站等房屋租赁合同纠纷案"(载《最高人民法院公报》2022年第6期)。案涉租赁合同以危房作为交易标的,承租人欲将该危房用作商务酒店。而酒店必然是众人聚集之所,一旦发生危险,难免危及不特定多数人的生命安全,故可将之界定为法律行为危及社会公共利益和安全。

纯教义学的分析,更要求裁判者站在法政策的立场上,结合个案全部因素进行综合权衡。

第十五节 条件、期限和须经同意的法律行为

条件和期限是法律行为的附款,主要用于调控法律行为效力的发生,其存在正当性源自私法自治。交易实践的无限可能性决定了,当事人对于法律行为效力的发挥或许存在别样的需求。既然已经提供法律行为这样的法律关系形成工具服务于民事主体自治的达成,不如索性将行为效力的启动机制及其时间节点亦交到民事主体手中。条件和期限制度的设置就是为此。同意则是法律行为效力调控的法定机制,主要发生在立法者明确预设的若干案型中。

一、法律行为附条件

（一）条件的许可性

条件是指未来不确定的事件,附条件法律行为的效力也就因此具有了不确定性。尽管立法者的出发点是将条件的附加交由当事人自行决定,但仍不排除某些场合条件不被允许。

结婚、离婚、子女收养等高度人身性的法律行为,禁止条件的附加。生活中常见的结婚之前女方以买房买车作为结婚条件的,与前述论断是否矛盾？答案显然是否定的。私法语境下的法律行为附条件,是指法律行为已经成立或当事人已经达成合意,只不过此种行为内在效力的发生,比如因该法律行为而生成的法律关系或各方当事人由此取得的权利、承担的义务正式进入可履行、可主张阶段,取决于某一特定的条件。至于以买车买房作为结婚条件的,在提出此等条件时,当事人之间其实尚未就婚姻缔结达成确定的合意,毕竟婚姻的合意需要双方当事人亲自到婚姻登记机关面对登记人员直接作出。即便当事人真的直接在登记人员面前作出以买车买房作为成立婚姻关系的意思表示,登记人员也不会认可,更不会录入婚姻登记簿。是故,婚姻的缔结不许附条件,亦无从附条件。相应地,离婚同样不允许附条件。

不动产所有权的让与排斥条件的附加,这与动产所有权让与允许附条件形成鲜明的反差。在动产交易领域,保留所有权的买卖十分常见,就法律性质而言,此即动产物权变动的合意之上附加了价款支付完毕的停止条件。但在不动

产交易领域,物权变动的合意须当事人共同面对登记人员作出。如在合意达成的状态下,物权变动效力的发生取决于未来某项不确定的条件,此种条件亦需录入登记簿,将导致登记簿信息的混乱,极大地削弱登记簿清晰呈现不动产权属的功能。故为确保登记簿的简洁性、清晰性及不动产物权变动的确定性,此一领域遂排除了条件附加之可能。

形成权的行使不得附条件。《民法典》第568条第2款规定,"抵销不得附条件或者附期限"。这是此一论断的典型规范体现。同样,作为形成权的撤销权、解除权、选择权等的行使亦不得附条件。理由在于,形成权具有强大的效力,权利人单方的意思表示足以改变对方的法律关系和权利义务状态。只要在除斥期间内,形成权是否行使、何时行使,均由权利人单方决定,这已经给对方当事人带来了极大的不确定性。若再允许行使形成权的意思表示附加条件,将会令对方当事人的法律关系和权利义务状态面临更加严重的不确定性。鉴于此,为避免过分加重对方当事人的负担,立法上遂排斥形成权的行使附条件。不过,如对方当事人明确表示同意,甚或条件之成就本身取决于意思表示受领人,则可例外地允许形成权的行使附条件。

(二)条件的有效性

对于允许附加条件的法律行为,也不是任何类型的条件都一概有效。换言之,当事人所附加的条件本身亦需接受法秩序的检验和效力控制。在所附条件存有违法悖俗的情况时,原本作为私法自治原则体现的条件及其基础法律行为也未必能够按照当事人的意志发生效力。举例来说,早年盛行于职场并饱受诟病的所谓"单身条款",法律性质无非是附解除条件的劳动合同。因为"单身条款"意味着,一旦员工结婚,劳动合同就自动失效。此种条件因悖于善良风俗而无效,但劳动合同本身的效力并不受任何影响。若停止条件存有违法悖俗之情事,则所附条件和基础法律行为均不能发生效力。例如,以杀人等违法犯罪行为作为赠与他人财产的停止条件,除所附条件本身因违反禁止性规定无效外,基础性的赠与合意亦不能发生效力。

(三)条件的类型化展开

对条件更加细致的分析,可借助类型化的思路展开。学理中以条件的内容和当事人关联程度的疏密为标准,将其分为偶成条件、随意条件和意愿条件。

偶成条件是指,条件所指涉的不确定事件,完全不依赖于当事人的意志。例如,以下雨作为赠与房产的停止条件,以气温降至零下5摄氏度作为空调买卖合同的停止条件,不论下雨还是气温降低至零下5摄氏度,皆属当事人无从影响或干扰的不确定事件。

随意条件是指,条件所指涉的不确定事件虽取决于一方当事人的意志,但该意志涉及基础法律行为之外的某一行为。例如,以相对人戒烟或戒酒作为赠与小轿车的停止条件,以相对人同意接受征信调查作为放贷的停止条件,戒烟戒酒与同意接受征信调查均完全由相对人按照自己的意志自行决定,但此种意志与基础法律行为的内容本身又并非同一行为。

意愿条件是指,法律行为的效力完全取决于一方当事人的意志,且该意志恰恰指向基础法律行为内容本身。例如,买卖合同是否生效全凭对方当事人单方决定。由于此时法律行为的效力完全由一方当事人单方决定,这实质是宣告该行为的拘束力仅限于一方当事人,而对方并不受其拘束。故理论上有见解认为,这种案型并非法律行为附条件的典型情形,顶多构成对表意人附单方长期拘束效力的要约而已。

但是,立法上对于法律行为的条件采取了不同的类型化思路,即生效条件和解除条件。前者是指,随着条件的成就,法律行为始发生效力;相反,该条件未成就的,法律行为的效力则处于停止状态或者生效时间被延缓,故理论上又称为"停止条件"或"延缓条件"。后者是指,随着条件的成就,法律行为丧失效力。

(四)条件的效力

《民法典》第158条第2、3句分别对民事法律行为生效条件和解除条件的效力进行了规定。不过,二者均仅指明条件的成就会给法律行为效力状态带来何种影响,条件未成就或不成就的状态却被忽略。

1. 条件成就

附停止条件的民事法律行为,随着条件的成就而生效,由此进入履行阶段。

附解除条件的民事法律行为,随着条件的成就而丧失效力,此前的履行须予返还。值得注意的是,依《民法典》第158条第3句的规定,民事法律行为因解除条件成就而丧失效力,是面向未来而非溯及既往的。这会对返还义务的内容产生影响。具体而言,条件成就之前已履行的义务如以行为或无形的劳务为内容,鉴于此种义务无法原状返还且大多构成持续性债务,故自条件成就之时起,当事人无须再履行法律行为内容即为已足。反之,若条件成就之前履行的义务以有体物为内容,则当事人因条件的成就而承担原物返还的义务。不过,受领人此前因利用标的物而享受的使用利益同样因无法原状返还而得以免除。当然，从私法自治角度出发，当事人完全可以合意方式特别约定解除条件成就的溯及效力。

在法律性质上，返还义务究竟属于物权性的原物返还之债抑或债权性的不当得利返还之债，取决于条件附加于负担行为还是与处分行为之上。对于前者，解除条件成就致使负担行为丧失效力，在先的给付由此欠缺法律原因，构成不当得利；对于后者，解除条件成就直接引发物权本身的复归，返还请求权也就是物权性的。

2. 条件未成就或不成就

条件未成就时，附停止条件的法律行为处于效力暂未发生的"摇摆状态"。尽管如此，法律行为在事实层面存在应予肯认，只不过法律行为内容中的权利义务或权利变动尚处于"等待"状态而已。即便在此种效力中间状态，当事人也已须受一定程度的拘束，并从诚信原则出发实施行为和照顾对方当事人的利益。比如，妥善保管合同指向的标的，为一旦条件成就后将开启的履行阶段做好准备。

此种状态下，权利人对未来履行利益的取得和实现已产生合理的期待。这一法律地位受法律保护，在条件成就与否尚未完全确定的时候标的物可被扣押和继承，一方当事人甚至可以将此种地位对外转让、抵押，理论上称为"期待权"。因条件既可附着于负担行为，亦可附着于处分行为，由此产生的期待权也就有了债权性和物权性的区分。

如嗣后能够确定条件将不成就，则附停止条件的法律行为将永久性地不再生效，也无从进入履行阶段。相比之下，条件的终局不成就对于附解除条件的法律行为而言，会产生效力永久存续的效果。

当事人对于条件成就与否不得恶意干涉。否则，依《民法典》第159条规定，当事人恶意促成条件成就的，法律拟制其未成就；当事人恶意阻止条件成就的，法律拟制其已成就。

二、法律行为附期限

法律行为所附期限，可以分为始期与终期。始期与停止条件有着大体相同的功能，自期限届满时起，行为发生效力；终期则与解除条件意义相当，自期限届满时起，行为丧失效力。

期限附款在实务中最为重要的应用，体现于保证合同之中。具体而言，保证期间正是保证合同效力发生的始期与终期。其中,最容易引发争议的是保证期间的终期及其所决定的保证期间长度。如当事人约定的保证期间终期先于主债务履行期或与后者同时届满,则意味着保证完全无法发挥其规避债权风险、提高债权实现概率的功能,故《民法典》第 692 条第 2 款规定:"债权人与保证人可以约定保证期间,但是约定的保证期间早于主债务履行期限或者与主债务履行期限同时届满的,视为没有约定;没有约定或者约定不明确的,保证期间为主债务履行期限届满之日起六个月。"

鉴于法律行为附期限与附条件的利益格局和法律结构非常相似,故出于立法简洁之考虑,前者未尽规定的,径可参照后者相关的规则。

三、须经同意的法律行为

某些法律行为之所以须经同意,或者因为行为欠缺充分的自我保护能力,需要第三人介入以防范和控制风险;或者因为其侵入第三人领域。

因仰赖第三人保护而须经同意的法律行为,主要体现为限制行为能力人缔结合同的行为。

因侵入第三人领域而须经同意的法律行为,以无权代理、无权处分、债务承担、配偶一方处分夫妻共同财产的行为为典型代表。兹以无权处分为例加以说明。

无权处分,指处分人欠缺处分权情况下实施的处分行为,该行为处于未决不生效力(效力待定)的状态。不过,基础性负担行为的效力却不因处分权能的欠缺而受到影响,毕竟负担行为不以直接导致权利变动为目的,自亦不以处分权能的存在为前提。可是,这一命题在我国的认可颇为不易,是长期、持久的学术争论得来的结果。①

权利人对于无权处分行为的事后追认,会使该行为生效;处分人于处分行为实施后取得处分权时,亦可自行追认。另外,处分行为之后,如权利人与处分人之间发生相互继承,同样可使原本效力上处于"摇摆状态"的处分行为成为有效。

---

① 参见崔建远:《无权处分辨——合同法第 51 条规定的解释与适用》,载《法学研究》2003 年第 1 期;崔建远:《无权处分再辨》,载《中外法学》2020 年第 4 期;梁慧星:《民法总论(第五版)》,法律出版社 2017 年版,第 218—220 页;王冠玺:《〈合同法〉第 51 条释评》,载《当代法学》2005 年第 2 期;王冠玺:《法学发展的"十字现象"——以物权行为制度与〈合同法〉第 51 条为说明主体》,载《现代法学》2005 年第 1 期。

诸此种种,本质上都是处分权能的欠缺嗣后因某种因素而得以补正,行为效力的必备要素不复存有"赤字"。对于处分权能未能补正的情形,《民法典》第311条善意取得制度亦为应对此种状况、保护善意相对人提供了一条可选的制度路径。

第十六节 格 式 条 款

格式条款是随着批量化交易形态的出现而日益流行的缔约工具。客观地讲,格式条款的运用一方面可节省谈判、磋商的时间,提升缔约与交易效率,于经济交往确有不可忽略的积极意义。但另一方面,在借格式条款完成缔约的场合,当事人地位往往相差悬殊,这给合同自由带来了显著的威胁。同时,提供格式条款的一方借机为对方设置"交易陷阱"的现象在交易实践中司空见惯,这又可能进一步造成当事人之间给付均衡的丧失。鉴于此,为防止合同自由原则的坍塌,格式条款规制的法律机制应运而生。不过,应当注意的是,格式条款的运用场合广泛地涵括商事交易、民事交易甚至消费者合同。在商事交易场合,鉴于当事人之间力量大体均衡,且均有丰富的交易经验,故是否仍有必要借助格式条款规制规范进行调整,尚有探讨空间。

一、格式条款的界定和判断

依《民法典》第496条第1款之规定,格式条款系"当事人为了重复使用而预先拟定,并在订立合同时未与对方协商的条款"。从此一法定概念可得出,格式条款须满足如下要件:

一是,重复使用。这一前提的正当性仍有争议。理论界有部分观点认为,条款本身是否被多次使用,并不影响格式条款性质的判定。实践中,外观上虽为"一对一"型的交易模式,可对方当事人并不具有改变或影响条款内容的实质可能性的现象并不鲜见。因此,有学者建议将格式条款区分为"一般条款"和"附和条款"两种类型,此亦1984年《秘鲁民法典》和《阿根廷民法典(草案)》所采行的进路。[①] 此处学说有其道理,故在交易与审判实践中认定格式条款时,于此要件上应当持守缓和态度。

---

① 参见徐涤宇:《非常态缔约规则:现行法检讨与民法典回应》,载《法商研究》2019年第3期。

二是,预先拟定。格式条款既可以由提供并使用该格式条款的一方预先拟定,也可以由第三人拟定。该事先拟定成型的合同条款,可以承载于各种形式的载体之上。

三是,未与对方协商。这一特征意味着对方就合同条款展开磋商的机会被剥夺,常被认为是格式条款引发合同自由危机的根源。自法社会学角度观之,该特征令格式条款取得类似于法条的地位。通过单方预先确定条款内容,一方当事人恰欲借此取代民商法中任意性规范的功能。这也是在格式条款控制的框架内,任意性规范也会扮演重要的角色的原因。

另外,若提供格式条款的一方赋予对方当事人实质上影响合同内容的可能性,则相应的条款已在性质上转化为个别约定。作为个别约定的条款而言,已经充分贯彻自治理念,无须接受格式条款控制机制的调整,且在同一合同关系中具有优先于其他格式条款的地位和效力。

二、格式条款纳入合同和"突袭条款"排除

合同系双方当事人意思合致的结果,以格式条款缔约的场合,亦不应在当事人合意上有所减损。故格式条款欲成为合同的内容并成为据以确定双方权利义务的依据,必须先经过合意机制的筛选和确认。这被称为"格式条款的纳入控制"。

为此,提供方应向相对人提示格式条款并就其内容予以说明。如为涉及双方关键权利、义务、责任、风险负担等核心内容的重要条款,还应以突出方式向对方提示,以引起关注,以便其在充分知情的前提下签署与表达同意。交易实践中,前述提及的与对方有重要利害关系的条款,常以斜体、加粗、下划线或要求对方亲手誊写等方式落实更高程度的提示说明义务。相对人在充分了解条款内容基础上签名,即标志着同意,具有承诺的效力。经此程序,格式条款便纳入合同。

反之,若格式条款提供方并未作有效的提示说明,尤其是关乎重要权利、义务分配或责任承担的利害关系条款,如未经适当提示和解释,以至于相对人并未注意到或理解相关条款及其内容,那么按照《民法典》第496条第2款的规定,此等条款不构成合同的内容。究其根源,相对人未曾注意到或并未真正理解的条款,当然也不可能形成合意,无合意即无合同。比如,在"刘超捷诉中国移动通信

集团江苏有限公司徐州分公司电信服务合同纠纷案"中,[①]原告刘超捷在被告中国移动通信集团江苏有限公司徐州分公司营业厅申请办理"神州行标准卡"。《中国移动通信客户入网服务协议》第4项约定有权暂停或限制移动通信服务的情形,第5项约定有权解除协议、收回号码、终止提供服务的情形,均没有因有效期到期而中止、解除、终止合同的约定。而话费有效期限制直接影响到原告手机号码的正常使用,一旦有效期到期,将导致停机、号码被收回的后果,因此被告对此负有明确如实告知的义务,且在订立电信服务合同之前就应如实告知原告。如果在订立合同之前未告知,即使在缴费阶段告知,亦剥夺了当事人的选择权。最高法裁判认为:经营者在格式合同中未明确规定对某项商品或服务的限制条件,且未能证明在订立合同时已将该限制条件明确告知消费者并获得消费者同意的,该限制条件对消费者不产生效力。这就清晰体现了纳入控制的思路。

与此同时,格式条款中如隐藏有相应交易场景中一般理性第三人通常均难预料的条款,则该条款往往也会被相对人忽略,从而无从形成合意,亦应排除。此即"突袭条款"(亦称"意外条款")排除规则。

三、格式条款的解释

经过纳入机制的过滤后,进入合同内容的格式条款,还须经解释而勘定其内涵和意义,作为明晰当事人权利义务的根据。对于同一事项,合同中若同时有格式条款和个别约定,鉴于后者的合意度较前者饱满,故应以后者为准。对于格式条款的解释,自然也遵守合同解释的一般原理。方法上,仍然是综合运用文义、体系、历史、目的等多种方法,力求究明当事人的真意。只不过,一旦通常解释方法得出复数结论,以至于当事人间权利义务出现不明状态时,依《民法典》第498条第2句规定,应作出不利于提供格式条款一方当事人的解释。毕竟,提供方本有机会将条款内容拟得文意明白无疑义,却未如此行事,故理应自担风险。

四、格式条款效力控制

已纳入合同内容的格式条款仍需接受效力控制。《民法典》第497条的核心意旨即在此。值得注意的是,格式条款效力控制机制的适用对象仅限于其中非涉及核心给付内容的部分。换言之,缔结含格式条款的合同,核心给付条款无须

[①] 最高人民法院指导案例64号。

置于格式条款效力规制规范的审查之下。原因在于,合同制度内在地受合意饱满度、给付均衡度两重机制共同主导。在合意饱满度充足的情况下,给付内容常被推定均衡且公平。唯于合意赤字凸显之时,方有必要借给付均衡度的客观标准对合同内容进行审查,以使合同正当性得以证成。对合同中的核心给付条款来说,所涉皆属"合同要素"(essentilia negotti),也是合同成立不可或缺的最必要内容。故即便在缔结含格式条款的合同的场合,此通常也是当事人较为在意和关注的对象。合意充分性和饱满度有了保障,便无须再以格式条款效力控制机制加以检验。反倒是合同组成部分中的常素和偶素,因对合同的成立并不发挥决定性功效,如被"塞入"格式条款中,极易在合意上存在重大欠缺,实属格式条款效力规制规范重点调整的对象。①

在效力控制环节,按照《民法典》第 497 条的规定,限制或排除对方主要权利、加重对方责任、不合理地免除或减轻己方责任的格式条款无效。值得思考的是,何谓"对方主要权利""加重对方责任"? 对此,可以参考《民法典》通过任意性规范的设计而为各个典型合同形塑的权利义务框架。尽管从民商事规范的缺省性原理出发,当事人得以特约方式排除本非强制性的实证规范。可是,当合同关系依托格式条款成立时,任意性规范就有了某种意义上的强制性色彩,并能扮演匡正格式条款的基准或模型的角色。任意性规范多由立法者在充分权衡各方利益、理性模拟当事人理性考量的基础上创设,一般能较好地体现客观的合同正义标准。是故,当以格式条款确立的合同内容及当事人权利义务相对于任意性规范出现过大偏离,以至于实质上背离相应任意性规范的实质基本思想时,无异于摆脱了合同客观正义标准的拘束,应当归于无效。② 例如,在"刘智超诉同方知网(北京)技术有限公司买卖合同纠纷案"中,③被告同方知网公司在中国知网上关于最低充值额限制的规定,导致消费者为购买价格仅为几元的文献而不得不最低充值 10 元至 50 元。虽然账户余额可以退还,但同方知网公司称退还需扣除手续费。该网站对于最低充值额的设定占用消费者的多余资金,且收取退款手续费增加消费者的负担。故该规定侵犯了消费者的自主选择权,限制了消费者的权利,是对消费者不公平、不合理的规定。法院经审理后判定该买卖合同为

---

① 参见解亘:《格式条款内容规制的规范体系》,载《法学研究》2013 年第 2 期。
② 参见杜景林:《合同规范在格式条款规制上的范式作用》,载《法学》2010 年第 7 期。
③ 载《最高人民法院公报》2020 年第 1 期。

无效。

不过,实证法中的任意性规范数量有限。于是,在并无与格式条款所涉内容相对应的任意性规范时,可以诚信原则作为兜底性的控制基准,对格式条款的效力进行过滤。①

另外,《民法典》第506条规定,免除造成他人人身损害责任、免除因故意或重大过失造成他人财产损失的条款无效。当然,《民法典》总则编关于法律行为效力的规则,比如违反法律禁令、悖于善良风俗法律行为无效条款,无疑亦可适用于格式条款。只不过,诸此已属一般性的法律行为效力评价框架,而非为格式条款"量身打造"的规范机制了。

五、合同漏洞及其填补

部分格式条款因纳入控制而被阻挡于合同之外时,合同内容会呈现出"残缺不全"的状态。同时,格式条款如在效力控制环节被否定,根据《民法典》第156条的规定,只要合同内容可分,剩余条款的效力就能继续维持。但在这两种案型中,合同均难免遭遇漏洞。此时,通常会以民商事法律制度中相应的任意性规范来填补当事人合意的空白,作为确立当事人权利义务的依据。

当现行法亦无备用性条文时,就要利用补充性合同解释方法达致合同漏洞的创造性填补效果。补充性合同解释的操作过程,事实上是裁判者以"假设的当事人意志"补足合同中的缺漏,为当事人行为确立合适的准则。易言之,司法者需要想象假如当事人预见到或知悉漏洞就会设计的合同条款,进而获取有效的解释方案。从这一描述也能看出,补充性合同解释不仅客观化色彩极为浓厚,且早已不再是真正意义上的"解释",而是早已进入合同内容的创造性"填充"。恰出于此种原因,"补充性合同解释"的名称也在理论中遭受批评。这对裁判者运用补充性合同解释方法发出的警示是:在运用此种工具弥合当事人合意缝隙时,应当尽可能在回归合同语境、全面考察合同诸要素的基础上,使补充性解释的结论与当事人的真实意志尽可能贴合,而非突破甚或与当事人意志形成根本违反的局面。

当然,也不排除合同内容不可分的情形。商事实践中,亦有不少提供方明确

---

① 参见于飞:《公序良俗原则与诚实信用原则的区分》,载《中国社会科学》2015年第11期。

表示,只愿意在己方格式条款被"一揽子"接受的前提下进行交易。此时,部分条款的不纳入或无效会直接引发整个合同的无效。至于个案中是否确实如此,依然有赖于意思表示的解释来查明。

第十七节 自 然 人

自然人即有血有肉的生物人,是最为理所应当的民事主体,亦属以法人为代表的组织型主体的设计蓝本。

一、自然人作为民事主体的教义学构造

(一)自然人权利能力

所谓权利能力,即作为民事权利、义务及责任担负者的资格,并不以认识和控制能力为前提。自启蒙运动开始,民事主体权利能力一律平等的形式平等观即进入私法体系之中,并远播至诸法律继受国家。

《民法典》第13条规定,自然人的权利能力始于出生、终于死亡。此处须注意:出生、死亡时点如何判断?在我国法语境下,按照出生/死亡证明→户籍或其他有效身份证件记载的双阶顺位推定出生、死亡时间,仅当前一顺位的文件不存在时,方以后者作为准据。当然,此等证明皆属证据而已,如有其他更为可靠的证据,自可推翻前述诸种证明文件中记载的时间。

胎儿虽未出生,但其作为潜在的自然人,某些情形中亦有保护必要。对此,比较法上有概括保护主义、限定保护主义两种保护范式,我国立法采后者。具体而言,仅在保护胎儿利益的必要范围内,如遗腹子继承遗产或胎儿接受赠与、受侵害时的赔偿请求权等案型中,有限地赋予胎儿权利能力。但在继承、遗赠的场合,如胎儿出生时即为死体,则又回归一般原则,排除其权利能力。

(二)宣告失踪

1. 宣告失踪与财产代管人的确定

宣告失踪,系针对下落不明满2年的自然人设置的制度。其目的无非在于,通过失踪宣告制度,即时为失踪人配置财产代管人,避免因下落不明状态持续而导致其财产方面的法律关系长期处于晦暗不明、摇摆不定的状态,以尽可能减少对利害关系人的负面影响。

因此，伴随着宣告失踪而出现的最为重要的法律效果，即财产代管人的确立。《民法典》第42条第1款规定，得担任财产代管人的主体包括：配偶、成年子女、父母或其他愿意担任财产代管人之人。尽管该条款文义上并未在这些主体中区分出前后次序，但是，不论从对失踪人财产关系了解的透彻程度，抑或从失踪人隐私保护的角度出发，皆应优先考虑配偶、成年子女和父母等近亲属。当然，这多个主体内部原则上并无先后顺位，具体由谁代管，宜以当事人协商达成的一致意见为优先；无法达成一致意见或者存有难以消解的争议时，可由法院指定。

2. 财产代管人义务及违反义务的法律效果

代管人之义务核心在于"对物负责"，其法律地位与无偿保管人颇为相仿。在义务内容方面，鉴于不同人的财产状况在数量、组成等方面可能千差万别，既难以也没有必要对代管行为的细节加以规定。故《民法典》第43条从宏观面上一般性地强调了代管人的善管义务，至于具体行为是否达到应然行为标准，则有赖司法者综合财产状况及其管理难度、管理行为及其表现方式，以及诸种其他因素进行衡量，方可作出判断。

如代管人违反义务，在代管过程中存在不作为乃至侵害被代管财产的行为，或者代管人丧失代管能力，则失踪人的利害关系人可申请法院变更代管人。新代管人可要求原代管人移交财产，并报告财产代管情况。如代管人违反义务造成财产的损害，鉴于代管行为系属无偿，而无偿行为通常均受责任和行为标准上的优待，故仅当代管人主观上具有故意、重大过失等状态时，方可要求其承担赔偿责任。

3. 宣告失踪状态的结束

失踪毕竟只是一种中间状态，最终必将导致某种确定的结果。该结果可能是满足宣告死亡条件，失踪人被宣告死亡；也可能是失踪人"现身"，令失踪状态结束。在后者场合，失踪人自身或其利害关系人可申请法院撤销失踪宣告。一旦失踪宣告被撤销，代管的必要随之丧失，从经济理性出发，由失踪人自行管理其财产无疑是最佳的。同时，失踪人可请求代管人履行及时移交有关财产并报告财产代管情况的义务。

(三) 宣告死亡

1. 宣告死亡的条件

宣告死亡制度的设置，目的亦在于消除因自然人长期"踪影全无"导致其人身、财产关系过于不清晰。其条件为,自然人下落不明满4年,或因意外事件下落不明满2年。所谓意外事件,包括地震、台风、泥石流等重大自然灾害,亦包括战争、骚乱等社会性事件。在意外事件的背景下,若有关机关证明该自然人不可能生存,则可忽略时间上的限制因素。以我国2008年5月12日发生的"汶川大地震"为例,其损失惨重程度不可估量,不少人在此次灾害中再无音讯。在全面搜救结束后,如民政或其他相关行政机关出具"失联人"无生还希望的证明,利害当事人径可凭此申请法院宣告相应自然人死亡。表面看来,这似乎颇为"鲁莽"。但是,拒绝宣告死亡也会带来法律关系持续不稳定的负面效果,何况立法亦已为被宣告死亡人实际上并未死亡或嗣后"归来"的情形配置了妥当的应对或救济规范,故宣告死亡制度的不良后果仍在可控范围之内。

对于虽已满足宣告死亡条件而利害关系人在究竟宣告失踪还是宣告死亡方面存有不同主张的,依《民法典》第47条规定,以宣告死亡优先。理由在于,宣告失踪不过是暂时状态而已,不仅无法使人身关系确定下来,而且在财产关系的处理方面也只是暂时的,与宣告失踪、宣告死亡制度的立法目的本身不相吻合。

2. 宣告死亡的效果

宣告死亡虽属法律拟制的死亡,但在规范语境内,亦能发生与自然死亡基本相同的法律效果。

(1) 死亡日期的确定

按照《民法典》第48条的规定,法院作出死亡宣告判决的日期应认定为死亡日期;如因意外事件下落不明而被宣告死亡,则以意外事件发生之日为死亡之日。对比可知,宣告死亡是否源于意外事件,会在死亡日期的确定上是否采用溯及方式有所区别。理论上通常认为,之所以对于意外事件导致的死亡宣告采用溯及方式确定死亡日期,乃因为在被宣告死亡人作为人身保险合同中被保险人的场合,如以死亡宣告判决作出日期作为死亡日期,则可能导致死亡日期落在保险责任期间之外,造成保险受益人无法主张保险金给付的后果。因此,《保险法司法解释(三)》第24条第2款遂以被保险人下落不明之日为准,只要此一日期落在保险责任期间内,即可支持保险受益人的保险金给付请求权。[1]

上述解释看似合理,然而忽略了《保险法司法解释(三)》第24条所规定的保险人"下落不明之日"并未仅限定于意外事件所导致的下落不明。至少从文义上看,该条并未将非意外事件案型中下落不明人的死亡日期的确定排除在适用范围之外。因而,从体系上讲,若要肯定意外事件导致下落不明以意外事件发生之日作为死亡日期,则应同样以溯及性的思维,将下落不明之日作为意外事件以外案型中的死亡日期。可实际情况是,《民法典》第48条对于此种情况却排除了溯及性的日期确定方式。可见,《民法典》第48条不仅对于本质相同的事物作不同对待,而且与保险法相关规则也存在适用冲突,因而关于宣告死亡日期确定所涉及的规则构成规范内部的评价矛盾,属立法上的重大瑕疵,有待未来立法予以修正。

(2)宣告死亡的人身、财产效果

宣告死亡以促使涉及失踪人的人身、财产法律关系尽快确定为目的,故宣告死亡会在人身、财产两个方面发生相应的后果。

人身方面,自宣告死亡之日起,被宣告死亡人的婚姻关系消除,其配偶可以再婚,子女可以被他人依法收养;财产方面,宣告死亡之日起启动继承程序,被宣告死亡人的遗产按照继承法的相关规定予以处理。

不过,宣告死亡毕竟只是规范拟制的死亡,与真实的自然事实依然有所区别。如果被宣告死亡人事实上并未死亡,其于宣告死亡期间实施的法律行为就依然有效。不然,就会出现经由规范拟制剥夺人格的现象,显然有悖于比例原则。

(3)宣告死亡的撤销

被宣告死亡人如果重新出现,其本人或利害关系人皆可申请撤销死亡宣告。从私法规范设计的一般规律看,撤销往往具有溯及既往的效力,伴随着撤销而来的,往往是先前行为及其法律效果的"回到原点"、复归原状。对于宣告死亡的撤销来说,亦复如此。

---

[1] 参见黄薇主编:《中华人民共和国民法典总则编解读》,中国法制出版社2020年版,第143页;最高人民法院民法典贯彻实施工作领导小组主编:《中华人民共和国民法典总则编理解与适用(上)》,人民法院出版社2020年版,第269页。

在财产方面,宣告死亡撤销后,被宣告死亡人可以要求取得其财产之人予以返还;无法返还时,可请求适当补偿。可是,对人身关系来说,毕竟关乎人伦道德,"一刀切"式地要求死亡宣告日至撤销日之间重新建立的人身关系恢复原状,可能引发伦理上的困境,故恢复原状的要求在人身关系方面应有所退让。依《民法典》第51条规定,其配偶如并未再婚,则婚姻关系可以自行恢复;但其配偶已经再婚或书面声明不愿恢复的情况下,排除婚姻关系的恢复。至于子女依法被他人收养的情况下,不得仅因死亡宣告被撤销就主张收养行为无效。

如利害关系人隐瞒真实情况导致他人被宣告死亡,被宣告死亡之人可以主张损害赔偿。在侵权法框架下,此种行为亦属违背公序良俗造成他人受损,构成侵权行为。

二、人格权保护

(一)人格权在民法中的实证化

自然人皆有人格,此关乎人之为人所固有、内在且不可剥夺的尊严,以保障此种作为主体、维系人之内在尊严为内容的私法权利,即人格权。人格权既是宪法权利,也是私法权利。我国《民法典》编纂进程中,围绕人格权应否独立成编,学界展开了持久、广泛而激烈的理论争辩,形成肯否并立的两大派别。在保护人格权的价值取向上,两派并无二致;但在具体依托的规范技术上,两派势不两立。虽然将人格权独立成编未必处处完美,但以人格权作为宪法权利为由,否认民法予以规定或设置专门规范的正当性,并无说服力。当然,借用私法实证规范的法技术对已然成型、广受认可的诸项人格权予以确认和强调,也不会意味着降低了人格权的等级或者穷尽了人格权的样态。必要的实证化,能够在丰富人格权规范属性的同时,保留其作为宪法权利、道德权利的实质内核,也为其民事权利与基本权利双重属性的良性互动预留适当通道,经由一定包容性的理论叙说、实践给养的发展,或许能为人格权未来发展提供新的契机。①

独立成编的民法人格权制度,于侵权法的消极保护之外,补充了对于人格权的正面确认。这一方面为其侵权构造"回填"了单纯依托消极保护所欠缺的"权利"这一拼块;另一方面,也为部分人格权载体的交易、流转提供了良好的规范基

---

① 参见朱虎:《人格权何以成为民事权利?》,载《法学评论》2021年第5期。

础。我国《民法典》人格权编语境下,作为民事权利的人格权,已实证化为一般人格权和具体人格权两种宏观类型。前者乃孕育、催生新型人格权的胚床,也是统揽其他虽尚未实证化但依然值得保护的人格利益的兜底性规范工具;后者皆属已然成熟且较为典型人格权益的实证化、规范化,理论上通常再次分为物质型人格权(生命权、身体权和健康权)、标表型人格权(姓名权/名称权、肖像权、声音权等)和精神型人格权(名誉权、荣誉权、隐私权)。

(二) 个人信息保护

随着信息时代的到来,网络和信息技术早已渗透到人们日常生活、交易往来的方方面面。网络空间在拓展人们存在和行动场域的同时,也令自然人的人格投射到网络虚拟空间,并通过个人信息的方式承载和呈现出来。在网络语境内,个人信息的属性是多元的。它首先是网络空间和信息技术发展必不可少的基础设施,[①]离开个人信息,网络空间的秩序建构、资源累积、技术发展、交易演进都将成为妄谈。可与此同时,它偏偏又是人格法益的载体,不论大规模收集处理和利用个人信息的技术实践、难以预测与监控的机器学习、"黑箱算法"的存在,抑或商业逐利欲望驱动下的个人信息滥用,都给潜藏于个人信息背后的人格尊严维系带来了令人难以容忍的威胁。个人信息保护由此成为时代热点及学术议题。其实,如火如荼的个人信息保护话语和诉求,目的无非是在网络空间继续维持人的主体地位以及作为其主体内核的人之尊严。将之转换为规范性话语,也就是借助于个人信息之保护,实现对于其内在蕴含的人格及人格法益的保护。

对此,中外学者进行了深度探索和对话,形成卷帙浩繁的学术文献。总括起来,最为核心的争议无非在于,对个人信息赋予私权有无必要及正当性。

在美国学术话语中,虽不乏对个人信息赋权的呼声,[②]但排斥赋权、力推个人信息自由流动的主张毫无疑问占据绝对主导地位,[③]这当然也是美国个人信息法制的实然状态。在思考范式上,法经济学中"卡—梅框架"提出的所谓财产

---

① 参见胡凌:《刷脸:身份制度、个人信息与法律规制》,载《法学家》2021年第2期。

② See Alexander Tsesis, Data Subjects' Privacy Rights: Regulation of Personal Data Retention and Erasure, 90 *University of Colorado Law Review*, 2019, pp. 593-629.

③ See Bambauer, How to Get the Property out of the Privacy Law, 133 *The Yale Law Journal*, 2024, pp. 1087-1125.

规则、责任规则分析路径充斥着美国个人信息学术著作的字里行间。① 当然,就结论而言,亦有学者尝试跳出"卡—梅框架"这一陈旧的话语体系,提出所谓的基于风险及损害的个人数据/信息规制路径。② 但就内核言,这与"卡—梅框架"聚焦于行为规制的责任规则及其思维范式并无实质区分。

在欧盟法制框架下,以《通用数据保护条例》(GDPR)为代表的立法早已非常清晰地确立了赋权的个人信息保护路径。然而,赋权并不能带来一劳永逸的效果。为避免控制权的赋予阻碍个人信息流动及数字经济发展,在个人信息权利束中诸项子权利的教义学阐释中,往往能十分明显地见到利益衡量、权利限缩的迹象。

比较可见,尽管在制度安排的技术路径上,美国和欧盟择取了两种完全不同乃至截然对立的起点,但在原则+例外、一般+特殊、保护+限缩等诸种复杂法技术的综合运用下,最终结果依然大体走向了相仿的格局。

就我国而言,《民法典》及《个人信息保护法》均受欧盟影响极大,客观上确已形成个人信息赋权化的保护路径,然而理论上的争议依然存在。且不论部分学者干脆避开个人信息保护的靶心,迂回地通过研究所谓算法规制的方式,企图间接地"接近"个人信息及其内含人格法益保护的核心价值取向;③ 即便是直奔个人信息保护议题而去的学术研究,"风险主义规制"思路也渐渐在其中占据一席之地。④ 所谓的风险主义规制,本质上还是以考察网络空间内个人信息收集、处理和利用等技术可能以何种方式、在什么程度上对哪些人格法益带来怎样的负面影响乃至危险,进而以此为基础设计和选择法律制度工具,以便形成利用与保护相平衡、流通与安全相适应的个人信息保护制度。⑤ 这足以印证,赋权远未帮

---

① See Jane Yakowitz, Tragedy of the Data Commons, 25 *Harvard Journal of Law & Technology*, No. 1, 2011, pp. 2-67; Edward J. Janger, Muddy Property: Generating and Protecting Information Privacy Norms in Bankruptcy, 44 *William & Mary Law Review*, No. 4, 2003, pp. 1801-1881.

② See Daniel J. Solove, Data is What Data Does: Regulating Based on Harm and Risk Instead of Sensitive Data, 118 *Northwestern University Law Review*, 2024, pp. 1081-1138.

③ 参见丁晓东:《论算法的法律规制》,载《中国社会科学》2020年第12期。

④ 参见刘绍宁:《论数字时代个人信息保护的风险规制路径》,载《西南政法大学学报》2024年第4期。

⑤ 参见张新宝:《从隐私到个人信息:利益再衡量的理论与制度安排》,载《中国法学》2015年第3期。

助人们"到达彼岸"。当然,深入所谓个人信息权的规范构造内部就能进一步发现:知情同意权不仅会因信息敏感性、重要性的不同而存在具体实施上"择入"(opt in)、"择出"(opt out)的区分,其适用范围还会因大量的个人信息合理使用、①法定例外而被进一步蚕食鲸吞;删除权(被遗忘权)不得不面对言论自由、信息传播自由的挑战,并在利益衡量中不断"收缩疆界";②可携权也在数据对象、携带方式及数据处理者负担考量方面有待进一步厘清;③解释权常常止步于算法宏观原理,④并且要面临泄露商业秘密、给恐怖主义创造机会等咄咄逼人的质疑。⑤ 这表明,原本因标准化而具有优势的赋权保护路径,又因大量的个案衡量而陷入场景化的"汪洋"。

事实上,"场景化保护"(contextual protection)作为美国学者尼森鲍姆提出的个人信息保护核心方法论,或许恰能为个人信息保护制度的规范化建构提供一个适当的思路。究其内核,其实与风险主义路径相当神似,即结合个人信息收集、处理和利用的具体场景设计相应的规范框架,在流通利用和权益保障之间形成一个有效的平衡点。这正与个人信息本身的特质完全吻合。因为不管采"识别说"还是"关联说",不容否认的是,在一个全面数字化的时代,个人信息的范围和外延都已经越来越宽。甚至有学者断言,随着物联网技术(IoT)的全面铺开,所有信息都将成为个人信息。⑥ 毕竟,日益发达的信息技术一定能够通过"拐弯抹角"的方式,并在其他相关信息的辅助下,最终达到识别特定个人的效果。针对如此宽泛的个人信息形态、适用场景及其可能伴生的风险,欲简单地借助一套格式化、标准化的规范工具达到调整上"毕其功于一役"的效果,是根本做不

---

① 参见程啸:《论我国民法典中的个人信息合理使用制度》,载《中外法学》2020 年第 4 期。

② 参见刘文杰:《被遗忘权:传统元素、新语境与利益衡量》,载《法学研究》2018 年第 2 期。

③ 参见王锡锌:《个人信息可携权与数据治理的分配正义》,载《环球法律评论》2021 年第 6 期。

④ 参见丁晓东:《基于信任的自动化决策:算法解释权的原理反思与制度重构》,载《中国法学》2022 年第 1 期。

⑤ 参见沈伟伟:《算法透明原则的迷思——算法规制理论的批判》,载《环球法律评论》2019 年第 6 期。

⑥ See Nadezhda Purtova, The Law of Everything: Broad Concept of Personal Data and Future of EU Data Protection Law, 10 *Innovation and Technology Law*, No. 1, 2018, pp. 40-81.

到的。

因此,更妥当的思路应当是:个人信息赋权本质上只是塑造个人信息保护的规范工具箱,以待备用。具体如何择取、怎样组合,端视不同信息形态、信息适用场景以及信息收集、处理和利用所可能给人格及人格法益带来的风险形态、威胁方式、严重程度等各种因素。当然,这看上去给个人信息保护的规范实践带来相当的不确定性。为增加法律适用的安定性,可以考虑通过类型化的方式,梳理总结实务中已趋于成熟、典型的个人信息利用场景及其有效的规范工具组合模式,以便节省司法机关的论证负担。实际上,关注个人信息的利用场景,甚至将其作为个人信息规范意义生成的关键要素,正逐步获得我国法学界的认可。[①]

(三) 人格权请求权及侵权赔偿

人格权乃绝对权,自可主张人格权请求权,这规定于《民法典》第995条。人格权被侵害并发生损害的,亦可适用侵权责任。

三、个体工商户和农村承包经营户

个体工商户与农村承包经营户,俗称"两户",是中国特色的生产经营活动组织者,性质上通常属于商合伙。[②] 在私法主体制度的视野下,二者皆为民事主体进入商事活动领域而延伸性地取得商主体属性的结果,[③] 体系上可定位为宪法营业自由在民商法领域的映射及落实。

就个体工商户而言,如由个人经营,则以个人财产承担其经营过程中产生的债务;家庭经营的,以家庭财产承担债务;如无法区分,则推定为以家庭财产承担债务,这也符合生活经验和交易实践。但对农村承包经营户来说,以户为单位承包乃法定要求,故开展农地经营的主体不论在规范抑或事实层面,均属户内成员集体,故其债务及责任亦原则上以户内成员财产共同承担。

[①] 参见申卫星、刘云:《法学研究新范式:计算法学的内涵、范畴与方法》,载《法学研究》2020年第5期。

[②] 李建伟认为"两户"属于商个人,但从《民法典》为二者责任承担设置的规则看,家庭或农户内成员集体承担责任乃被推定的一般性规则,因而将其定位为商合伙更加妥当。参见李建伟:《民法典编纂背景下商个人制度结构的立法表达》,载《政法论坛》2018年第6期,第91页。

[③] 参见肖海军:《民法典编纂中商事主体立法定位的路径选择》,载《中国法学》2016年第4期。

相较而言,个体工商户比农村承包经营户的商事属性更强,引发纠纷的概率也更高。在诉讼程序中,有字号的个体工商户可以自己的名义参与诉讼程序。尽管《民法典》为"两户"配备的规范并不多,但二者对我国国民日常生活和社会运行的意义却不可小觑。《民法典》规范未尽之处,可视其性质及实质妥当性,参照适用《合伙企业法》的相关规则。

第十八节　法　人

一、法人的通用规则

法人作为私法主体,系法律拟制的结果。我国《民法典》为法人制度所设置的基础性规范,是最能充分体现《民法典》"民商合一"立法模式的规范群。[①] 但换个角度看,《民法典》总则部分关于法人的规则设置,其实多为《公司法》总则部分相应规则的一般化,这就在造成《公司法》总则"空洞化"效应的同时,引发《民法典》与《公司法》在不少制度上适用关系如何协调的问题。[②]

(一)法人的设立

法人制度不过数百年历史,然自其出现以来,便在商事交易及人类社会组织运作方面扮演着日益重要的角色。究其原因,其独立法人格的获取建立起资产隔离的效果,[③]为股东控制风险创造了极佳的制度屏障;[④]所有权与经营权分离的组织模式,又可兼具迅速、大量融资以及依托专业人员开展经营的双重优势,因而成为激发商人投机及逐利欲望的诱因。

法人的设立,经过从特许制、核准制到准则制的演进历程。如今,对于商法人而言,准则制的采行已基本成为全球商事组织法的共识。依我国《民法典》第58条的规定,只要备齐名称、组织机构、住所、财产或经费等基本条件,依程序办

[①] 参见王利明:《民商合一体例下我国民法典总则的制定》,载《法商研究》2015年第4期。

[②] 参见钱玉林:《民法总则与公司法的适用关系论》,载《法学研究》2018年第3期。

[③] 参见张永健:《资产分割理论下的法人与非法人组织——〈民法总则〉欠缺的视角》,载《中外法学》2018年第1期。

[④] 参见李清池:《商事组织的法律构造——经济功能的分析》,载《中国社会科学》2006年第4期。

理设立登记,即可成立法人。当然,深入微观层面,法人又有公法人、私法人等亚类型,各自在设立条件、程序等细节上又有不同的要求,从其规定即可。

法人之设立,需要经历一个过程,其结果未必都能达到法人成功设立。依《民法典》第75条及《公司法》第44条,如设立成功,设立人为设立法人而实施行为的法律效果由法人承受;反之,如设立失败,则设立人自行承担设立行为的全部法律效果,设立人为复数时,数人为连带债权人或连带债务人。

但理论上有观点认为,我国在先公司合同责任承担上的规则设计呈现出过于关注交易安全的偏颇,更妥的做法应当是在商业需求、现行规范和交易安全之间进行平衡。为此,应区分以公司等法人设立过程中的必要合同与非必要合同。必要合同得直接拘束成立后的公司,必要性的判断可在结合公司实际的运营事业、公司资本、规模、商业性质以及发起人在公司中担任的综合判断。① 至于非必要合同,则应进一步区分当事人知道与不知公司未成立两种案型,再作讨论。于当事人知道公司未成立的场合,考虑到发起人能以更低成本承担履约风险,在没有相反约定的情况下由其在公司接受合同之前承担个人责任较为合理。同时,若公司成立阶段以设立中的公司缔约呈现出组织的外观,则在第三人并无相反意思的前提下,将其他发起人视为合伙人从而要求其承担连带责任是较为合理的。于第三人并不知道公司未成立的场合,如发起人以自己名义缔约且未将公司未成立的信息向对方告知,在公司自行履行合同或享受合同利益的前提下,可令发起人与公司承担连带责任,如此既能保护相对人的合理信赖,又能敦促发起人披露信息。如发起人以公司名义缔约,对于善意相信公司即将成立的发起人,可以令其向第三人承担个人责任。当然,公司如果愿意履行该合同,法院亦可将该合同作为无权代理而订立的合同,将其终局效力的确定交由公司追认与否。对于误以为公司成立的发起人,可适用无权代理规则,将合同终局效力的确定交由公司决定。

(二)法人的独立人格

法人自成立时起,即享有权利能力和行为能力,得以自己的名义、自己的意思参与交易往来,为自己取得权利、设立义务或负担。法人常有分支机构,这大多是为了扩张商事营业、出于商事考虑而设立的法人组成部分,它虽可以自己的名义从事民事活动,但并不具有独立承担法律责任的资格,而是由法人承担相应

---

① 参见方斯远:《先公司合同问题研究》,载《中国法学》2015年第3期。

的责任。当然,分支机构有财产的,具体执行时,可先由该分支机构以其财产承担,不足时最终仍需由法人补足。

在我国法语境下,强行将法人人格与成员(股东)有限责任绑定,这就导致法人格的配备成了一种独立于私法主体权利能力的组织法优待机制。为防止伴随着法人格的成员有限责任被滥用,法人格否认制度应运而生。实务中,法人格否认基本上用于作为商事组织的公司,其他法人,尤其是公法人,基本未见法人格否认的实例。

(三)法人的组织构造

法人系组织型主体,虽被拟制具有独立法人格,但毕竟无法像有血有肉的自然人一样自主地形成思想、表达意志、对外交往,故上述事项需要依赖相关机构具体承担和实施。

其一,法人须有法定代表人。作为公司机构,法定代表人以公司名义实施的行为,视为公司本身实施的行为,直接对公司产生法律拘束力。地位上,法定代表人属于公司高级管理人员,对公司决策、经营管理具有关键乃至决定性意义,因而属于公司登记事项(《公司法》第32条第1款第5项)。[①] 如法人章程或权力机构对法定代表人的权限进行限制,而此种限制通常并不为外人所知,从保护善意信赖及交易安全出发,不得对抗善意相对人(《民法典》第61条第3款、《公司法》第11条第2款),这本质上是表见代理规则在法人代表人行为领域的具体应用。

除法律行为外,法定代表人执行职务而造成第三人损害时,亦应由法人承担赔偿责任,此系《民法典》第1191条雇主责任在法定代表人制度领域的具体化。当然,在法定代表人具有故意、重大过失的场合,法人亦可依《民法典》第1191条第1款第2句追偿。

其二,法人的组织机构还包括意志机构、执行机构、监督机构,但诸此机构在不同类型法人中的地位、功能等存在较大区别,分置于具体的法人类型中予以阐述。

(四)法人登记

法人登记制度由来已久。对于以登记为设立必要条件的法人,登记能发挥

[①] 参见"韦统兵与新疆宝塔房地产开发有限公司等请求变更公司登记纠纷案",载《最高人民法院公报》2022年第12期。

设立控制的功能；对于商法人而言，在采准则设立主义的背景下，登记虽为公司设立的必经前置程序，但其已不具有控制商法人设立的意图和功能，登记的意义主要在于进行信息的公示，以期达到降低信息搜寻成本、提交商事交易效率的法律效果。

不同类型的法人，登记事项不尽一致。其共同点在于，相关信息一经登记并予以公示，即应允许他人合理信赖并作为决策依据，否则相关登记将丧失任何意义，且会产生误导相对人、扰乱交易秩序的后果。因此，《民法典》第65条、《公司法》第34条第2款规定，经登记公示的信息与法人实际情况不一致时，除非相对人因知情而构成恶意，否则不得主张以未经公示且他人不知情的信息作为确定当事人权利义务或形成法律效果的依据。

（五）法人的结束和清算

1. 法人终止的原因

法人可能因破产、解散或其他法定原因而终止。

破产因经营失败而发生，系规范组织型私法主体有序退出市场的制度渠道。我国《企业破产法》第2条第1款规定："企业法人不能清偿到期债务，并且资产不足以清偿全部债务或者明显缺乏清偿能力的，依照本法规定清理债务。"可见，该破产法仅适用于商事组织，无法适用于以政府为代表的公法人。事实上，新中国成立至今也的确未曾发生过政府破产的案例，尽管不少经济欠发达地区的地方政府（如黑龙江鹤岗）财政赤字高企，早已逾越警戒线乃至濒于破产的边缘。就国外经验而言，美国早已有地方政府破产的实践，比如曾经作为美国汽车城的底特律市政府破产，[①]这足以为地方财政的结构性重整提供契机。希腊政府也曾因严重的债务危机而破产。在我国，政府代表着公权力，谈论政府破产被视为一件讳莫如深的事情。其实，政府破产并不会导致其主权或主权职能的丧失，只不过是要求其在经费开支和机构运营方面省去不必要的费用支出，比如公共警力投放数量的削减等，待危机度过，政府及其职能便可渐渐恢复，并无必要如洪水猛兽般视之。破产程序的启动、债务清偿、程序终结等，依《企业破产法》相关规则即可。

[①] 参见叶锋、周琳、杨溢仁：《"底特律破产"为中国城镇化道路带来何种警示？》，中央政府门户网站，2013年12月05日，https://www.gov.cn/jrzg/2013-12/05/content_2542948.htm，2024年8月8日访问。

解散在法律上意味着法人目的的转换,[①]其原因可能是多元的。我国《民法典》第 69 条列举的若干解散事由,可类型化为法定和意定两种形态。法定解散事由即被吊销营业执照、登记证书或者被责令关闭、被撤销等,此等情形往往源于较为严重的行政违法行为所导致的行政资格罚(《行政处罚法》第 9 条第 3—4 项、第 63 条第 1 款第 3—4 项)。意定解散事由包括:章程规定的存续期间届满或其章程规定的其他解散事由出现、权力机构决议解散、因合并或分立需要解散(亦见《公司法》第 229 条第 1 款)。

2. 法人清算程序

法人终止前须经清算。因破产而终止的法人,径依破产程序收取债权、清偿债务,即可完成清算,并在注销登记后丧失法人格;因破产以外事由解散时,要按照专门程序进行清算;因分立、合并而解散的场合,鉴于主体并不因此退出市场,相关主体仅须并账或分账即可,无须清算。

主体方面,清算义务人由执行机构及其核心组成人员担任较为妥当,因为执行机构通常为法人日常事务及经营管理义务的承担者,对法人财务、管理诸方面均有着更加清晰的了解和认识,除非法人章程另有规定或权力机构决议另选他人(《公司法》第 232 条第 2 款)。需要提示的是,在商法人清算的语境下,鉴于我国《公司法》于 2023 年修订后,"董事"概念的外延已涵盖影子董事、实质董事。自体系角度言,担任清算义务人的"董事",自然亦应将影子董事、实质董事囊括在内。

清算义务人如不及时履行清算义务,可能给利害关系人造成损害。比如,根据《最高人民法院关于适用〈中华人民共和国公司法〉若干问题的规定(二)》(2020 修正)(以下简称《公司法解释二》)第 18 条规定,公司解散时的清算义务人未在法定期限内成立清算组开始清算,导致公司财产贬值、流失、毁损或者灭失,债权人可主张清算义务人在造成损失范围内承担赔偿责任。更为严重的是,清算义务人怠于履行清算义务,导致公司主要财产、账册、重要文件等灭失,无法进行清算(第 18 条第 2 款);或者未经清算即办理注销登记,导致公司无法进行清算(第 20 条第 1 款),债权人可以请求清算义务人与公司就清偿的债务承担连

[①] Vgl. Blaurock, Handbuch stille Gesellschaft, 7. Aufl., Verlag Dr. Otto Schmidt, 2010, § 15 Rn. 15.3; Grunewald, Gesellschaftrecht, 9. Aufl., Mohr Siebeck Tübingen, 2014, S. 95 Rn. 195.

带责任。

尽管上述规则主要针对以公司为代表的商法人,但不以从事商业活动和营利为目的的其他法人类型,也完全可能因实施民事行为而负有债务,从而令清算程序同时也承担着保障债权人利益的角色。故《公司法解释二》第18、20条确立的规则,对于其他法人类型亦可在实质相似的范围内参照适用。

在清算程序中,清算义务人对法人、股东及债权人均负有信义义务,故意或重大过失地违反该义务造成债权人损害的,债权人可请求赔偿。

清算过程中,法人并不丧失独立人格,只不过其行为目的应当受限,应从原本正常开展经营或运行转为了结现务、收取债权、清偿债务,为彻底退出业务领域做准备。当然,如法人在清算过程中从事了交易行为,也并不会仅仅因此导致行为本身的效力被否认。

清算结束后的剩余财产,依照法人章程规定或权力机构决议予以处理。对于公司而言,一般是直接按照股权比例分配给股东,此乃股东剩余索取权的当然效力,也是公司作为一种商业经营和逐利制度工具的终局性价值所在;对于基金会等公益法人而言,并无成员,无须也不得进行分配,章程无规定或权力机构未作决议的情况下,剩余财产可转交其他性质相似的基金会继续从事公益事业;至于行政机关等公法人,剩余财产可收归国库,由财政统一支配。

二、营利法人

(一)营利法人的概念

营利法人以公司为最典型代表。按照《民法典》第76条的规定,营利法人须具有营利性和分配性两项核心规范元素。其中,分配性又构成营利法人与非营利法人的核心区分标准。不过,我国法人法存在将营利或非营利的性质界定与公司或其他企业法人的组织形式进行绑定的立法传统。这就导致以有限公司、股份公司或企业法人为代表的组织形式的法人被剥夺了从事非营利性公益事业的权利能力,令原本可以有更加多元功能的公司法人被局限于狭隘的活动领域,显然背离社会需要和时代发展潮流。因而,有必要对我国"营利"概念中的利润分配要素进行改革,以便推动组织法与行为法脱钩,释放营利法人参与公益事业的权利能力。[1]但在现行法背景下,为避免对既有规则冲击过大,可通过发展出中间法人的方式,允许其以公司的形式加以组织,但具有从事公益事业的权利能力,这就能较好地限缩"营利"概念的负面影响。

(二)营利法人的治理结构

营利法人的治理结构,基本上就是公司的治理结构。章程已经成为公司法规范体系的一个重要组成部分,是法人自治的准则。[2]章程既可就法人的机构设置及其成员的选任、职责、权限、解聘等组织性事项加以规定,亦可就法人的业务、经营、交易等行为性事项设计条款,还能对任何其他有必要的内容作出安排。只要在法秩序允许的自治范围内,原则上均受认可。可惜的是,实务中,我国不少中小型公司习惯于套用标准化的公司章程模板,并未真正用心地根据自身经营和业务的需求及特点对章程加以塑造。表面看来,这在一定程度上节约了时间,可一旦出现意料之外的矛盾或纠纷,而立法中配备的任意性补充性规范又未必总是合乎需要,忽略章程功能和意义的负面效应就会凸显出来。

在法人机构设计上,权力机构、执行机构、监督机构的平行并立,早已是商事组织法中基本常识。三者的功能定位分别是:法人最高意志机构、负责法人日常经营管理、通过财务检查及监督高级管理人员行为方式发挥监督效果。《民法典》第80、81、82条只是在相当宏观的层面对于这三个机构的角色、功能定位进行了十分概括的描述,具体规范仍待回归《公司法》专门针对有限公司、股份公司设计的条款方可确定。值得注意者在于,《公司法》在2023年修订之后,弱化了监事会的地位,规定可以通过董事会内部设置审计委员会的方式代为行使原本由监事会享有的职权(《公司法》第69、121、137条)。

不论实控人、大股东、董事、监事或其他高级管理人员,既然在公司内部占据关键职位,或者对于公司的运营管理能够产生重大、实质性的影响,就必然会在一定程度上取得损害法人权利或利益的便利及机会。一旦此等高级管理人员滥用此种地位或联系,损害法人的权益,法人作为拥有独立法人格的实体,当然可以请求赔偿。就性质而言,此种赔偿建立于商事组织法框架下高管"信义义务"

---

[1] 参见宋亚辉:《营利概念与中国法人法的体系效应》,载《中国社会科学》2020年第6期。

[2] 参见钱玉林:《作为裁判法源的公司章程:立法表达与司法实践》,载《法商研究》2011年第1期。

(Fiduciary Duty)的违反,属于法定义务违反引发的赔偿责任。①

前述赔偿请求权在理论上固然可行,但因诸此高级管理人员很可能控制了法人的意志形成、决策作出或者行为实施,此时,法人向这些高管寻求赔偿的就面临相当的阻力。为避免法人利益受损却无法救济,股东(成员)派生诉讼由此产生。《民法典》中虽并未就此设置规则,《公司法》第189条专门为此设计了条款,足以发挥保护法人的功能。

(三)营利法人的法人格否认

从实践经验看,法人格否认制度均适用于公司法人。《民法典》第83条第2款系针对纵向法人格否认设计的条款,以股东(出资人)滥用法人独立地位及由此相伴而生的有限责任并严重损害债权人利益为前提。所谓"滥用法人独立地位",实务中总结出较为典型的三种样态:

(1)股东与公司人格混同。就此,可从公司意思和财产独立性两方面切入,而财产独立性又是重中之重。交易实践中,公司财产丧失独立性,大多是因流入、流出、归属三个面向出现问题。最高人民法院2019年《全国法院民商事审判工作会议纪要》(以下简称《九民纪要》)第10条规定:在财产流入方面,如存在股东自身收益与公司盈利不加区分,致使双方利益不清;在财产流出方面,如有股东无偿使用公司资金或财产且不做财务记载、股东使用公司资金偿还个人债务或者无偿供关联公司使用,不作财务记载;在财产归属方面,出现股东账簿与股东账簿不分,致使无法对二者各自财产加以区分、公司财产记载于股东名下并被股东占有使用,均属推定人格混同的较为明显的证据。

当然,法人格的要素是多元立体的。实务中,为确保判断的可靠性,往往还从其他角度再作补强论证。比如,业务、人员、住所方面如果也存在股东和公司的混淆,就能判断的肯定性效果。

(2)股东对公司过度支配。此种形态通常表现为股东操纵公司决策过程,使公司完全丧失独立性,沦为控制股东或实控人的工具或躯壳,严重损害债权人的利益。理论上称为"公司法人的形骸化"。具体表现形式包括:母子公司之间进行利益输送;母子公司之间产生交易,利益归一方,损失却由另一方承担;从原

---

① 参见李林与上海利亚德环保科技有限公司损害公司利益责任纠纷,上海市第二中级人民法院(2020)沪02民终2326号民事判决书。

公司抽走资金用于成立经营目的相同或相似的公司，以逃避原公司的债务；解散原公司后，再以原公司场所、设备、人员及相同或相似的经营目的另设公司开展经营活动，逃避原公司的债务（《九民纪要》第11条）。总体来看，此处若干例证的共性特点在于，作为公司承担责任物质基础的财产被股东掏空，令公司债权人丧失了实现债权的可能。

（3）公司资本显著不足并沦为股东转嫁风险的工具。这种状况多表现为，股东实际投入公司的资本数额与公司经营所需及其隐含风险明显不匹配，可构成股东欠缺经营诚意，并恶意利用公司独立人格和有限责任转嫁风险至债权人的表征和证据（《九民纪要》第12条）。不过，此一判断应当秉持谨慎态度，毕竟这种推定事实上已经触及商业判断，而这并非法官所擅长之事，况且每个行业内在的商业规律、经营模式、风险资本匹配口径都存在天渊之别，应尽可能避免越俎代庖式地将司法者的意志强加于商人或商业之上。

上述类型化并未穷尽滥用法人独立地位的全部情形，实务中完全可能出现新的样态，其认定有赖法官结合个案进行裁量和判断。如特定新型滥用法人独立地位的操作模式趋于典型化，当然可缀补于前文提及的三种形态之后，以使规制法人格否认的"法网"更加绵密。

此外，《公司法》2023年修订之后，于第23条第2款新增了横向法人格否认的规则，规定："股东利用其控制的两个以上公司实施前款规定行为的，各公司应当对任一公司的债务承担连带责任。"这就令我国商事组织法中法人格否认的规范拼图更加完整。从该规则内容看，横向法人格否认的核心要素依然是滥用法人独立地位，只不过在外观上并非呈现出股东与公司人格之间的混同，而是表现为数个具有关联关系的公司相互之间出现人格的混同。[①] 自实务以观，其表现样态可以十分多元，比如关联企业假借交易或合同缔结进行利益输送，或者违背财务制度将损失集中于特定企业，收益却集中于其他企业等。在裁判实践中，司法机关渐渐形成以财产独立性丧失、意志独立性丧失组合而成的二元标准进行判断的路径。举例来说，在"某银行股份有限公司鹤岗分行诉鹤岗市某家电有限责任公司、鹤岗市某生物科技有限公司、鹤岗市某商贸有限公司申请破产清算

---

① 参见最高人民法院指导案例15号。

案"中，①法院即在财产、意志独立性二元框架下展开分析。就前者而言，资产混同、财务混同、经营场所混同乃关键的规范支点；对后者来说，主营业务混同、存在众多交叉融资担保、人员混同、经营决策受制于控制企业系核心标志。

（四）营利法人的决议

决议是法人自治的制度工具，也是法人机构实现职能和开展工作的基本方式。作为法律行为的表现方式，其特点在于，并不需要参与决议当事人的意见完全合致，只要多数人就决议事项达成一致意见即可成立。

当然，决议作为组织型意志，程序的面向十分突出。以股东会决议的形成为例，股东会以何种频率召开、由谁召集和主持、何时及如何将会议召开的时间地点与拟审议事项告知股东、谁如何进行提案、怎样表决等，都是决议制度的内在要素和决议作出的必经环节。依《公司法》第27条的规定，未召开股东会、董事会会议作出决议，虽开会但未对决议事项进行表决，出席会议人数或所持表决权数未达到法定及章程规定的人数或表决权数，表决中赞成票人数或表决权数未达到法定及章程规定的数量时，均应认定决议不成立。② 可见，会议的形式、出席人数或表决权数量、表决的形式及赞成数量，对于决议的成立扮演着较为关键的角色。值得一提的是，《公司法》第95条第3款规定，对于股东会行使的职权，如全体股东以书面形式一致表达同意，亦可免于通过召开会议、作出决议的方式实现之。这并非意味着未经开会即可导致决议成立，而是为股东会职能的实现提供了另一种渠道，即经由股东协议的治理。此系股东会的另一种工作形式。因而，对于根本未曾召开股东会的情况来说，决议始终处于不成立的状态。

决议另有可撤销之效力瑕疵状态。③ 依《民法典》第85条、《公司法》第26条规定，对于会议召集程序、表决方式违反法律、行政法规或公司章程，以及决议内容违反公司章程的情形，股东可向法院提出撤销此等决议的申请。此时，应以公司为被告，决议涉及的其他利害关系人可以列为第三人。不过，召集程序、表决方式如仅有轻微瑕疵，并未对决议产生实质性影响，则不应授予撤销权。在决议

---

① 参见黑龙江省高级人民法院（2021）黑04破1号民事判决书。
② 参见徐银波：《决议行为效力规则之构造》，载《法学研究》2015年第4期。
③ 详细研究参见周淳：《组织法视阈中的公司决议及其法律适用》，载《中国法学》2019年第6期。

被撤销的场合,该决议可能涉及授予特定机构对外以公司实施法律行为的权限,此时需要追问:公司依据该决议与相对人形成的法律行为效力如何?对此,可适用无权代理、表见代理的规则:如相对人并不知晓相关瑕疵及撤销权的存在,应构成善意相对人,得适用表见代理规则,令法律行为效力存续;反之,如相对人实施法律行为时早已获悉瑕疵和撤销权,应适用无权代理规则,排除法律行为对于法人的拘束力。

决议作为法律行为,亦遵循法律行为的一般性效力规则。据此,其内容违反法律、行政法规强制或禁止性规定以及悖于公序良俗时,应归于无效。当然,以无效决议作为公司对外实施法律行为依据的案型,法律行为的效力亦参照被撤销的情形加以确定即可。

三、非营利法人

(一) 非营利法人的概念和类型

我国非营利法人形态繁多,其关键特征在于,不向成员、设立人或会员分配利润。因此,即便是以公益为目的的组织,亦可实施商事行为,只要其将从商事交易中获取的财产用于公益目的而非分配即可。《民法典》第87条第2款列举了事业单位、社会团体、基金会、社会服务机构等我国语境下较为典型的非营利法人。事实上,事业单位法人、官办社会团体法人等属于公法人,承担较多的行政职能。[①]

(二) 事业单位法人

事业单位法人属于具有中国特色的法人形态。依《事业单位登记管理暂行条例》第2条和《事业单位登记管理暂行条例实施细则》第4条规定,事业单位系国家为了社会公益目的,由国家机关举办或者其他组织利用国有资产举办的,从事教育、科研、文化、卫生、体育、新闻出版、广播电视、社会福利、救助减灾、统计调查、技术推广与实验、公用设施管理、物资仓储、监测、勘探与勘察、测绘、检验检测与鉴定、法律服务、资源管理事务、质量技术监督事务、经济监督事务、知识产权事务、公证与认证、信息与咨询、人才交流、就业服务、机关后勤服务等活动

[①] 参见孙宪忠等:《国家所有权的行使与保护研究》,中国社会科学出版社2015年版,第43—46页。

的社会服务组织。

从该规定可以看出,在我国语境下,事业单位不仅规模庞大、数量可观,而且覆盖领域涉及社会生活的方方面面。在类型化的视野下,以举办单位为准,可分为国家机关及其他组织举办的事业单位;以层级为准,有中央事业单位及地方事业单位之分。在功能和目的上,尽管事业单位通常并不承担行政职能,但其多服务于国民经济发展、人民生活改善和社会福祉增进。

事业单位法人的成立不同于作为商事组织的公司法人,主要采审批/批准主义,须经县级以上人民政府及其有关部门批准,而且在完成登记后方为成立并取得法人资格。从立法目的上看,我国的事业单位登记,以便利行政管理和监督为主要目的,立法者并未为其附加类似于公司法人登记那样的保护善意信赖、提高交易效率的功能。《事业单位登记管理暂行条例实施细则》以9章86个条文的体量,对于事业单位登记的登记管辖、登记程序、设立登记、变更登记、注销登记、法人证书使用等诸多方面作了十分精细全面的规定,却始终未见商事登记中由外观主义所主导的"不得对抗善意第三人"一类的规则,足以印证上述判断。

究其原因,这也与我国制度框架下的事业单位法人以承担公共职能为核心使命密切相关。尽管如此,事业单位仍可以当事人身份参与到民商事交往中。如登记信息与真实状况存在错位,该事业单位依然不得以此为由对抗善意第三人。

(三)社会团体法人

社会团体法人虽然表面与"社团法人"(Verein)的术语十分接近,但实际上差别极大。"社团法人"作为学理用语,系"财团法人"的对立面,包含公司等典型的商事组织,乃德国法对于法人组织所作的类型划分。我国《民法典》第90—91条规定的社会团体法人则完全不同,尽管其亦可拥有会员,但其性质属于非营利社团,即便从事民商事交往或者获得财产、利润,亦不得将之分配给成员。

社会团体法人系基于会员的共同愿望而成立,目的上既可以为公益,亦可为会员共同利益。其成立亦需经过业务主管单位审查同意,即采审批/批准主义,审查同意之后须办理登记,自登记完成之日起成立。不过,从《社会团体登记管理条例》第15条的规定看,某些特别法中可能规定部分社会团体为批准成立之日起即直接具有法人资格,此时的登记属于备案登记。

在治理方面,社会团体法人要制定章程作为基本准则,并区分权力机构和执行机构。权力机构由会员大会或会员代表大会组成,与诸种有成员组织型主体,比如公司、小区业委会等并无不同。执行机构可以是理事会,当然也可以使用其他名称,端视社会团体具体情形不同而定。《律师法》第 43 条规定,律师协会是社会团体法人,全国设立中华全国律师协会。其最高权力机构为全国律师代表大会(《中华全国律师协会章程》第 14 条),其常设机构为理事会,即执行机构(《中华全国律师协会章程》第 17 条)。

(四)捐助法人

从《民法典》第 92 条的规定看,我国法语境下的捐助法人包括基金会、社会服务机构等经依法登记成立,取得捐助法人资格。所有这些捐助法人的共同特点在于,均属于特定目的财产的集合,并无成员。在成立方面,均采行审批/核准主义(《基金会管理条例》第 9 条第 5 项、《民办非企业单位登记管理暂行条例》第 3 条、《宗教事务条例》第 21 条),未经审批/核准无法办理登记,进而无从取得法人资格。值得说明的是,所谓"社会服务机构",通常是指民办非企业单位,即企业事业单位、社会团体和其他社会力量以及公民个人利用非国有资产举办的,从事非营利性社会服务活动的社会组织(《民办非企业单位登记管理暂行条例》第 2 条)。

在财产取得上,捐助法人多通过受捐赠方式获取。故在财产使用上,此等主体一方面不得违反其章程、宗旨和组织的目的,另一方面也应遵守捐赠协议对于捐赠财产用途或使用方式所作的限定(《基金会管理条例》第 27 条、《民办非企业单位登记管理暂行条例》第 21 条、《宗教事务条例》第 57 条)、接受捐助人的监督和质询,并及时就财产的使用向捐助人提供信息。

在治理结构上,捐助法人并无成员,故通常由理事会担任决策机构,依法行使章程规定的职权、章程的修改、高级管理或核心管理人员的任免以及与自身宗旨相关的核心业务活动(《基金会管理条例》第 21 条)。决策机构、执行机构或法定代表人所做决定的程序违反法律、行政法规或章程,或者前述决定的内容违反章程,则利害关系人、主管机关均可主张撤销该决定。但法人依据该决定已经对外实施法律行为、缔结合同的情况下,为保护善意相对人的合理信赖,该法律行为及由此形成的法律关系不受影响。

(五)非营利法人终止后的剩余财产处理

非营利法人以不向成员分配利润或财产为核心特点,故即便其终止,也不应向成员、出资人、设立人分配剩余财产,此点与作为营利法人的公司差别极大。如非营利法人就剩余财产的归属、使用等有规定,或权力机构、决策机构就此专门作出决议,从之即可。反之,如章程就此并无规定,或权力机构、决策机构亦未作出决议,则应通过主管机关的介入和协调,将其转给现存其他宗旨相同或相近的法人,并予以公告(《民法典》第 95 条)。

四、特别法人

我国语境下的特别法人,由机关法人(如人民政府)、农村集体经济组织法人、城镇农村的合作经济组织法人(如农民生产合作社)、基层群众自治性组织(如城市居民委员会、农村村民委员会)组成。这些机关有的是公法人,承担行政或准行政职能,比如机关法人、居委会和村委会;有些则属于私法上的法人,以履行经济性的职能、组织管理生产并参与民商事交往为主要任务,因而在组织和行为方面颇有不同。

(一)机关法人

对于机关法人而言,主要遵循行政法的法理,通过合法的行政程序决定是否、如何设立以及其所承担的职能。机关法人的内部组织、运行模式以及对外实施行为,皆遵从行政法规则;对于被撤销的机关法人而言,其民事权利、义务由继任的机关法人享有和承担;如无继任的机关法人,则由作出撤销决定的机关法人享有和承担。

(二)农村集体经济组织和城镇农村的合作经济组织

关于农村集体经济组织和城镇农村的合作经济组织法人,我国均已有专门立法。此二者作为有成员的社团法人,既可从事营利活动和商事营业,亦可参与公益活动,均依登记取得我国法上的特别法人资格(《农村集体经济组织法》第 6 条、《农民专业合作社法》第 5 条)。

就治理而言,此类法人与公司法人有不少相似之处,均以全体成员大会作为最高权力机构,并设立执行机构(通常为理事会)、监督机构(《农村集体经济组织法》第四章、《农民专业合作社法》第四章);在工作方式上,以决议为主要的决策工具,决议存在侵害成员合法权益、内容违反章程、程序违反法律行政法规或章程时,可被申请撤销;核心管理人员侵害该特别法人的权益时,《农村集体经济组织法》第 60 条甚至专门设立了类似于《公司法》中的成员派生诉讼。此外,登记制度、高级管理人员的信义义务以及合并分立、解散、清算等方面,也与作为营利法人和商事组织的公司制度相通之处极多。

这也表明,我国法人制度的规范设计中,仅因农村集体经济组织在地域上位于农村就将其"隔离出来"单独立法,实际上并不成功,至少在大量核心制度上直接适用或参照适用《公司法》就极易给人以"叠床架屋"、规则冗余的印象。站在更高的层次上,不论公司抑或农村集体经济组织、城镇农村的合作经济组织,均属由成员组成的社团法人,从成立、组织、运行到解散、清算均共享相通的理念,本应组合在一起构成社团法人,却被我国《民法典》法人制度硬生生地割裂开来,这种为了迎合公法理念和便利行政管理的立法给规则的科学化、体系化及妥当适用都带来了极多的困扰。

(三)基层群众自治性组织

居委会、村委会等基层群众自治型组织,主要服务于居民或村民的自我管理、自我教育、自我服务,在设立、撤销及规模调整等方面或由不设区的市、市辖区人民政府决定(《城市居民委员会组织法》第6条第2款),或由乡、民族乡、镇的人民政府提出,经村民会议讨论同意,报县级人民政府批准(《村民委员会组织法》第3条第2款),并不以登记为必要。

就职能而言,依《城市居民委员会组织法》第3条规定,居委会主要承担如下任务:(1)宣传宪法、法律、法规和国家的政策,维护居民的合法权益,教育居民履行依法应尽的义务,爱护公共财产,开展多种形式的社会主义精神文明建设活动;(2)办理本居住地区居民的公共事务和公益事业;(3)调解民间纠纷;(4)协助维护社会治安;(5)协助人民政府或者它的派出机关做好与居民利益有关的公共卫生、计划生育、优抚救济、青少年教育等项工作;(6)向人民政府或者它的派出机关反映居民的意见、要求和提出建议。

从生活经验看,居委会往往深入居民小区内部,这一方面会导致其职能与业委会可能出现一定程度的重叠;另一方面,也可能导致居委会不得不因居民小区内的诸种风险或损害的发生而背上沉重的赔偿责任负担。比如,在"邵某等诉连云港市体育局、巨龙社区居委会人身损害赔偿纠纷案"[①]中,5岁幼童邵某某在连云港市海州区巨龙小区健身点玩耍,在爬肋木时不慎坠落地面,造成心脏骤停,后抢救无效去世。法院认定,健身器材的管理人为被告巨龙社区居委会,健身点

---

① 参见江苏省连云港市海州区人民法院(2014)海民初字第1757号民事判决书。

场地不符合室外健身器材的安全、通用要求,未在碰撞区域铺沙层、土层或橡塑地板等,违反安全保障义务,应承担相应的赔偿责任。

村委会则主要负责支持和组织村民依法发展各种形式的合作经济和其他经济,承担本村生产的服务和协调工作,促进农村生产建设和经济发展;管理本村属于村民集体所有的土地和其他财产,引导村民合理利用自然资源,保护和改善生态环境;尊重并支持集体经济组织依法独立进行经济活动的自主权,维护以家庭承包经营为基础、统分结合的双层经营体制,保障集体经济组织和村民、承包经营户、联户或者合伙的合法财产权和其他合法权益(《村民委员会组织法》第8条)。

第十九节 非法人组织

一、非法人组织的设立

非法人组织属于组织型主体,具有权利能力,能够以自己的名义参与民商事交易往来,但并不具有法人资格,其成员通常也得不享受有限责任的优待。依《民法典》第102条规定,我国的非法人组织包括个人独资企业、合伙企业及其他不具有法人资格的专业服务机构等。《个人独资企业法》第2条规定,个人独资企业是指依照本法在中国境内设立,由一个自然人投资,财产为投资人个人所有,投资人以其个人财产对企业债务承担无限责任的经营实体。合伙企业则稍有不同,合伙人的责任形态会因合伙企业类型的不同而有区别。如为普通合伙,全部合伙人均须对合伙企业的债务承担无限连带责任;如为有限合伙,普通合伙人虽仍需对合伙企业债务承担无限连带责任,但有限合伙人则仅以出资为限承担责任。

就成立而言,不论个人独资企业抑或合伙企业,均须提交能够证明相关条件已经具备的材料,并办理设立登记(《个人独资企业法》第12条、《合伙企业法》第10条)。此处的登记,均属准则主义,即只要法定条件均已齐备,原则上登记机关就应当予以登记,并发给营业执照,营业执照颁发日即为此等企业的成立之日。

二、非法人组织的治理架构和责任承担

非法人组织通常适用于中小微企业,治理架构较为简单。不论个人独资企

业抑或合伙企业,均须有法定代表人。对个人独资企业而言,一般出资人就是法定代表人;合伙企业则由当事人通过合伙协议约定或者合伙人协商加以确定。非法人组织的具体业务,既可以由个人独资企业的出资人、合伙协议约定或合伙人协商确定的人执行,亦可聘请他人执行。受托或被聘请执行个人独资企业、合伙企业等非法人组织运营的人应当对相应的组织及其出资人、合伙人承担忠实、勤勉义务。

非法人组织均有自己可支配的财产(《个人独资企业法》8条第3项、《合伙企业法》第14条第3项),经营或业务执行过程中产生的债务,首先由非法人组织的财产承担;非法人组织的财产不足时,由出资人、合伙人等承担连带责任。

三、非法人组织的终结

非法人组织可能因章程规定存续期间届满、章程规定解散事由出现、出资人或设立人决定解散(《民法典》第106条)、被依法吊销营业执照、投资人死亡或被宣告死亡且无继承人或继承人决定放弃继承(《个人独资企业法》第26条)、合伙协议约定的目的已实现或无法实现、合伙人已不具备法定人数满30天(《合伙企业法》第85条)等事由解散。

一旦解散,非法人组织即须进行清算。对于个人独资企业及合伙企业而言,《个人独资企业法》第四章及《合伙企业法》第四章均已设有清算规则,自应优先适用。如有未尽事宜,可在性质允许的范围内,参照公司法人的清算制度予以展开和落实。

第二十节 诉讼时效

一、诉讼时效的功能和适用范围

诉讼时效是指,某种权利因为时间的经过而可能在主张时遭遇障碍。此一制度之所以存在,主要承担如下功能:

其一,督促权利人及时行使权利。依《民法典》第188条第1款之规定,向人民法院请求民事权利保护的诉讼时效期间为3年。这意味着,如未在此期间内主张权利,则经由司法途径的保护可能面临阻碍。这相当于为权利人套上了一个及时行权的"紧箍咒"。反面言之,权利长期不被主张,也容易令义务人产生权利人放弃权利的幻象。如若经过相当长的一段时间,债务人很可能形成合理信赖,并基于此进行后续交易或处分。为防止信赖落空,有必要对权利人进行限制。此即法谚"法律不保护躺在权利上睡觉的人"之真谛。

其二,防止证据逸失、举证困难。权利长期得不到行使的,相关证据就难以及时得到收集、整理和固定。未来因此发生争议时,很难确认权利存在与否及其内容。为避免此种窘境,立法者遂借助于制度设计,为权利的实现和主张划定一条清晰的界限。

既然诉讼时效制度的功能主要在于督促权利人及时主张和行使权利,故就适用范围而言,它主要调整请求权。但请求权有多种形态,从立法目的出发,并非每种请求权均有借诉讼时效加以限制的必要。为此,《民法典》第196条明确了不适用诉讼时效的若干情形:

一是,以停止侵害、排除妨碍、消除危险为内容的请求权。这三种属于绝对权请求权的内容,附着于绝对权之上,以保护权利本身的圆满状态为核心使命。只要绝对权本身仍在,此种请求权就会在绝对权本身的权能范围遭受"僭越"或"侵入"时如影随形地发挥功能。若允许此种保护性的请求权先于绝对权本身被排除,是有违常理的。

《民法典》第995条在规定人格权请求权的同时,专门指出"受害人的停止侵害、排除妨碍、消除危险、消除影响、恢复名誉、赔礼道歉请求权,不适用诉讼时效的规定"。但值得注意的是,本条中"消除影响、恢复名誉、赔礼道歉"的请求权,性质上已经不再是绝对权请求权,而是名誉权侵权案型中损害赔偿的具体表现方式。

二是,不动产物权和登记的动产物权权利人的返还原物请求权。不动产包括土地、房屋及其他地上附着物,登记的动产以机动车、船舶、航空器等准不动产为代表,这些财产常常价值较高,且大多有登记,能够较为持续、清晰地表彰权利归属,故立法将其排除于诉讼时效适用范围之外。《最高人民法院关于审理民事案件适用诉讼时效制度若干问题的规定》(以下简称《诉讼时效规定》)司法解释第1条曾明确规定,诉讼时效仅适用于债权请求权,这意味着物权请求权不适用诉讼时效制度,故《民法典》第196条第2项亦可视为前述司法解释规则的延续与再现。

不过,实务中常倾向于对此处的"不动产物权"作扩张性解释。比如,在"宁夏某某房地产开发有限公司、石嘴山市某某热力有限公司房屋买卖合同纠纷"中,①当事人签订商品房买卖合同,买受人已缴付全部购房款,出卖人却只是向买受人移转了标的的占有,既未履行所有权移转义务,亦未履行交易中常见的增值税专用发票开具义务,由此成讼。对于买受人要求移转所有权的请求,出卖人以诉讼时效经过为由抗辩,法院认为:"合同签订后某某热力公司即已实际占有使用案涉房屋至今,其主张某某房地产公司协助将案涉房屋过户至其名下,是为了使其对案涉房屋的物权状态得以圆满,其请求权具有物权属性,不适用诉讼时效的规定。"事实上,本案中基于房屋买卖合同产生的请求权是典型的债权请求权,如果允许出卖人基于诉讼时效向取得占有的买受人提出抗辩,就会出现买受人无法取得标的物的完整所有权,但也无须向出卖人返还的状态,进而阻碍不动产的后续流转。这难免对财产利用效率形成掣肘,或许正是基于此种考量,最高法在《第八次全国法院民商事审判工作会议(民事部分)纪要》第24条明确规定:"已经合法占有转让标的物的受让人请求转让人办理物权变更登记……对方当事人以超过诉讼时效期间抗辩的,均应不予支持。"

三是,以抚养费、赡养费或者扶养费为内容的请求权。此种请求权主要发生于关系亲密的家庭成员之间,实际生活中往往是到不得已的情况下才会被主张,因而不宜仅仅因此前较长期限内未被请求就以诉讼时效经过为由予以抗辩。况且,此种请求权的主体大多是弱势群体,比如未成年人作为抚养费请求权人、老年父母作为赡养费请求权人等,均属适例。在"叶某与吴某银婚姻家庭纠纷执行裁定书"②中,主审法院就明确指出:"抚养费是具有财产权益内容的身份请求权,是父母或其他对未成年人具有抚养义务的人应当承担的未成年子女的生活、教育等费用,在抚养法律关系存续期间,给付抚养费的请求权不适用诉讼时效的规定,亦不应适用申请执行时效的规定。本案中,异议人叶某与被申请人吴某银的婚生女吴某甲尚未成年,即吴某甲与叶某的抚养法律关系尚在存续期间,异议人叶某一直欠付抚养费。因此,异议人叶某主张本案中超过两年的部分应不予执行的主张,本院不予支持。"

四是,依法不适用诉讼时效的其他请求权。根据《诉讼时效规定》第1条规定,不受诉讼时效制度调整的其他请求权包括:(1)支付存款本金及利息请求

---

① 参见宁夏回族自治区石嘴山市中级人民法院(2024)宁02民终609号民事判决书。
② 参见重庆市第二中级人民法院(2024)渝02执复27号执行裁定书。

权,这源于金融行业随时兑付的惯例;(2)兑付国债、金融债券以及向不特定对象发行的企业债券本息请求权,此一规则主要为了强化公众对于国债等各类债券的信赖,并且诸此流通型债权往往购买者众多,涉及众多民事主体利益保护,具有一定的公共利益属性;(3)基于投资关系产生的缴付出资请求权,此与公司法资本充实、资本维持原则密切相关。

另据学者研究,国有财产受侵害的侵权请求权、公共维修基金请求权、拆迁补偿款请求权、离婚损害赔偿请求权,亦属不受诉讼时效调整的请求权类型。[①]

二、一般诉讼时效的长度及其调整

依《民法典》第188条第1款的规定,我国民事诉讼时效的普通长度为3年,总体上仍属较短。不过,某些案型中诉讼时效会有所增减。

更长的诉讼时效期间以国际货物买卖合同和技术进出口合同为典型代表(《民法典》第594条),这与跨国交易发生纠纷时权利救济更加困难、复杂是相匹配的。另外,《保险法》第26条第2款规定,人寿保险的被保险人或受益人向保险人请求给付保险金的诉讼时效期间为5年,自其知道或者应当知道保险事故发生之日起计算。

更短的诉讼时效期间在特别法中大量存在,兹举几例以为印证:

(1)适用6个月诉讼时效期间的请求权包括:持票人对支票出票人的权利、持票人对前手的追索权(《票据法》第17条第2、3项);

(2)适用1年诉讼时效期间的请求权包括:就海上货物运输向承运人要求赔偿的请求权(《海商法》第257条第1款)、海上拖航合同请求权(《海商法》第260条)、共同海损分摊请求权(《海商法》第263条);拍卖标的瑕疵的赔偿请求权(《拍卖法》第61条第3款);

(3)适用2年诉讼时效期间的请求权包括:产品缺陷的赔偿请求权(《产品质量法》第45条第1款)、民用航空运输请求权(《民用航空法》第135条)、民用航空地面第三人赔偿请求权(《民用航空法》第171条)、国家赔偿请求权(《国家赔偿法》第39条第1款)、持票人对出票人和承兑人的权利(《票据法》第17条第1项)、人寿保险以外其他保险被保险人或受益人向保险人请求赔偿或给付保险

---

① 参见杨巍:《中国民法典评注·规范集注:诉讼时效·期间计算》,中国民主法制出版社2022年版,第277—282页。

金请求权(《保险法》第 26 条第 1 款)、就海上旅客运输向承运人要求赔偿请求权(《海商法》第 258 条)、船舶碰撞请求权(《海商法》第 261 条)、海难救助请求权(《海商法》第 262 条)、海上保险赔偿请求权(《海商法》第 264 条)。

《民法典》一般诉讼时效期间的起算点采用了主观标准,即自权利人知道或应当知道权利受到损害以及义务人之日起计算。如此,既可防止权利人未注意的情况下丧失救济,也与时效制度"惩罚"怠于行权的规范意旨相吻合。不过,这一起算点本身也会在不同情形中有所调整。对于分期履行的债务,自最后一期履行期届满之日起计算(《民法典》第 189 条);①非完全行为能力人针对法定代理人的请求权,自该代理权终止之日起计算,这与非完全行为能力人处于法定代理人"笼罩"之下且欠缺自我保护能力相契合(《民法典》第 190 条);未成年人遭受性侵害的损害赔偿请求权自受害人年满 18 周岁之日起计算,理由亦与其自我保护能力的不足相关(《民法典》第 191 条)。

短时效与主观标准相结合,为权利人救济提供了一个相对合理的时间框架。可是,自权利受到损害之日起超过 20 年的,一般不再予以保护,以免对于随着时间渐渐稳定下来的社会与法律关系形成过大冲击。除非有特定情况,为追求个案正义,由当事人申请并经法院批准后方可继续保护。

三、诉讼时效进行的障碍事由

一旦起算条件具备,时效即开始计算。鉴于时效以督促权利行使为目的,故当权利人积极行使权利时,即应令时效重新起算。此种权利行使行为包括如下表现形式:权利人向义务人提出履行义务的请求、以诉讼或仲裁等方式主张履行义务、义务人同意履行义务以及其他与诉讼或仲裁有相同效力的主张(《民法典》第 195 条)。

何谓"权利人向义务人提出履行请求"?依《诉讼时效规定》第 8 条的规定,有如下几种情形:(1) 当事人一方直接向对方当事人送交主张权利文书,对方当事人在文书上签名、盖章、按指印或者虽未签名、盖章、按指印但能够以其他方式

---

① 分期履行的债务不同于定期履行的债务,前者是一个完整的债权分若干次给付;后者每一期债务是相对独立的,因此有学者认为应就每一期给付义务分别计算其时效起算点。但我国司法实践自 2004 年以来,存在明显的忽略二者之间区别的发展趋势。详细研究参见周江洪:《定期履行租金债权诉讼时效期间的起算规则》,载周江洪、陆青、章程主编:《民法判例百选》,法律出版社 2020 年版,第 126—130 页。

证明该文书到达对方当事人的;(2)当事人一方以发送信件或者数据电文方式主张权利,信件或者数据电文到达或者应当到达对方当事人的;(3)当事人一方为金融机构,依照法律规定或者当事人约定从对方当事人账户中扣收欠款本息的;(4)当事人一方下落不明,对方当事人在国家级或者下落不明的当事人一方住所地的省级有影响的媒体上刊登具有主张权利内容的公告的,但法律和司法解释另有特别规定的,适用其规定。前述第(1)项情形中,对方当事人为法人或者其他组织的,签收人可以是其法定代表人、主要负责人、负责收发信件的部门或者被授权主体;对方当事人为自然人的,签收人可以是自然人本人、同住的具有完全行为能力的亲属或者被授权主体。从签署规定可以看出,主张权利是一种意思通知,其效力之发生,原则上以到达为前提。至于债权转让的场合,自债权转让通知到达债务人之日起,诉讼时效重新起算(《诉讼时效规定》第17条第1款)。此处的"通知",性质上属于事实/观念通知,同样于到达债务人时起发生效力。

如权利人经由诉讼行使权利,则自其向人民法院提交起诉状或者口头起诉之日起,诉讼时效重新起算。某些情况下,债权人借助代位权诉讼主张权利的,应当认定债权人对债务人的债权以及债务人对相对人的债权均发生时效重新起算的效力(《诉讼时效规定》第16条)。

其他与诉讼、仲裁具有同等效力并可视为权利人向相对人主张权利的情形包括:(1)申请支付令;(2)申请破产、申报破产债权;(3)为主张权利而申请宣告义务人失踪或死亡;(4)申请诉前财产保全、诉前临时禁令等诉前措施;(5)申请强制执行;(6)申请追加当事人或者被通知参加诉讼;(7)在诉讼中主张抵销;(8)向人民调解委员会以及其他依法有权解决相关民事纠纷的国家机关、事业单位、社会团体等社会组织提出保护相应民事权利的请求;(9)向公安机关、检察院、法院报案或者控告,请求保护其民事权利。上述情形或为非讼程序,或为诉讼附属措施,或为多元解纷机制的组成部分,均为我国法制框架下寻求救济或主张权利的途径,因而应当认为权利人并无怠惰之嫌,自不罹于时效。

义务人同意履行,表现样态亦可多元,举凡作出分期履行、部分履行、提供担保、请求延期履行、制定清偿债务计划等承诺或者行为的(《诉讼时效规定》第14条),均有再次确认债权的效果。就债务承担而言,构成原债务人对债务承认的,应当认定自债务承担意思到达债权人之日起诉讼时效重新起算(《诉讼时效规定》第17条第2款)。至于个案中是否的确包含债务确认之意,则须借助意思表示解释的方式予以查明。

自法律效果角度言之,权利人如仅对同一债权中的部分主张权利,除非其明确表示放弃剩余部分权利,否则此种行权行为的时效中断效力应及于剩余部分(《诉讼时效规定》第 9 条)。在连带债权或连带债务的场合,因就外部关系而言债权人或债务人被视为一体,故对部分连带债权人或连带债务人具有时效中断效力的事由,亦应连带性地对其他债权人或债务人发生效力(《诉讼时效规定》第 15 条)。

某些情况下,权利的行使因不可归责于权利人的事由遭遇障碍,此时若适用时效制度限制权利人的救济,将出现悖于制度目的的结果。时效中止制度由此产生。依《民法典》第 194 条规定,在诉讼时效期间的最后 6 个月内,如出现如下事由,则诉讼时效中止:(1) 不可抗力;(2) 非完全行为能力人的法定代理人欠缺或死亡、丧失行为能力、丧失代理权;(3) 继承开始后未确定继承人或者遗产管理人;(4) 权利人被义务人或者其他人控制。这些事由一旦消灭,诉讼时效继续计算。如 6 个月内权利未被主张,则诉讼时效届满。

四、诉讼时效届满的效力及其意定调整

诉讼时效一旦届满,义务人即可主张时效抗辩权,合法地拒绝履行义务。但诉讼程序中,司法机关不应主动就时效予以释明。一旦义务人行使了时效抗辩权,相应请求权即丧失了借助公力救济强制实现的权能,效力上呈现不完全状态,[①]但请求权本身依然存续。因此,如若面对权利人的请求,义务人并未主张时效抗辩权,明确地承认甚或直接履行了义务,嗣后不得再以时效经过为由予以抗辩。受领给付的权利人亦非不当得利,不负有返还义务。

实务中,常见债务人虽明知时效经过,但出于信誉及长期商业合作等诸种考量或利害权衡而放弃时效抗辩权的现象,如以签订新协议方式对旧的债务关系加以更新、对于时效届满的催收通知单依然签章确认等,不乏其例。诸此案型中,法院可认定债务人放弃时效抗辩权(《诉讼时效规定》第 19 条)。

保证合同中时效适用有其特殊性。从主债务人与保证人债务内容的同一性及主从关系出发,保证人应享有主债务人的时效抗辩权。对于连带责任保证而言,债务履行期届满时,保证人面对请求如未行使时效抗辩权,则嗣后不得通过

---

① 参见施鸿鹏:《自然债务的体系构成:形成、性质与效力》,载《法学家》2015 年第 3 期。

追偿方式将债务负担转嫁至主债务人一边。反之,若主债务人主动放弃时效抗辩权,保证人亦无须再承担保证责任。这植根于未经他人同意不得增加其负担的法理,也是私人自治的题中之义。

《民法典》第197条将时效的长度、起算点、中断、中止事由设计为强行性规范,不允许当事人按照自身需求达成特约。由此,时效利益的预先放弃亦属无效。就规范目的而言,时效法定化可以强化其适用效果的确定性,以免给债务人带来过重负担或者危及第三人对于债务人财产状况的合理信赖。① 不过,前述目的是否值得通过将规范强制化的方式来实现,尚存争议。自比较法观之,《德国民法典》第202条就规定,仅对于源自故意的法律责任不得以预先特约方式使其更容易届满,这是为了表明立法上对于恶意主观状态的苛责和负面评价;当事人就时效期间长度的约定最长不得超过30年,这就在为当事人合意预留空间的同时防止权利行使期间的无限期延长。② 我国学界也逐渐开始对时效制度的强制性和法定化提出一些反思的观点。③ 从私法自治角度出发,对于时效制度的完全强制化可能未见得有充分的正当性基础。

第二十一节 权利体系

一、权利的概念及其规范要素

权利是私法中非常关键的核心术语,也是民法体系大厦建构的支撑性梁柱。在历史视角下,私法中的权利概念经历了长期的发展历程。就源头而言,德国哲

---

① 参见杨巍:《中国民法典评注·规范集注:诉讼时效·期间计算》,中国民主法制出版社2022年版,第289页。

② 《德国民法典》第202条原文如下:

§ 202 Unzulässigkeit von Vereinbarungen über die Verjährung

(1) Die Verjährung kann bei Haftung wegen Vorsatzes nicht im Voraus durch Rechtsgeschäft erleichtert werden.

(2) Die Verjährung kann durch Rechtsgeschäft nicht über eine Verjährungsfrist von 30 Jahren ab dem gesetzlichen Verjährungsbeginn hinaus erschwert werden.

③ 参见金印:《诉讼时效强制性之反思——兼论时效利益自由处分的边界》,载《法学》2016年第7期;郑永宽:《诉讼时效强制性的反思》,载《厦门大学学报(哲学社会科学版)》2010年第4期。

学家康德的权利意志说奠定了德式民法框架中权利概念的基础。在康德看来，所谓"权利"，即"任何人的任性意志都能根据自由的普遍法则与他人的任性意志相协调的整体条件"①。这种观念为德国著名法学家、历史法学派创始人和代表性人物萨维尼所采纳，并用于塑造和建构德国民法理论中规范性的权利概念。他认为："个人所享有的权力，即个人意志支配的领域，并且该支配乃是在吾等同意之下进行。我们称此权力为该等之人的权利。"②从这一界定中能够很明显地看出康德哲学的影子。在后来《德国民法典》编纂阶段，作为起草人之一的温德沙伊德赓续了这一思想，认为"权利是法秩序所赋予的意志许可、权利或支配"③。总结言之，权利意志说底蕴深厚、历史悠久，在一众巨擘的拥趸下深刻地影响了德式民法权利体系的制度设计。

当然，权利意志说也不是完全未曾遭遇任何挑战。德国著名法学家、目的法学开创者耶林即旗帜鲜明地反对权利意志说。他认为："没有任何权利是自我生成或由自由意志造就的，不是意志或意志力，而是用益塑造了权利的实质。"④由此，耶林提出了权利利益说。

我国当代私法的权利理论，更多是一种综合了权利意志说与权利利益说之后的折中观点。事实上，仔细观察即可发现，二者并不存在根本的分歧。权利意志说更多站在主体角度进行界定，权利利益说则侧重于客体层面展开描述，而将二者结合，恰好能组合成一个更加完整、综合的权利概念。

从规范分析角度讲，私法上权利的形成离不开实证规范的确认。而实证法对特定权利的认可，又是建立在若干实质要素基础上的。这些实质要素包括：

（1）归属效能，即应有值得保护的特定利益能够绝对性地归属于特定主体；

（2）排除效能，即特定主体应当能够排他性地支配特定利益；

（3）社会典型公开性，即通过权利化进行保护的利益应当是社会观念中较为常见、典型的，因而也易于识别和分辨，一旦经由实证规范将特定利益绝对性地归属于特定主体并允许其进行排他支配，权利人以外的他人就能够准确、有效

---

① Immanuel Kant, Metaphysik der Sitten, Verlag von Felix Meiner, 1909, S. 66-67.
② Friedrich Carl von Savigny, System des heutigen römischen Rechts, Bd. 1, 1840, S. 7.
③ Bernhard Windscheid, Lehrbuch des Pandektenrechts, Bd. 1, 1862, S. 81.
④ Rudolf von Jehring, Geist des römischen Rechts auf den vershiedenen Stufen seiner Entwicklung, 3. Teil, 1 Abteilung, 3. Aufl., 1877, 330ff.

地判断并避免自己的行为侵入权利人的利益领域。①

不具备上述三种属性的利益,立法者仍可设置保护性规范并将其分配给特定主体,但在立法技术上不宜借助权利化的工具和手段,否则极易令人们"动辄得咎",引发权利保护与自由保障上的失衡。

二、权利的类型化

权利的类型化有多种路径,学理中较为重要的一种是以权利发挥功能的方式为标准,将私法上的主观权利区分为支配权、请求权、形成权、抗辩权。

(一) 支配权

所谓支配权,即主体得直接支配客体并享受其利益的权利。物权和知识产权是典型的支配权。人格权能否界定为支配权,理论上还有一定的争议。否定观点主要的忧虑在于,人格只能作为主体性法益予以保护,不得作为被支配的客体,否则就会走向"主体物化"的结局。事实上,只要将人格权的客体界定为人格标识,将其与人格本身区别开,并且明确人格标识这一客体因原则上的"不可分割性"(inalienability)而显著区别于财产权客体,便能够为人格权进入支配权体系扫清障碍。

另外,随着信息技术发展和信息时代到来,学理中主张将数据作为权利客体的呼声也愈发高涨,具体可分为数据本身的权利客体化和企业数据集合的权利客体化两种分析路径。前者从底层逻辑出发,认为数据有介质层、符号层、内容层。其中,介质层作为物权客体是显而易见的;内容层是指借助特定计算机程序识别、解读数据得出的结果,无从担当物权客体,但可作为人格法益的客体;符号层即数据本身,它是电磁记录,属于一种物理学意义上的客观存在,可以作为物权的客体。② 后者从经济现实出发,认为在历史演进的长河中,财产权客体本身就呈现出一种随时代更新和物质基础变迁而不断扩张延展的趋势。当今平台经济日盛,平台企业聚合的大量数据不论从法政策抑或经济需求角度看,均应通过规范确认的方式升格成为财产权的客体,由此获取更高强度的法律保护。③ 当然,反对将数据财产权化并赋予绝对保护的观点同样顽强,在数据以流通为核心

---

① 参见于飞:《侵权法中权利与利益的区分方法》,载《法学研究》2011年第4期。
② 参见纪海龙:《数据的私法定位与保护》,载《法学研究》2018年第6期。
③ 参见张新宝:《论作为新型财产权的数据财产权》,载《中国社会科学》2023年第4期。

特质、①数据财产权化反倒会阻碍经济发展等多种论据的掩护下,②不断对主张数据财产权化的学说发动着猛烈的批评和攻击。

从我国政策走向看,从中央到地方的各级公权机关对数字经济以及数据经济效益的发挥都倾注了大量心血,国务院还专门出台了"数据二十条"。可以推断数据的财产权化在我国几乎是一个必然的结果,需要讨论的只不过是如何进行权利的构造和设计而已。理论上亦有学者指出,数据财产权化本身的确能够发挥利益形态标准化的功能,③从而令交易更加高效和便捷。"数据二十条"尽管给出了数据持有者权、占有使用权、处置权等若干权能构成的分析框架,学理中开始有同步跟进的分析和阐释,④但目前来看,这样的学说显然过于粗糙,很难说真正深入数据财产权的内核并建构出了合乎数据内在特质的财产权制度。未来,数据财产权到底如何发展,恐怕仍有待理论更加深入的争鸣,并将经历一个不会太短的时间过程。

(二)请求权

所谓请求权,即得请求他人为或不为一定给付的权利。在特征上,请求权与支配权恰成对照。比如,请求权人利益的实现离不开相对人的配合,不同于支配权人直接支配客体即可享受利益的特点;请求权并无排他性,因而不妨多重负担,不同于支配权可排除他人干涉的特质。

从内容和源起领域看,债权、物权、人格权、婚姻家庭、继承领域皆能产生相应的请求权。但为使私法中大量的请求权以更加清晰有序的方式呈现出来,便利对法体系的认识、研究和司法适用,学理中按照从特殊到一般的顺序,将诸此请求权类型编排为契约上的请求权→类似契约的请求权→无因管理请求权→物权性请求权→不当得利请求权→侵权请求权,这样的阶层化构造被称为"请求权基础思维方法"。是故,请求权不仅本身属于私法中关键的一项权利,而且构成一种运用颇为普遍的法学思考范式。正如德国著名法学家梅迪库斯曾指出的:

---

① 参见高富平:《个人信息保护:从个人控制到社会控制》,载《法学研究》2018年第3期;高富平:《数据流通理论——数据资源权利配置的基础》,载《中外法学》2019年第6期。

② See Bambauer, How to Get the Property Out of the Privacy Law, 133 *The Yale Law Journal*, 2024, pp. 1087-1125.

③ 参见崔国斌:《大数据有限排他权的基础理论》,载《法学研究》2019年第5期;熊丙万、何娟:《数据确权:理路、方法与经济意义》,载《法学研究》2023年第3期。

④ 参见王利明:《数据何以确权》,载《法学研究》2023年第4期。

"请求权是法律思考的脊梁。"①

请求权基础思考范式的核心操作在于,对待决法律问题不断追问"谁得向谁依据什么主张什么"。这里比较关键的是,任一意欲实现的请求权必须在现行法上寻得一个准确妥当的规范依据,否则即须承担被驳回的风险。当然,这种规范依据的表现形式是多样的,既可以是成文的法条,也可以是不成文的习惯法,还可以是司法机关面临法律漏洞时借助法学方法进行规则续造而生成的"法官法规则"(Richterrecht),理论中统称为"法教义"。这些法教义的确定,将为后续的涵摄和演绎推理奠定扎实的基础。从前述过程可以看出,请求权基础的操作模式比较到位地再现了大陆法系的思维范式。当然,站在规范层面观察,请求权基础选定的过程必然涉及请求权规范宏观体系的搭建与完善、微观内涵的解释与厘清,而这能够辅助法律人以更加"称手"的线索串联起整个私法规范的体系。是故,不论是方法论还是知识体系意义上,请求权基础本质上都是法教义学思维范式的具体化。

支撑请求权内容得以实现的成文法条,学理中称为"请求权基础规范"(Anspruchsgrundlage),在规范类型的框架下属于完全法条,与定义性法条、宣示性法条等不完全法条相对应。按照前述提及的请求权基础检索顺序,合同上的请求权又可进一步分为原生性请求权和次生性请求权。原生性请求权要看当事人如何约定,据此,合同条款或当事人约定的内容本身就是直接的请求权基础,立法规则只不过发挥确认性的功能而已。次生性请求权即违约或履行障碍产生的救济性请求权(《民法典》第577—594条)。类似契约请求权包括缔约过失(《民法典》第500、501条)和无权代理产生的请求权(《民法典》第171条第3、4款)。无因管理请求权包括管理人和受益人各自对对方的请求权(《民法典》第979—984条)。物权请求权包括原物返还请求权(《民法典》第235条)、妨害防止和妨害除去请求权(《民法典》第236条)。不当得利请求权以给付型不当得利最为常见(《民法典》第985—988条、第157条),某些场合亦需适用侵害权益性、费用支出型、追偿性不当得利返还请求权。侵权请求权包括过错侵权(《民法典》第1165条)和无过错侵权请求权。可见,借助请求权构成要件和法律效果的分析,能将所涉领域的规范体系有效地整合起来,此即德国民法学说中流传的"适

---

① Vgl. Dieter Medicus, Anspruch und Einrede als Rückgrat einer zivilistischen Lehrmethode, 174. AcP (1974), S. 314 ff.

用一个法条就是在适用整个民法典"之语的真谛。

当然,请求权基础方法亦有其局限。比如,传统学理中设计的请求权基础检索顺序,基本上只网罗并纳入财产法中的请求权,对于婚姻家庭法领域的请求权却未能顾及。同时,请求权基础思维也只是法学的思考范式之一,而非唯一方法。除此之外,历史方法也是非常关键的思考范式。

在请求权实现过程中,极可能出现多个法条均可作为规范基础或规范依据的现象。违反合同义务同时构成侵权的案型,就是最为典型的例证,理论上的称谓从早期的"责任竞合"到后来的"请求权竞合",再到今天日益受到广泛认可的"请求权规范竞合"。这种名称上的演进,背后是学理中对于《民法典》第186条教义学阐释路径的鼎革更新在发挥作用。从《民法典》第186条"受损害方有权选择请求其承担违约责任或者侵权责任"的规范用语中不太能非常直接地看出,我国民法对于违约和侵权竞合的案型究竟选择了请求权竞合还是请求权规范竞合的规范架构,但其至少对于请求权规范竞合的教义学阐释路径并未呈现出排斥的态度。之所以请求权规范竞合说更加妥适,根源在于,自事实角度考量,受害人有待填补的损害或须予救济的法益是确定的,只不过到底取道何种规范途径或者借助怎样的法条依据存有多种选择而已。若只是因为请求权人在起诉时选取的具体条文不同就在救济的效果上出现过大的差异或分殊,恐怕很难说符合法律体系性的追求及融贯性的理念。故此,在同一事实可涵摄于多重请求权规范基础时,应认为数个规范之间得产生相互的影响,以确保法律适用效果的趋同。①

(三)形成权

所谓形成权,即权利人得以单方意思表示直接形成或改变与相对人之间的法律关系的权利。从这一描述中即能发现其十分强大的法律效果,且这种发挥功能的方式显然与私法自治、人格自决的理念并不吻合,因为形成权相对人在未曾参与的情况下就不得不被动接受已被改变的法律关系和权利义务状态。是故,形成权的存在必须具有额外的正当性基础。从现行法体系看,这种正当性基础或植根于特殊的法政策考量,或植根于当事人的约定。比如,基于欺诈、胁迫、重大误解的撤销权,消费者无理由撤回权,根本违约的解除权等,无不是立法者

---

① See Yuanshi BU (ed.), *Chinese Civil Code—Specific Parts*, C. H. Beck, 2024, p.98.

基于特殊的法政策考量,为赋予受害人适当的救济路径或者向弱势一方倾斜的权利配置,从而生成形成权。约定解除权、约定抵销权等,则属于当事人以自治方式特约的形成权,自应许可。

另值一提的是,形成权被确立为一种权利类型并加入私法主观权利体系,是相对晚近的事。尽管撤销权、解除权等法条早已存在于实证规范中,但此等制度背后的共性因素并未为早期的学说所察觉。后来,法学家恩内克策鲁斯经过梳理总结提炼出"取得权"(Erwerbsberechtigung)概念,最终由泽克尔发展出"形成权"(Gestaltungsrecht)术语,沿用至今。[①] 我国民法体系下的形成权,基本上属形成诉权,即当事人必须通过诉讼的方式行使该权利。

(四)抗辩权

所谓抗辩权,即赋予当事人对于他人提出的请求提出抗辩和拒绝履行的权利。自功能看,它以阻止请求权的实现为使命,故基本无法脱离请求权而独立主张,在作用上稍显"被动"。现行法中,以权利效力持续时间长短为标准,可将其分为一时性与永久性两类抗辩权。一时性抗辩权,以专为双务合同之履行而设计的同时履行抗辩权、先履行抗辩权和不安抗辩权为典型代表。此外,保证合同中,立法者为一般保证人设置的先诉抗辩权(检索抗辩权)亦属一时性抗辩权。永久性抗辩权,即时效抗辩权,前文时效制度已作详述,于此不赘。

在诉讼程序中,抗辩权须由权利人自行提出和主张,法官不得依职权予以适用。在此方面,它与单纯的抗辩差异明显。所谓单纯的抗辩,理论上又分为权利阻却型和权利消灭型两种。请求权因法律行为效力瑕疵而未能有效成立的,皆属权利阻却型抗辩。比如因违反《民法典》第153条而无效的法律行为进入诉讼程序时,司法机关应当依职权主动查明法律行为效力状态,并直接以请求权未成立为由驳回原告的诉讼请求。已成立的请求权嗣后因履行或其替代方式而归于消灭者,均属权利消灭型抗辩。比如,请求权虽已成立,但早已因债务人的履行行为而复归消灭,司法机关对此亦应依职权查明事实并适用相关规则驳回诉讼请求。此处值得一提的是,《民法典》第580条第1款第2项基于经济上履行不能而赋予债务人履行拒绝权。这一规则究竟归属于须由当事人主张的抗辩权抑或径直认为请求权本身早已因履行不能而消灭,尚存见解分歧,未来走向仍待观察。

---

① 参见朱庆育:《民法总论》,北京大学出版社2013年版,第504页。

三、权利的行使和限制

权利的行使固属正当,但亦不能超出合理限度。《民法典》第 132 条规定:"民事主体不得滥用民事权利损害国家利益、社会公共利益或者他人合法权益。"由此可知,在我国民法语境下,私法主观权利的存在三重界限:国家利益、社会公共利益和他人合法权益。反面言之,我国私法中权利滥用就有三种主要类型:损害国家利益型、损害社会公共利益型、损害他人合法权益型。这一判断看似清晰,但国家利益、社会公共利益、他人合法权益本质上均属不确定概念,适用中存在较为宽泛的裁量空间,有赖于法官根据个案进行价值填充和具体化,这极有可能导致权利滥用的"泛滥"。

自比较法观察,《德国民法典》第 226 条同属禁止权利滥用的成文法规范,[①]但其规范要件却极为严格,权利滥用成立的概率也就低了很多。从这个角度看,我国立法者的慷慨或许与社会主义政治体制下更浓烈的集体主义观念不无关系,但这无疑会侵蚀对主观私权的保护强度,因而妥当性尚待观察。

首先,权利滥用并不会发生权利行使本应发生的法律效果,如给他人造成损害还应承担赔偿责任。其次,权利滥用危及他人合法权利时,受威胁的主体完全可实施正当防卫行为。最后,滥用权利的行为还可能令行为人丧失某些法律地位或资格,比如监护人滥用监护人地位侵害被监护人人身、财产权利的,可能因此丧失监护资格。

权利滥用禁止属于一般条款,我国民法体系和理论通常认为其属诚信原则的下位规则。通常而言,如有更加具体的规则,包括权利滥用禁止和诚信原则在内的一般条款或法律原则均不得被随意地用于裁判个案,除非实证法存在无法经由类推、目的性限缩等手段填补的漏洞,方可转向诸此一般性条款或者依托法律基本原则,展开规范续造和漏洞填补的作业。

---

① 《德国民法典》第 226 条原文如下:
§ 226 Schikaneverbot
Die Ausübung eines Rechts ist unzulässig, wenn sie nur den Zweck haben kann, einem anderen Schaden zuzufügen.

第三章 Chapter 3
物权

第一节 物权的界定

物权,乃对物的权利,即将某物归属于特定主体,由其直接支配并享受其利益的权利。从体系上看,物权与债权同属财产权,二者构成民法财产权制度的两根支柱。因此,对于物权的界定大多通过与债权相比较的方式实现。

首先,物权是支配权,权利内容的实现及相应利益的享受不需要他人的配合,只要权利人以外的主体尊重、容忍、不干涉即可。这一点上,物权与作为请求权的债权形成鲜明对比。

其次,物权的发生和内容塑造均奉行法定主义,此即学理中通常所谓的物权法定原则。行为人欲创设和取得物权,只能按照立法中规定的物权类型及其内容实施行为,不得任意创设现行法所未规定的物权类型及其内容。这与债权制度,尤其是合同制度中相对广泛的自由原则有极大反差。

最后,物权具有绝对性,意即权利人以外的任何人皆负有不得侵害和阻碍物权行使的义务。当然,此种绝对性并非表现为积极地对他人提出要求,而是设定他人的不作为义务,因而其效力以消极的面貌呈现。相比之下,债权则以相对性作为典型特征,效力无法及于当事人以外的第三人。

第二节 物权法的基本原则

一、物尽其用和效率理念

物权的绝对性使其具有较为明显外部性,一旦将特定客体归属于特定主体并为其设定物权,就意味着他人丧失对该客体的利用可能或机会,因而有必要将物权法上的制度设计纳入经济理性的评价之下。我国2007年《物权法》第1条就曾明确指出:"为了……发挥物的效用……制定本法。"该规则其实较为准确地点明了物权制度设置上所应贯彻的效率理念,可惜在《民法典》中未能保留,但这并不影响该理念在物权编诸多制度中的落实。以下列举几例予以说明:

其一,添附制度中,不论附合、混合抑或加工行为,均可能导致物权的变动。但在物权归属的制度设计上,《民法典》基本遵循了贡献大小和效用最优的标准。比如,动产附合于不动产时,鉴于不动产通常价值较大,而且即便动产从不动产上剥离出来,往往也会丧失效用,故附合物的物权原则上归属于原不动产权利人。至于原动产权利人的保护,经由价值偿还请求权即可实现。同时,《民法典》第322条还专门规定"按照充分发挥物的效用以及保护无过错当事人的原则",确定添附之后客体的物权归属。

其二,善意取得制度。在无权处分的场合,物权归属虽以权利人保护作为起点,但交易相对人善意且无重大过失的,可补足处分人在处分权能方面的欠缺,并发生物权变动的法律效果。通说认为,善意取得制度以保护相对人的合理信赖及其所代表的交易安全为目的,这就免除了后手查询前手处分权能的烦琐、降低了交易成本,合乎民商事交易追求效率的理念。

其三,物权相邻制度。相邻制度一方面是对所有权的限制,另一方面也是为了避免相邻不动产的功能发挥受到过分限制而设,因此从整体效益的发挥看,相邻制度是符合物尽其用和效率理念的。

其四,农村土地"三权分置"制度。我国《民法典》在农村土地制度设计上采用"权利析出"的法技术,以土地承包经营权为基础设立土地经营权,鼓励农民以此进行流转和交易,一方面避免农村"空心化"和人口流失造成的土地闲置,提高土地集约化利用效率;另一方面,也借此增强农村经济活力。因而,此种制度安排同样体现了物尽其用和效率理念。

其五,担保工具多元化和功能主义担保的制度改造。浮动抵押制度是为中小微企业量身定做的担保工具,使得欠缺不动产等优质担保品的商事主体亦能以较低成本获取融资。同时,考虑到我国浮动抵押制度的设计采纳美式强浮动抵押,为避免强势的浮动抵押权人阻断抵押人从其他渠道获取融资的可能,《民法典》专门引入"购置款担保权",打开浮动抵押人后续融资的空间。另外,我国《民法典》效仿《美国统一商法典》,对担保制度作了功能主义化的改造,为市场主体根据自己交易需要设计非典型担保提供了相当大的自由空间。这种制度设计的思维明显体现了尊重市场规律、促进交易效率的价值取向。

二、物权法定及其缓和

物权法定向来被认为是物权制度最为核心的基本原则之一。通说认为,该原则的正当性在于,物权作为一种绝对性的权利,代表着资源分配,一旦将某种资源归属于特定主体,其他主体就被剥夺了该资源的利用机会,因而必须谨慎为之。唯立法者基于对政治、经济、社会、伦理等诸多因素的综合衡量之后,方可作出最为权威、妥当的资源分配。反之,如任由当事人随意创设具有排他效力的物权,将可能过分限制其他主体的行动自由。

这一原则在物权领域的贯彻体现为,不论用益物权抑或担保物权,其类型的数量都是限定的,并且各个物权的内容也是基本固定的。以用益物权领域为例,在我国私法框架下,当事人得创设的用益物权类型仅限于土地承包经营权、土地经营权、宅基地使用权、建设用地使用权、地役权和居住权。除此而外,当事人别无他种选择。即便当事人以合意方式约定立法中所未规定的用益物权,也不会发生物权的效力。再深入内容层面,以土地承包经营权为例,权利人只能以此进行农业生产经营,或从事林业、渔业、种植业,或经营草地,当事人不得违背土地用途管制,擅自将其变为非农业用地。

但长期以来,物权法定原则遭到广泛、深入的批评。抨击的声音主要集中于该原则以过分僵化的理念限制了私法主体的创造力,与市场经济不断演进及其对新型物权工具的急切需求扞格难容。这种不合时宜,在担保领域体现得最为明显。在大陆法系形式主义担保观的背景下,让与担保制度于实证法之外的疯狂生长和"暗中"铺开就是商事主体无声地逃避和反抗物权法定原则的极佳例证。事实上,让与担保早已成为德国、日本和我国在内诸大陆法系国家广泛认可的习惯法物权。正是看到了这种弊端,理论中一直尝试以不同路径缓和物权法定的负面影响。其中一种重要的努力是,将"法定"之法的外延拓展至习惯法。这样一来,即便实证规范中并未明确规定的物权形态及其内容,只要在交易实践中得以广泛应用并渐渐在司法实践中获得认可,就能够同样纳入"法定"物权的体系之中。可是,习惯法的形成毕竟少不了时间要素和法拘束力的信念,这并不容易。故物权法定的消极影响依然存在。

在我国《民法典》编纂进程中,立法者充分注意到物权制度的发展趋势以及学理中对于物权法定原则的商榷意见,一方面选择了未再延续2007年《物权法》第5条的物权法定原则条文;另一方面,也大刀阔斧地改革了原本因受制于形式主义观念而较为封闭的担保制度,深入参考《美国统一商法典》框架下的功能主义担保法制度设计范式,较为慷慨地承认了包括所有权保留、保理、融资租赁在内的大量非典型担保。这就为商事主体提供了更多的担保工具,有效弥补了担保制度的不足。因而,如果说《民法典》框架下物权法定已大幅缓和,也是毫不夸张的判断。

但仍然要指出的是,缓和绝非取消。所有权、用益物权领域的法定化理念并未见明显松绑,纵使在担保领域,所谓的非典型担保也不是随意创设的,当事人的担保意志及其认定十分关键。这充分显示了私法领域管制与自治之间复杂的交错纠缠关系。自治常有边界,这种边界除了外在的公法管制之外,私法内部也不乏经由形成权能(Gestaltungsbefugnis)限制而框定的自治限度。其实,类型法定就是形成权能限制的表现形式而已。在更宽的视野中,婚姻家庭与继承法乃至契约法中均有类型法定的身影,结婚形式、离婚途径、遗嘱类型的法定化,以及契约且仅限契约作为自治的工具,都有着相通的内核,即形成权能的限制,虽允许但仅允许当事人在立法者勾勒的轮廓内自由行动。

三、物权绝对及其展开

物权作为绝对权,自然有着绝对的属性和特质。理论上认为,基于物权的绝对性,可衍生出一物一权与客体特定两项下位原则。

(一)一物一权

所谓一物一权,即同一个物权客体之上不得同时存在两个以上不兼容的物权。比如,一物之上不得出现双重所有权,同一块土地之上亦不得同时存在两个建设用地使用权。不过,这一原则无法适用于担保,不论在交易还是现行法规定中,同一财产用于多项债权担保的现象都是常见的,也是允许的。只不过,最终在实现担保物权时,需按照一定的标准对多重担保物权进行顺位排定。

（二）客体特定

所谓客体特定,即物权所指向的物本身须有明确的物理边界或范围,借以清晰地展示权利人物权权能的辐射和波及范围。之所以如此,实因物权效力过于强大,如权利所及范围无法清晰界定,则他人不知行之所止,从而有动辄得咎或自由受限的疑虑。

这一原则同样存在例外。自然资源领域的准物权不断扩张现象即属适例,如海域使用权、取水权等,针对的是一片很难绝对清晰界定的海域或水域。这也是为什么此等权利在名称上也只能称为"准物权"的原因所在。另外,担保领域浮动抵押的承认,亦属打破客体特定原则的经典例证。对于浮动抵押来说,抵押权成立时,作为权利客体的担保财产处于可进可出的"浮动状态",这恰恰并不特定。近年来交易实践中愈发常见的动产流动质押、金钱账户质押也都有着类似的特点,担保物权成立时,从事实状态上讲,很难说实现了客体的特定,但私法制度上为顺应交易发展的趋势和担保多元化的需要,依然通过规范建构的方式认可特定性要素。这表明,客体特定的原则处于变动发展中。

四、区分原则和无因原则

区分原则以强调物权行为及其效力独立和区别于基础性的债权行为为内核。这一原则对于物权制度具有体系和结构上的重要性,毕竟将物权提取出来并在产生、变动、效力到消灭诸方面区隔于债权,并不是理所当然,更非不言自明。罗马民法规范的编纂,就采用了不区别物权、债权的法学阶梯模式,这一范式还为法国民法所直接吸收。即便在采行物债二分的德国潘德克顿式立法中,也能发现物权与债权之间常常或明或暗、或强或弱地存在着从产生与发展到协力与共生乃至交错融合的千丝万缕的内在联系。①

区分原则要求人们承认存在独立于债权行为的物权合意,物权的变动之所以发生,恰恰是直接基于这种物权性的合意,而非什么其他的原因。在我国民法语境下,物权行为的概念经历了长期的争论,直至今天依然存在排斥这一概念的学者。在这些学者的观念中,虽然区分原则也被接纳,但他们所描述的区分原则却是另一番景象。具体言之,由于这些学者拒绝接受物权行为的概念,因此也不

---

① 参见常鹏翱:《债权与物权在规范体系中的关联》,载《法学研究》2012年第6期。

会承认物权的变动或移转是直接基于物权合意,当然也不存在把物权合意区别于债权合意的需要;他们所认识的区分原则,只是债权行为本身与最终出现的物权变动效果之间的有效区分而已。这种观点致命的缺陷在于,未能将自治原则和观念有效地贯穿到物权领域;在基础性的债权行为与最终的物权变动结果之间,横亘着一条无法在私法自治原则框架内寻得有效正当性基础的"鸿沟",即为何单纯的债权性合意辅以交付、登记等公示行为,竟然能够莫名其妙地如同化学反应一般生成物权性的法律效果。与此相比,只要承认了物权性合意的存在,就能够十分顺畅地将这一合意本身作为物权性效果得以发生的规范连接点和正当性基础,其说服力显然优于反对见解。

无因原则在我国民法中的争议比区分原则更大。这一原则的要义在于,以承认物权行为(合意)的存在为前提,此种行为的效力判断遵循自身独立的逻辑和规则,且被隔离于底层债权行为之外。反过来讲,底层债权行为的效力瑕疵,比如无效、不生效力或可撤销等,并不会必然直接影响到物权行为及其所产生的物权变动的法律效果。物权行为是否有效以及物权行为所引致的物权变动结果是否能够维持,应当直接而且仅应观察物权性的合意本身是否存在效力障碍,但底层债权行为的效力障碍并非后续物权性合意的效力障碍事由。此种原则的优点除了维护交易安全、提高交易效率之外,还能让法律人的思维更加精确。换言之,当法律行为效力出现瑕疵时,人们须精准地查明,究竟是债权与物权哪个层面的合意出现了问题,以便进一步判断其体系效应,而不是囫囵吞枣式地一概否认整个交易的效力,这显然会导致令人难以容忍的"杀伤力"。

当然,这一原则也面临批评。质疑主要集中于,底层债权行为效力的丧失如不直接渗透进入物权性的合意,嗣后当事人则不得不借助不当得利返还制度实现物权的复归。这与贯通债权与物权行为效力的有因原则相比,无疑多了一道程序,因而有"叠床架屋"之讥。德国民法学界也有学者反思,认为此种现象为借不当得利疗愈物权行为制度"自创的伤口"。尽管如此,不论从物权自治性观念的贯彻还是从交易安全的维系看,都以认可物权行为的无因性为宜。

五、公示原则

公示是指,物权的归属及其变动应通过适当的工具对外彰显和展示,以便他人能够较为便捷、清晰、准确地获悉权利的归属状态,进而基于此种判断妥当规划自己的交易、安排自己的行为,避免承受误判权利归属引发的风险。这一原则同样源出物权绝对性。正因为绝对性外部效应明显,如不将物权归属适当宣示,苛求他人承担因不了解物权归属而致生损害的赔偿责任,难免有超越期待可能性之嫌。

物权之公示,不动产与动产各有途径。不动产通过登记簿加以公示,其物权的转移亦以登记簿上登记信息的变更为必要前提;动产通过占有加以公示,其物权的转移以直接占有的转移(交付)为必要条件。当然,不论何种公示手段,均有例外。就不动产而言,我国《民法典》中不乏无须登记的物权归属及其变动,农村土地承包经营权、宅基地使用权、土地经营权乃至地役权皆属之。至于动产,如在指示交付、占有改定交易形态中,虽说均为受让人创设了间接占有以代交付,但物权的归属及其变化毕竟缺乏一个有效宣示工具和据以判断标志。另外,公示也有发生错误的可能,此乃更正登记制度存在的原因,也是动产善意取得形成的诱因之一。不管完全欠缺公示还是公示错误的情形,都有造成权利冲突的可能。

六、特定性及确定性原则

特定性原则(Spezialitätsgrundsatz)意即,物权行为效力的发生以及物权变动结果的出现,必须以其所指向的对象完全明确和特定为前提。这一点与基础性的债权行为分殊明显。对于债权行为而言,完全可以概括性地指向数量不确定、对象不明确的标的,此乃私法自治原则的题中之义。但因物权行为直接导致权利本身变动的,为准确起见,必须清晰地知道到底是哪个或哪些标的之上的权利发生的变动。

确定性原则(Bestimmtheitsgrundsatz)意即,物权行为必指向现实存在的物,否则不得发生物权变动的效力;即便当事人已就未来物之权利变动达成合意,物权行为效力的发生以及物权变动效果的出现也只能待合意指向的标的确定生成时方可。这一点也大大地不同于债权行为径可指向未来物的特性。尚未出现的物之上并无实际存在的权利,权利变动也就丧失了对象。比如,将来债权让与,虽当事人可以于债权尚未出现时达成权利变动的合意,但该合意的效力只能等债权实际地发生后才能产生相应的权利变动效力。

七、自治原则

财产法体系中,相较于债权,尤其是与契约之债相比,通常认为物权有着更为明显的强制性色彩。这不仅与物权涉及分配正义和强外部性息息相关,也与作为物权核心组成部分的不动产物权及其配置直接受制于一国基本政治和社会管理体制密不可分。回顾一下如下事实:我国作为社会主义国家的性质决定了公有制的基本地位,由此直接衍生出土地公有制,进而生成不动产所有权绝对固定的基本特征。相应地,不动产物权的流转和利用,就只能借助城市土地使用权这一近乎"准所有权"的土地权利;可用于担保的财产外延也就少了土地所有权这一项。同时,城乡二元的户籍管理制度也会映射到用益物权上,虽功能均体现为建设,但农村土地建设使用权名为宅基地使用权,实则欠缺所有的市场属性,不仅其本身无法流转,甚至宅基地之上的房屋亦不得被作为交易的对象;相反,城市建设用地使用权却直接构成我国房地产经济的物权基础。诸此种种,都无比清晰地折射出政治格局本身对于物权制度及其规范体系直接的形塑作用。

然而,只要物权还置身于民法体系之下,它就依然以自治自决为底色与内核。从基于法律行为的物权变动到用益物权合同中当事人合意的空间,再到担保物权制度适用和演进中市场主体需求的引领性角色,都体现了法秩序对私法主体的容让和自治空间的供给。

第三节 物权的类型划分

物权的类型划分,可为宏观上认识我国物权制度提供便利。以下从不同标准切入,就若干有意义的类型化方式稍作展开。

一、完全物权和定限物权

完全物权,即所有权,是具备占有、使用、收益、处分四项核心权能的"无所不包"的物权形态。所有权具有弹力性,其内容中的占有、使用与收益权能之抽取和"规范化包装",便生成用益物权;占有与处分权能之重组又生成担保物权。一旦用益或担保物权消灭,诸项权能就会重新回归所有权之内,足见所有权之"能伸能缩""可大可小"。

在我国民法语境下,所有权必以有体物为其客体。这一观念可追溯至罗马法时代。彼时,生产力处于初级状态,人类对于外在物质世界的改造和影响能力尚不发达,规范世界的建构亦以眼力所及为限。于是,在物理世界占据一定空间并可由人力触及和控制的有体之物,理所当然地成了支配性的物权所指向的对象。及至今日,世易时移,已进入信息时代的人类社会,不论是认知抑或控制能力,都已非农业时代所可比拟,不仅无形的智力成果早已在人类进步过程中扮演日益关键的角色,而且抽象的身份、承载于机器或软件程序中的数据都成了经济社会中财产价值愈益被发掘的客体。这当然引发了诸此对象得否成为所有权客体的追问。对于智力成果,立法者以特别私法的方式,于其上创设了类同于所有权的著作权、专利权、商标专用权等知识产权子权利,允许权利人得以合法地垄断使用,并享受其经济利益。至于其他无形的客体,依然处于学理讨论之中,但可以肯定的是,所有权客体的不断扩张已是不争的事实。准物权的扩容、人格标识的商品化利用、数据财产权的实证化,都是例证。在此意义上,主体对于客体只要有着规范上的支配力,客体对于主体只要能够在观念上形成明确的归属,即可为制度性所有权的创设提供可靠的基础。从此出发,作为一种法律制度的所有权与其客体之间具有相互指代性。

定限物权,又称限制物权,包括用益物权和担保物权两种下位形态。这两种物权均仅容纳物权部分权能,故有此名。站在所有权人立场看,不论用益物权还是担保物权,本质上都是为所有权设立了负担,并在权利顺位上优于后者。

二、不动产物权和动产物权

不动产物权,即以不动产为客体的物权,包括不动产之上的所有权、用益物权和担保物权。不动产物权之所以有必要专门强调,乃因其在权利的产生、内容、变动、公示等方面都有着不同于动产的逻辑。比如,不动产以登记作为公示方式,且原则上将登记的完成作为物权变动的必要前提;动产则否。不动产在用途方面受到强管制,诸如国土空间、布局规划、耕地"红线"等,都是例证;动产亦否。当然,不动产的价值高昂,动产基本亦不可与之相提并论。

动产物权,即以动产为客体的物权。理论上讲,其外延同样可囊括动产之上的所有权、用益物权和担保物权。但从实践看,基本未见动产用益物权的形态。动产形态多元,价值差异极大,不像不动产那样易于固定和分辨,因而难以登记。不过,在担保制度功能主义走向的背景下,作为配套制度,中国人民银行征信中心已建成动产和权利担保统一登记系统。与不动产登记制度的区别在于,动产和权利的登记受限于标的本身的性质,只能采用"人的编成主义"。

第四节 物权的保护

一、物权请求权的功能和特征

物权请求权系绝对权请求权典型形式,也是后续生成的其他绝对权请求权的原型。这一权利紧贴于私法绝对权之外表,以保障绝对权本身的完整、圆满状态为使命。由此,只要绝对权本身的圆满状态稍受干扰、侵入或阻碍,权利人即可向干扰之人主张这一权利。对此种现象,德国著名法学家皮克教授专门发展出"僭权理论",意即私法上的绝对权本质上是赋予权利人在权利内容的规范空间内自由行事的地位,一旦该种空间被他人僭越,或权利人于权利内容规范空间内的自由意志受到干扰或阻碍,以至于无法圆满地享受权利本身所承载的利益,就会出现物权请求权发挥功能的事实状态。[①] 通过这种请求权的主张和规范效力发挥,务求排除"侵入者"之僭越和侵扰,令绝对权本身重新回归到圆满之时的宁静、完整状态,权利人得依己所好地利用和享受权利本身所应带来的利益。

从功能可以看出,物权请求权以及时介入和迅速排除干扰为取向,因而呈现出明显的预防性特征。故在构成要件上,该请求权既不需要实际损害的发生,也不关心行为人对于其所造成之干扰和僭越有无主观上的过错或可非难行。毕竟,此种请求权的实现本身并不会给被请求人带来过重的负担,请求权人所追求的本来就是权利人基于权利主体地位所应当享有的利益而已。这就直接在构成要件层面有效地将物权请求权与侵权损害赔偿请求权区分开来。

然而,值得一提的是,我国侵权责任制度采用了类似于法国侵权法的较为宽泛的立法范式,侵权责任概念本身也被一些学者不断朝着广义的方向拓展、延伸。在责任形式上,我国有些学者将填补性的损害赔偿责任与预防性的侵权责任统统纳入侵权责任概念之下,并将其视为中国特色的侵权责任制度以及我国《民法典》对人类私法立法的"原创性贡献"。由此引发的问题是,原本泾渭分明的绝对权请求权与侵权赔偿责任,在转换至我国民法的制度语境后,关系就显得晦暗不明,成为理论界长期争议的学术疑点。当然,也有学者建议从"结果主义

---

① 参见王洪亮:《妨害排除与损害赔偿》,载《法学研究》2009年第2期,第63页。

立场"出发，运用"大的民事责任观"，①将经典意义上的侵权赔偿责任、预防导向的绝对权请求权和以返还为内容的请求权一概统合起来，构建我国私法背景下的民事责任制度。这看上去缓解了绝对权请求权体系定位上的问题，可本质上依然无法消解诸种所谓"责任形式"在构成要件、法律效果、功能承载等各方面的深刻差异，属于一种"概念游戏"。

二、物权请求权的类型

（一）原物返还请求权

《民法典》第235条规定："无权占有不动产或者动产的，权利人可以请求返还原物。"此系我国民法中原物返还请求权的实证规范。依文义解释，这一请求权的成立，须具备无权占有、请求权人为物权人两重构成要件。

所谓无权占有，即占有人欠缺正当权源之占有。依占有人主观上是否知悉其占有为无权，可将无权占有进一步区分为善意占有和恶意占有。初始的善意占有人，于诉讼系属之后，即转化为恶意占有人，因诉讼系属意味着占有人已获得请求权人的诉讼文书副本，对自身的权利状态足以产生合理的疑问。

善意与恶意占有之区分所以必要，主要因为法律上的评价有实质差别，返还义务上的负担轻重悬殊。对善意占有人而言，如占有之标的于返还之前毁损、灭失以至于无法原状返还，则其径可免予返还原物且不负赔偿责任；对于所占有标的之收益，纵使其已经收取，亦不需返还，只是在过度收取孳息的场合，应依不当得利之规则予以返还；②就其所支出并能导致标的价值增加的费用，可要求对方返还。而对恶意占有人来说，前述诸项义务内容则对其较为不利：标的本身因毁损、灭失而无法返还的，恶意占有人应予赔偿（《民法典》第459条、第461条第2分句）；占有期间收取的收益应返还，已不存在之孳息须返还其价额，因恶意占有人过错而未能收取的相应孳息亦应额外给予赔偿（《民法典》第460条）；在费用上，恶意占有人仅于其管理行为合乎无因管理时，方得向相对人请求必要费用之

---

① 参见张家勇：《论统一民事责任制度的建构——基于责任融合的"后果模式"》，载《中国社会科学》2015年第8期。

② 参见〔德〕鲍尔、施蒂尔纳：《德国物权法（上）》，张双根译，法律出版社2004年版，第190页，边码12。

偿还,其余费用概不得主张。

上述返还关系中,占有人的返还义务与所有权人的费用偿还义务虽无双务合同意义上的牵连关系,但从诚信原则出发,依然有必要强调二者的同时履行,否则任一方当事人皆可主张一般留置抗辩权(Allgemeines Zurückbehaltungsrecht)。

此种原物返还请求权规定不备之处,可在性质允许的范围内,参照适用债权法的相关规则。比如,债之关系中的给付迟延、受领迟延、代偿请求权,均可参照适用。但是,债权让与的规则禁止参照。理由在于,物权请求权不同于债权,无法与作为内核的实体权利本身相分离而单独转让。

在整个私法体系的视野下,返还关系有着多元化的表现形式和生成机理,此处所讨论的原物返还请求权只是其中之一。其余类型的返还关系包括:解约返还关系、基于替代交付产生的返还关系、消费者无理由撤回权行使后的返还关系,以及不当得利返还关系。目前而言,诸此种种返还关系各自均有不同的返还规则,但理论上渐渐形成的共识是,多重返还关系存在相似的价值内核,或有一体化调整和规范体系整合的可能。

(二)妨害除去和妨害防止请求权

对于已发生、正在进行中的妨害,物权人可以主张妨害除去请求权。其构成要件为:物权圆满状态遭到妨害、妨害行为具有违法性、妨害状态持续。此种妨害可以表现为权利的行使受到干扰,比如在他人房屋门口堆放垃圾或障碍物,影响他人正常通行,房屋所有权人即可请求堆放人清除障碍物或垃圾。妨害行为的不法性意味着,所有权人并无容忍义务。但是,如所有权人对于他人之妨害、干扰本来就负有约定、法定或其他来源生成的容忍义务,则此种妨害并无违法性,也不成立妨害除去请求权。举例来说,物权相邻关系中,邻人因装修而暂时性地堆放建筑材料,只要在合理限度内,邻屋所有权人即应容忍。

如妨害本身尚未现实地发生,但已有迫切的危险,此时,为防止危险现实化,物权人可主张妨害防止请求权。此种请求权以妨害之现实可能性、违法性为前提。例如,房屋年久失修,明显存有坍塌之危险,对于邻屋形成明显的威胁,此时邻屋所有权人即可主张妨害防止请求权。

第五节 占 有

一、占有的规范要素

占有包括体素和心素,体素即占有人对特定物取得事实上的支配或控制状态;心素则是占有人主观上知悉并意欲取得对于标的物事实上的支配和控制。就性质而言,占有属于目的意思不独立的事实行为。① 其构造表现为:行为(目的意思)→事实效果→法律效果,其中的"目的意思"即占有构成要素中的心素。但须注意的是,此种目的意思并不指向特定法律效果的发生,仅指向标的物上事实控制状态的变化,故其并非法律行为意义上的"意思",此种事实行为的法律效果只是依法发生,不在当事人意思的指涉范围内。②

二、占有的法律功能

占有系物权中的基础性制度,不论所有权、用益物权抑或担保物权,均可能涉及标的物占有的问题,因而属于通用性规则,本应置于物权编通则部分,以为公因式和一般性的条款。而我国《民法典》却将其置于物权编的末尾,考虑上颇有失当之处。③ 占有在私法中有权利推定、物权归属秩序和物权变动意志载体三项核心功能。当然,如将视野放宽至整个财产法领域,占有在债法中也具有导致风险转移的法律效果。

(一)权利表征和推定的基础

对于动产而言,因欠缺可靠的登记制度,故动产的占有人通常被推定为动产物权人,除非有其他证据足以推翻此种推定。④ 相应地,他人如因信赖占有人为标的物的权利人而与之发生交易,则即便动产权利人事实并非占有人,亦应从保护善意信赖出发,允许相对人从无权利人处取得权利。从更深层角度讲,这建基

---

① 参见常鹏翱:《论目的意思独立的事实行为》,载《法律科学(西北政法大学学报)》2012年第3期,第83页。
② 参见常鹏翱:《事实行为的基础规范》,载《法学研究》2010年第1期,第55页。
③ 同旨,参见张双根:《占有的基本问题——评〈物权法草案〉第二十章》,载《中外法学》2006年第1期。
④ 同上。

于公示公信的基本物权法理。《民法典》第311条善意取得制度即属此一功能的呈现。

举例来说,依据《民法典》第228条所规定的占有约定规则转移动产权利时,占有并使用动产之人已不再是动产的所有权人。然而,出让人继续占有、使用动产的外观,极容易令人产生误信。善意相对人基于此种信赖与占有人发生交易的,可适用《民法典》第311条,在诸条件均满足的前提下,发生善意取得的法律效果。

(二) 物权归属秩序的外在基础

对于有体物而言,不论其为动产抑或不动产,所有权的权能中均包含占有的内容,这固然导源于有体物之利用均以占有为前提。自规范的视角观察,占有物权归属效能的支点,系呈现物权人对于有体物支配力的方式。在此背景下,侵夺占有必然意味着同时剥夺了物权人对物利用的可能,并且侵入物权人的权能空间,由此触发不当得利、原物返还及侵权三重请求权。

(三) 权利变动主观意志的外化载体

我国《民法典》框架下,基于法律行为的动产物权变动,以交付完成为必要条件和权利变动的标志(《民法典》第224条)。基于自治原则在物权领域的贯彻,动产物权变动本质上以物权合意为基础。但物权合意乃隐藏于双方当事人大脑中的无形观念,必须借助一定的载体作为表征,向外传输和表现,此种载体就是占有的转移。[1] 因此,占有是动产物权变动主观意志的外化载体。

(四) 风险转移的规范连接点

买卖合同中,依《民法典》第610条规定,风险随着交付完成而转移。所谓交付,即占有的转移。此处的风险,乃对待给付的风险。[2] 之所以如此,除了占有人作为标的物的实际管领控制人,最能够保护标的物并使之免受风险外,还与占有能够实实在在地享有因占有而带来的使用利益,占有的转移能够导致买受人基于买卖合同所意欲实现的目的大体上得到满足密切相关。是故,占有的变更是风险转移的规范连接点。

---

[1] 参见申卫星:《物权法原理(第二版)》,中国人民大学出版社2016年版,第170页。
[2] 参见刘洋:《对待给付风险负担的基本原则及其突破》,载《法学研究》2018年第5期。

三、占有的类型界分

(一) 直接占有与间接占有

直接占有乃对标的物有事实上支配力或管领力的占有;间接占有则是指,并不直接对标的物享有事实上的管领力和支配力,而是通过一定的占有媒介关系获取对于直接占有人的返还请求权,借以获取对于标的物事实上管领力的占有。

我国《民法典》"占有"一章并未专门就直接占有和间接占有的区分设置规范,但二者的区分事实上早已融入大量私法规范的内部,成为一种隐藏于私法有形制度的规范。比如,动产质权以直接占有的转移为必要前提,质权人即为直接占有人,出质人则属间接占有人;租赁合同以约定期间内转移标的物使用权为核心内容,承租人为实现约定的使用目的,必然要求获取标的物的直接占有,出租人则于租赁关系结束后可请求承租人返还租赁标的物,因而取得对于标的物的间接占有。

关注直接占有与间接占有的区分,意义在于:

其一,间接占有本质上是建立于规范效力之上的观念性占有,将其从占有概念中提取和分离出来,可使适用于占有的制度和规范亦能适用于间接占有,这就拓展了占有制度和规范的适用范围,也扩张了占有秩序的触及范围。比如,第三人侵夺直接占有人控制之下的占有物时,间接占有人亦可主张直接占有人得主张的占有保护请求权。

其二,间接占有的独立化,为动产物权转移的公示手段提供了更多的选项与可能。正是因此,通过指示交付①、占有改定完成动产物权转移②才成为可能。从规范结构上讲,此两种公示恰恰是通过向受让人让与或创设间接占有的方式,辅助促成物权的变动。

间接占有的成立,以三项要素的具备为前提:③

一是,占有媒介关系的存在。所谓占有媒介关系,即直接占有与间接占有得

---

① 参见庄加园:《基于指示交付的动产所有权移转——兼评〈中华人民共和国物权法〉第 26 条》,载《法学研究》2014 年第 3 期。

② 参见庄加园:《间接占有与占有改定下的所有权变动——兼评〈中华人民共和国物权法〉第 27 条》,载《中外法学》2013 年第 2 期。

③ 参见申卫星:《物权法原理(第二版)》,中国人民大学出版社 2016 年版,第 175—177 页。

以共存的法律关系。此种关系可源于意定,比如当事人之间的保管合同、借用合同、租赁合同、用益物权、担保物权等诸种基于合意而形成的法律关系;①亦可源于法定,比如监护人对于被监护人财产的保管和管理。

二是,直接占有人有他主占有的意思。即直接占有人须存在让他人占有的意思,此种意思无须达到作为法律行为构成要素的法律效果意思的规格,只要其承认间接占有人作为"上级占有人"即可。

三是,间接占有人针对直接占有人具有返还请求权。② 间接占有人的返还请求权乃占有媒介关系的内在元素,也是间接占有得以成立的关键性识别标准。正是因为间接占有人可向直接占有人请求返还标的物并能够获得司法机关的认可与强制执行,间接占有人才能够借此取得对于占有标的物的间接性管领力。反之,如返还请求权不存在,甚或返还请求权丧失了可执行性,间接占有人则无从借助此种规范性的纽带对于标的物施加支配力或管领力方面的影响,亦谈不上间接占有。

(二)占有人与占有辅助人

占有人乃基于自己意思而亲自取得对标的物事实支配力的人,占有辅助人(Besitzdiener)则是基于特定的从属关系、受他人的指令而对标的物进行事实上的管领和控制。例如,雇员受雇主的指示而占有某物,即属占有辅助人。

区分占有和占有辅助的意义在于,占有辅助人并非真正的占有人,自然亦不能取得基于占有的权利、义务。③ 比如,票据权利的行使以占有票据并出示票据为前提,一旦丢失则会导致票据权利的丧失。如雇员受雇主指示占有票据,雇员丧失占有的,票据权利丧失的效果仅对作为占有人的雇主发生,并不对雇员发生。

占有人和占有辅助人的关系不得与直接占有人和间接占有人的关系混淆。占有辅助人和占有人之间处于从属或隶属的关系状态,直接占有人和间接占有人之间则是完全平等的请求权关系。在隶属或从属性的关系中,占有辅助人是基于命令和服从而实施对标的物的管领和控制,具体形态上,可以表现为私法上

---

① Vgl. Wieling, Sachenrecht, 5. Aufl., Springer Verlag, 2007, § 6 Ⅱ 1 a.
② 参见张双根:《间接占有制度的功能》,载《华东政法学院学报》2006 年第 2 期,第 50 页。
③ Vgl. Prütting, Sachenrecht, 33. Aufl., C. H. Beck München, 2008, § 14, Rn. 117.

的雇佣关系、劳动关系，亦可表现为公法上的命令关系。

(三) 有权占有与无权占有

以占有有无正当权利来源或者法律基础为标准，可将其分为有权占有和无权占有。在有权占有中，其正当权利来源可以表现为物权，比如所有权、动产质权中，权利人的权能直接包含占有的权能；亦可立基于合同关系，比如借用、租赁等合同关系中，借用人、承租人均基于债权性的权利而得以于约定的期间内合法地占有并利用相应的标的物；还可以源自身份性的关系，比如在监护关系中，监护人的职责之一即保管被监护人的财产，由此取得的对于标的物的占有即属有权占有。

无权占有人并无正当权源，比如窃贼对于赃物的占有、基于无效或被撤销合同的履行而获取财物的占有，皆属适例。在无权占有的框架内，以占有人主观上是否认识到权源欠缺的状态为基准，可将之进一步细化为善意占有和恶意占有。前者即占有人虽无权利基础，但其主观上未认识到自己欠缺权源而误信自己为有权占有的状态；后者则属占有人明知自己无权源但仍然占有的状态。①

无权占有人负有返还义务。但返还义务的内容及其负担轻重，会因占有人主观上善意抑或恶意状态的不同而有所差别。宏观上看，善意占有人会受到比较明显的优待。在返还标的物毁损灭失的价额补偿义务上，善意占有人可因标的物原物返还不能而免予返还；占有标的物期间获取的用益亦无须返还，只是过度收取的孳息须依不当得利予以返还；善意占有人只有于占有期间为维护标的物支出并且能导致标的物价值增加的费用，方可请求返还。相反，恶意占有人须在标的物毁损灭失以至于无法原物返还时承担价额补偿的义务；须返还孳息，未收取的孳息亦应以价额补偿方式作出实质性的返还；支出的费用，仅于构成无因管理的前提下，方可主张返还。②

对于返还义务人而言，如其占有的标的物毁损、灭失，并因此取得保险金、赔偿金或补偿金等代位物，则返还请求权可以延伸及于此等代位物，这并不因无权占有善意或恶意状态的不同而有所区别。

---

① 参见申卫星：《物权法原理（第二版）》，中国人民大学出版社2016年版，第174页。
② 相关研究参见冉克平：《论〈物权法〉上的占有恢复关系》，载《法学》2015年第1期。

四、占有的法律保护

占有在我国被作为一种事实状态,但其本身代表着一种值得保护的秩序。《日本民法典》将占有规定为一种类似于物权的民事权利;在我国民法语境下,虽并未使之权利化,但从《民法典》第462条规定看,占有亦能因他人之妨害或妨害之虞而产生类似于绝对权请求权的预防性请求权;《德国民法典》第862条第1款亦规定了类似的请求权。[①] 他人过错地侵害、占有并造成损害的,占有人得如同绝对权受到侵害时一样,主张损害赔偿请求权,此时已属侵权请求权,径循《民法典》第1165条过错侵权一般条款予以判断和确定即可。

单纯侵夺占有的场合,占有人当然可主张返还占有,不论占有系有权抑或无权。[②] 毕竟,即便是无权占有人,亦仅负有向权利人返还的义务;至于权利人以外之人,则负有尊重、容忍占有秩序和现状的不作为义务。若违反此种义务,则构成不法,占有人得请求返还。但依据《民法典》第462条第2款规定,该请求权仅存续1年,超过1年未行使即消灭。

第六节 物权变动:基于法律行为的物权变动

物权变动系物权制度的核心组成内容,以物权变动的触发动力源于当事人合意抑或合意之外的因素为标准,可将其分为基于法律行为与非基于法律行为的物权变动。前者无疑为最重要的类型。

一、动产物权变动

(一)动产物权变动的构成要件

动产物权变动应具备三个要件:处分人具有处分的权能、当事人达成物权变动的合意、动产直接占有转移。

在我国早期物权理论中,处分权能常被忽略,但实际上这一要素是必不可少的。早在罗马法时期,人们就已经认识到,任何人不得将超出自己权利的权利让

---

① Vgl. Prütting, Sachenrecht, 33. Aufl., C. H. Beck München, 2008, § 14, Rn. 125.

② Vgl. Wieling, Sachenrecht, 5. Aufl., Springer Verlag, 2007, § 5 Ⅳ 1 a.

与他人。简言之,行为人自己未曾取得的权利,自然也不可能授予他人,否则就是无源之水,无本之木。处分权能的欠缺,将导致该行为成为无权处分,原则上无法导致物权变动,即便受让人事实上已取得标的物之占有,权利人亦可要求返还(《民法典》第 311 条第 1 款第 1 分句),除非为善意取得。

物权变动的合意,理论上称为"物权行为"。其系处分行为的下位类型,以直接变动权利为目的。物权合意内容简单而固定,即一方愿意放弃并让渡所有权的意思与对方愿意接受并取得所有权意思的合致。

直接占有的转移,我国民法规范中称为"交付"(《民法典》第 224 条)。这一要素的功能在于满足公示的要求。当事人的物权合意毕竟是潜藏于当事人大脑中的无形观念,无法为外人所识别。如不以直接占有的转移予以呈现,将难免出现占有外观与真实权利状态的割裂和不统一。然而,占有本身恰恰又有着权利推定的功能,这就极易导致第三人产生错误的信赖,以至于与非权利人发生交易。为避免此种现象,立法上遂要求当事人通过直接占有转移的方式,将物权的变动表彰出来,以便他人精准、便捷地判断动产物权的归属和变动状态。

上述三个要件中任何一个的欠缺,都足以阻碍物权变动的发生。

(二)动产动物变动中交付要件的替代形式

直接占有的转移,在一些场合可以免除;在另一些场合,可通过为受让人创设间接占有的方式替代。

1. 简易交付

《民法典》第 226 条规定:"动产物权设立和转让前,权利人已经占有该动产的,物权自民事法律行为生效时发生效力。"本条设想的场景是,标的物的直接占有在交易之前即已为受让人所取得,故当事人变动物权之合意与直接占有本身已经同步和匹配,标的物没有再次转移的必要。

值得注意的是,该法条中提及的"民事法律行为",指的应当是物权行为,而非债权行为。

2. 让与返还请求权(指示交付)

《民法典》第 227 条规定:"动产物权设立和转让前,第三人占有该动产的,负有交付义务的人可以通过转让请求第三人返还原物的权利代替交付。"我国学理中称此为"指示交付",十分形象地描绘了这种情况下通过指示第三人向受让人转移占有的方式促成物权的变动。

交易实践中,返还请求权的表现形式非常丰富多元。此种返还请求权有体化为证券时,交付此等证券,足以导致物权的变动。① 比如,仓单、提单的转移,具有导致其所表征的货物本身所有权转移的效果。理论上遂有观点认为,仓单和提单乃物权凭证。但从规范本质上讲,仓单、提单的转移,只不过是将该两证券所表征的货物返还请求权让与买受人,买受人取得货物本身的间接占有,进而与其他两重因素结合导致物权的变动而已。

3. 创设占有媒介关系(占有改定)

《民法典》第228条规定:"动产物权转让时,当事人又约定由出让人继续占有该动产的,物权自该约定生效时发生效力。"此条设想的情形是,当事人通过创设占有媒介关系的方式,使受让人取得间接占有,作为直接占有的替代,促成动产物权的变动。此种规则满足了实践中当事人的多元需要,使出让人能同时取得资金和使用上的利益。

不过,本条也会带来占有外观与真实权属的异步,为无权处分提供了可能。

二、不动产物权变动

(一)不动产物权变动的构成要件

概括地看,不动产物权变动所需具备的条件与动产交易是一样的,即处分权能、物权合意和公示手段。只不过,不动产的物权合意须在登记机关加以表示而已。另外,在公示方面,不动产依托登记簿完成。登记簿作为国家公权机关建设、执掌和管理的公共服务制度,公信力、准确度方面都比单纯的交付行为要可靠得多,因此,《民法典》第216条第1款规定:"不动产登记簿是物权归属和内容的根据。"据此,物权法学理中认为,登记簿具有公信力和推定力。所谓公信力,即登记簿及其记载的内容可以为公众和不动产交易当事人所信赖,此种信赖受法律保护。推定力则指,记载于不动产登记簿之上的私法主体,得被推定为正确的物权权利人。当事人据此发生交易时,可获得法秩序的保护。

值得注意的是,我国城市商品房交易实践中还存在一种立法上所未规定的网签程序,这在法律上意味着什么?从实践看,网签只是把当事人私下达成的交易合意录入房地产主管机关所运营的公共网站,使原本较为隐蔽的债权合意透

---

① 参见庄加园:《基于指示交付的动产所有权移转——兼评〈中华人民共和国物权法〉第26条》,载《法学研究》2014年第3期。

明化、公开化,尽可能避免"一物二卖"及由此引发的纠纷,确保买受人能够顺利取得房屋产权。但这并不能直接导致房屋所有权的移转,当事人完成网签之后,依然可以在承担违约责任的前提下"毁约"。因此,在法律性质上,这只是债权合意和物权变动的中间环节,对于行政管理和交易秩序都有助益,但并不具备物权上的意义。

(二)不动产登记制度

虽说不动产登记簿可推定正确,但这种推定也是可以推翻的。不论在实务还是规范中,登记簿之外观与不动产之权属错位的现象均非罕见。就实务而言,当事人伪造材料、登记机关工作疏忽,皆可能导致登记信息错误;从规范来看,主债权转移导致从属性的抵押权在未经变更登记的情况下直接变动、继承导致所有权更新等,都是现行法中可能导致登记信息不准确的因素。这就催生了更正登记和异议登记制度。当然,实践中也有恶意对他人不动产权属提起异议之人,依《民法典》第 220 条第 2 款之规定,异议人应承担赔偿责任。

还值得关注的是,尽管《民法典》第 209 条第 1 款规定了不动产物权变动以登记为必要的一般性原则,可事实上,只要深入我国《民法典》框架下不动产物权的细节即可发现,无须登记就能直接变动不动产物权的例外规则比比皆是。尤其是农村不动产物权(土地承包经营权、经营权、宅基地使用权),登记往往并非必要,这实际上是由农村不动产登记制度不健全决定的无奈之举。

(三)预告登记及其功能

依《民法典》第 221 条之规定,签订买卖房屋或其他不动产物权协议的当事人,为保障将来实现物权,可按照约定向登记机构申请预告登记。其功能在于,一旦完成预告登记,未经预告登记的权利人同意,再次处分该不动产的行为将不会发生物权上的效力。

这一规则产生于我国房地产经济"狂飙式"发展和预售大行其道的时代,给预缴房款的购房者提供了有力的保护。理论上认为,该条文属于"保护第三人规范",未经受保护第三人之同意,处分行为负有效力瑕疵,对于受保护的第三人不产生效力。这意味着,即便真的出现了二重买卖,完成预告登记的前手也可以继续要求出卖人与自己达成物权合意,进而取得不动产物权。至于后手的不动产物权,则会"得而复失",后手只能借助违约责任寻求救济。在我国私法体系中,类似此种保护第三人并可在被违反情况下导致法律行为相对不产生效力的规范,还有以有限公司股东优先购买权、共有人优先购买权为代表的先买权规范。

从范围看,《民法典》第221条的"其他不动产物权"还能将定限物权涵括在内,这对于担保物权意义颇大。就此,《最高人民法院关于适用〈中华人民共和国民法典〉有关担保制度的解释》(以下简称《民法典担保制度司法解释》)第52条第1款规定:"当事人办理抵押预告登记后,预告登记权利人请求就抵押财产优先受偿,经审查存在尚未办理建筑物所有权首次登记、预告登记的财产与办理建筑物所有权首次登记时的财产不一致、抵押预告登记已经失效等情形,导致不具备办理抵押登记条件的,人民法院不予支持;经审查已经办理建筑物所有权首次登记,且不存在预告登记失效等情形的,人民法院应予支持,并应当认定抵押权自预告登记之日起设立。"这一规则赋予预告登记溯及既往的效力,使抵押权于预告登记完成时直接确立,可为预告登记人取得较优的担保顺位,从而大大地减小其可能面临的抵押人破产的风险。该条第2款规定:"当事人办理了抵押预告登记,抵押人破产,经审查抵押财产属于破产财产,预告登记权利人主张就抵押财产优先受偿的,人民法院应当在受理破产申请时抵押财产的价值范围内予以支持,但是在人民法院受理破产申请前一年内,债务人对没有财产担保的债务设立抵押预告登记的除外。"就是对此种结果的确认。

三、善意取得(从非权利人处取得)

(一)善意取得的制度功能

善意取得不论在理论抑或实务中,都是备受关注的制度。在功能上,它主要承载保护合理信赖、维系交易安全、降低交易和信息费用的使命。其机理并不难理解:对于信赖占有和登记而从事交易的主体,无须花费更多精力和财力去做进一步的权属调查,即可放心地开展交易,纵使前手欠缺处分权,立法上亦允许后手从非权利人处取得相应的权益。这种制度安排,无疑大大地减轻乃至打消了交易主体的顾虑,便利了交易。

在宏观视野下,发挥与善意取得制度类似功能的私法规范并不罕见。例如,法律行为的规范性解释、表见代理制度、商事登记制度及其信赖保护等。德国著名法学家卡纳里斯(Claus-Wilhelm Canaris)教授通过系统梳理,从诸此具体的制度中提炼出信赖作为私法的核心价值取向之一,并建构了"信赖责任"(Vertrauenshaftung)理论,在私法学界获得广泛的关注和认可。除该理论本身高度的学术和应用价值外,卡纳里斯的思维方式也值得特别的注意。这提示人们,法条本身只是承载法律价值和传递法律观念的法技术,理解和适用法律规则不能仅拘泥于文义,而应着力挖掘和揭示潜藏于有形规范背后的法政策及其法价值,依托后者统合看上去零散而凌乱的条文。这才是更加稳定的规范,也才能够帮助法律人在法技术"言所未及"或"瑕疵毕露"之处续造出妥当的规则,调适多变且始终处于演进中的社会生活和新型案件。

(二)善意取得的构成要件

依《民法典》第311条的规定,善意取得制度的构成要件包括:相对人善意、合理的交易价格、已完成公示手续。

1. 相对人善意

所谓善意,即相对人于受让不动产、动产等标的物时并不知悉处分人具有处分权能上的欠缺,且主观上并无重大过失。更直白地说,相对人须于交易时信任处分人具有处分权,并且这种信任是合理的,有客观依据的。如何判断相对人之信任是否合理?此时就要回归物权的法定公示手段,即动产占有、不动产登记。亦即,相对人将动产的占有人或登记簿上记载的权利人推定为处分权人,且无其他足以引发合理怀疑的反面征兆,相对人据此与占有人或登记权利人进行交易,即属合理信赖,足堪善意取得制度所要求的"善意"要件。

所谓"足以引发合理怀疑的反面征兆",需结合个案因素进行考察判断。异议登记的存在、动产的前期购入证据欠缺等,都是合理怀疑的理由。如无此等因素,真实权利人不得随意主张对抗善意相对人,此亦《民法典》中多处可见的"不得对抗"之用语的内涵。

2. 合理的交易价格

所谓合理的交易价格,并无统一标准,端视标的物本身状况、经济环境、当事人约定等各种因素而定。只要置身于市场语境下,从一般理性人的标准出发,价格水平基本符合同类交易的安排,即可。

3. 已完成交付、登记等公示程序

公示完成意味着,动产已完成交付,不动产已完成登记。其中,不以登记为权利变动要素的不动产交易,只要完成交付即可。此处的公示程序,实质上与当事人变动物权的合意是"一体两面"的关系,构成后者的外化载体。这一要素的意义在于,确保无权处分的善意取得交易架构中,除了处分权能的瑕疵之外,再无其他阻挡物权变动的障碍。毕竟,善意取得制度所要弥补的对象仅限于处分权能的欠缺。

（三）善意取得的适用范围

《民法典》第311条第3款规定："当事人善意取得其他物权的,参照适用前两款规定。"据此,善意取得制度除可适用于不动产或动产所有权外,亦可适用于用益物权和担保物权。体系上看,《民法典》在用益物权和担保物权制度中大量存在的未经登记不得对抗（善意）第三人规范,其实就是为了调整登记缺失造成权利外观与其真实归属相互割裂的情形,并为表象权利人实施无权处分创造机会的案型。此种场合下,相对人根据外观上表现出来的权利归属进行交易,即构成规范意义上的善意第三人,仍可从非权利人出取得定限物权。这就是"不得对抗"的规范内涵。

具体而言,《民法典》第335条（农地承包经营权）、第341条（农地经营权）、第374条（地役权）、第403条（动产抵押权）、第641条第2款（动产买卖保留所有权作为担保）、第745条（融资租赁保留所有权作为担保）、第768条（保理债权让与作为担保）,都是善意取得法理在各种定限物权中的具体化和应用。

不过,根据《民法典》第312条规定,善意取得不适用于遗失物。即便买受人通过拍卖或从有交易资格的主体处购得,权利人亦可请求返还原物,但应当支付买受人所付的费用而已。立法对遗失物作出此种制度安排,无非是在权利人、处分人和相对人之间进行利益衡量的结果。毕竟,就遗失物而言,权利人并无可归责性,故仍应以权利归属和静态安全保护为重。以此为基础,理论上认为,在盗赃物的案型中,权利人更不具有可归责性,举轻以明重,同样不应以善意取得为由压制静态的权利归属。

第七节　物权变动:非基于法律行为的物权变动

非基于法律行为的物权变动,是一系列物权变动范式的组合,并无统一的伦理基础,因此仍需深入各种具体形态的细节,方可明晰其规范构造。

一、添附

添附包括三种亚类型,即附合、混合与加工。

附合可呈现为动产附合于不动产,亦可呈现为动产附合于动产。不管哪种类型,均要求二者结合达到难以分割,或者分割将导致一者改变其性质或丧失效用的紧密程度。例如,甲的涂料抹在乙家的墙壁上,乃动产附合于不动产;甲的强力胶用于黏合乙的鞋子,构成动产附合于动产。

混合仅发生于动产之间,须若干动产之结合达到难以区分或区分费用过巨的程度。比如,甲乙各有一堆沙子比邻堆放,强风吹拂导致沙子融为一堆,无法再为区分;甲乙两家鱼塘以渠坝相隔,各有鱼苗1000尾,暴雨冲垮渠坝,导致鱼塘相连、鱼苗混淆,难以区分。

加工乃人力添附于不动产或动产之上,令标的物于原本价值的基础上有所增值。

上述三种案型,往往会导致物权的变动。就物权的具体归属而言,《民法典》第322条规定,以约定优先,此系对私法自治原则的贯彻。如无约定或约定不明,则径依法定。但从实证法看,添附的三种形态中,立法基本上未规定其物权归属。下一顺位的物权确定方式为,按照添附前标的物的价值高低以及充分发挥物的效用之原则加以确定。比如,动产附合于不动产时,不动产价值往往高于动产,故物权以归属于不动产为常态;动产相互混合时,可按照价值高低确定物权归属,如价值相当,也可以认定当事人共有,或者取得物权的一方向丧失物权的他方承担不当得利的返还义务;在加工的情形中,大致也奉行价值决定论的物权归属思路。

二、征收

征收系国家公权出于社会公共利益之需要,在给予合理补偿的前提下,对私有财产加以剥夺的制度。征收将导致私人财产的所有权转归国家,且不以私人意志为转移,因而构成非基于法律行为的物权变动。

征收除有动机和权限上的限制外,还须履行一定的程序(《民法典》第243条)。以《国有土地上房屋征收与补偿条例》第二章"征收决定"的条文为例,从房屋征收方案的拟定开始,须经过市、县人民政府的论证、公布、征求意见、听证,某些情况下还要经过相关政府常务会议讨论决定,此等程序均完结后,征收决定方可公布并生效。唯当诸此程序终结、征收决定生效时,被征收不动产或动产上的所有权方才发生变动(《民法典》第229条)。

三、基于裁判文书

基于裁判文书的物权变动,包括仲裁和判决文书导致的物权变动。仲裁的特点在于一裁终局,故于裁决文书送达当事人时起,文书中载明的物权变动将直接发生效力。判决的不同在于二审终审,故一审裁判文书尚不具有直接引发物权变动的效果,除非当事人于上诉期内并未提起上诉。

实务中,裁判文书本身的形态也是多元的。以法院判决文书为例,其核心判项既可能是单纯的确认性判决,也可能是形成性判决、给付性判决。在规范效果上,确认性判决通常是对权利归属状态本身的宣示和明确,而非变动或更新,因此一般不会导致物权的变动。给付性判决则意味着,一方有所给付,这离不开义务人行为的实施,故也无法随着判决文书的变动直接自动地产生权利变动的效果。唯形成性判决可借助判决文书本身直接引发物权的变动,不用当事人额外实施他种行为以为辅助或补充。[1] 可见,并非任何裁判文书均可导致物权变动。仲裁裁决书大体上可参照法院判决文书予以确定。

四、继承

继承导致的物权变动,依《民法典》第 1121 条之规定,不论遗嘱继承抑或法定继承,均于被继承人死亡时开始并直接导致物权的变动。这主要与我国私法语境下权利终于死亡的制度安排相关。被继承人自死亡时起无法再成为权利主体,原本归于其名下的财产必须归属于一个新的适格主体名下,此即继承人(团体)。

继承人为复数时,遗产于诸继承人之间如何分配,端赖继承方式和继承份额的嗣后查明。本着遗嘱继承优先的理念,于有遗嘱时,由遗嘱执行人按照查明的遗嘱内容确定继承人及其份额即可,无待多论;无遗嘱时,径依《民法典》必留份处理即可。

第八节 所 有 权

所有权是最为完整的物权,全面地容纳了占有、使用、收益、处分四种权能,因此也被称为"完全物权"。所有权是财产的重要表现形态之一,但从客体角度看,它只能建立于有体物之上,此系罗马法的余绪。因在罗马法时代,人们对外在物质世界的认识和控制能力有限,故将所有权客体局限于占据一定物理空间

---

[1] 参见房绍坤:《导致物权变动之法院判决类型》,载《法学研究》2015 年第 1 期。

且有物质形体的标的。时至今日,人类社会的财产形态早已将大量无形的财产性权利乃至智慧成果延纳在内,相应地私法体系早已在此等新型财产客体上建立知识产权、股权等各种私法权利,故所有权客体限定的特点也就一直延续下来。

所有权既受部门法保护,亦受宪法保护。《民法典》中关于所有权保护的规则,本质上是作为宪法基本权利的财产权在部门法中的具体化。从这个角度讲,对于私人所有权,国家一方面负有不得干涉、侵入的不作为义务;另一方面,国家还必须在立法、行政、司法等方面积极采取措施或进行制度建设,保障私人财产权并促成其发展。站在权利人的立场看,只要权利之行使并不产生负外部性,即应受到尊重和认可。

这就构成所有权复杂的教义学构造:在公私交融的宏观层面,除非基于其他基本权利维护或者公共利益保障的目的,原则上不得侵入或限制所有权,征收、征用则属基于公共利益需要而对所有权予以限制的典型制度;在纯粹的私权层面,所有权之内容亦在他人所有权之正常实现、共同体良好秩序和正常运行的底线(诚实信用、公序良俗、权利滥用禁止)处找到自己的边界。

所有权人可自行利用其不动产、动产,享受其使用权能带来的用益;可通过契约、设立用益物权的方式,将不动产、动产的使用权能转于他人,借以取得对价;可通过设立担保的方式将其交换价值授予特定债权人,作为融资工具;可通过处分的方式,直接将所有权让与他人,自己从所有权人地位上退出,受让人继受地取得所有权人地位。

所有权作为一种归属性的权利,除正面宣示外,还受侵权法的反向保护。《民法典》第1165条作为我国过错侵权的一般条款,其保护的"民事权益"中,财产权部分首先就涵盖了所有权。

一、社会主义政治制度框架下所有权的三分形态

我国作为社会主义国家,强调财产公有制。土地、矿产资源以及大量国家机关、国有企事业单位的不动产、动产均属国家所有。因此,在所有权制度建设上,《民法典》物权编以较大篇幅全面地规定了国家所有权。

(一)国家所有权

国家所有权并非中国独有,但从规模、地位等方面讲,中国的国家所有权引人瞩目。《民法典》第247—257条以全面且概括的方式,列举式地规定了我国语

境下较为重要且有代表性的国家所有权形态,包括:矿藏、水流、海域,无居民海岛,城市的土地,森林、山岭、草原、荒地、滩涂等自然资源,野生动植物资源,无线电频谱资源,文物,国防资产、铁路、公路、电力设施、电信设施和油气管道等基础设施,国家机关直接支配的不动产和动产,国家举办的事业单位直接支配的不动产和动产,国家出资企业的不动产和动产等,皆属国家所有。

上述列举虽看上去庞杂,但显然无法穷尽所有可能归属于国家所有权的客体。同时,国家所有权客体及其外延范围的界定涉及分配正义和社会资源的宏观配置,不论在权限上抑或效率上,都应由国家权力机关站在全社会发展的立场上加以勘定。因而,作为基本私法的《民法典》,只是为国家所有权创设了一个基本的框架而已,国家所有权的制度内容、规范细节以及外延的描绘,其实都有赖于特别法的进一步补充。这也是《民法典》物权编第247—257条在规定国家所有权的同时,往往还额外提及"法律规定""国务院的有关规定"字眼的原因,其意旨恰在于为特别法的弥补及国家所有权范围的未来延展提供一定空间。

《民法典》第246条第1款规定,"属于国家所有即全民所有"。所谓"全民",意即将全部具有中国国籍的公民"绑定"为一个整体,作为国家所有权的权利主体,此即"总有"。然而,由"全民"形成的整体,毕竟是一个拟制的观念存在物,并无实体。为避免国家所有权虚置,《民法典》第246条第2款遂规定,"国有财产由国务院代表国家行使所有权"。

自教义学角度观察,国家所有权究竟属于公权抑或私权,国务院代表国家行使所有权规范构造如何,均曾引发我国学界广泛、持久的争议。

其一,在权利性质上,国家所有权作为私权的观点占据绝对主导地位。[1] 不过,这不足以导致国家所有权公权说绝迹,甚至还有学者反复证立将自然资源国家所有权界定为公权的正当性和优越性。[2] 事实上,正如人格权既是宪法基本权利,又是私法上主观权利一样,作为财产权制度核心组成元素的所有权亦具有双重属性,它一方面构成宪法财产制度的内容,为自然资源的公权支配、调度、许可、利用等诸多制度奠定基础;另一方面,宪法作为根本大法,主要功能在于扮演提纲挈领角色,不能直接作为私人交易及纠纷裁判的依据,故有必要通过包括民

---

[1] 参见张力:《国家所有权遁入私法:路径与实质》,载《法学研究》2016年第4期;汪志刚:《自然资源资产国家所有权委托代理的法律性质》,载《法学研究》2023年第2期。

[2] 参见巩固:《自然资源国家所有权公权说》,载《法学研究》2013年第4期;巩固:《认真对待自然资源国家所有权公权说》,载《中外法学》2024年第4期。

法在内的部门法具体化。而《民法典》中国家所有权实证化的制度安排,意旨恰在于为国家所有权以私法逻辑更加顺畅地参与交易、建构私法关系铺设规范基础。就此而言,看到以自然资源为代表的国家所有权的多层次性,对于理解其丰富的内涵和规范意义有益的。[①]

其二,国务院作为行使国家所有权的代表机关,理论中较为重要的两种阐释路径为公共信托说与委托代理说。前者认为,自然资源作为一国最为重要资产,天然属于公共财产,具有不可让渡性,国家只是作为全体公民的受托人,为后者的利益而代为管理,并应忠实于后者;[②]后者则认为,国务院受托行使国家所有权,属于部分职责委托和部分职责委托代理共同构成的"综合民事委托和代理",同时又是由代表人即所有权代表行使主体授予代理权形成的以国家为被代理人的委托代理,依法应可与自然资源资产国家所有权法定代表和法定代理行使一样,适用形式上的"以自身名义实施行为并独立承担法律责任"的特别规则。[③] 相较之下,综合民事委托和代理说既与 2019 年以来中共中央和国务院办公厅关于自然资源产权制度改革的方向相吻合,又能够在私法框架下较好地规范自然资源由国务院代为行使国家所有权的行为范式和责任问题,应属较为可采的解释路径。

对于国家出资的企业而言,国家将不动产、动产等交给企业经营,取得股权,以股东身份参与企业的管理。从现代企业法人制度建立及其治理机制完善的角度出发,不应认为国家对于其所出资的企业拥有直接所有权,这既有利于强化企业经营中的自主权,按照市场规律开展经营管理和参与市场竞争,亦可更好地与国际接轨。[④]

当然,对于国家举办的事业单位而言,鉴于其主要从事非以营利为目的的公益性事业,国家授予其为正常运营必需的不动产、动产或其他财产,事业单位取得其占有、使用和收益的权能。至于处分,则须依照法律、行政法规的规定进行。为此,国务院专门制定了《行政事业性国有资产管理条例》,作为事业单位国有资

---

① 参见单平基:《自然资源之上权利的层次性》,载《中国法学》2021 年第 4 期。
② 参见王涌:《自然资源国家所有权三层结构说》,载《法学研究》2013 年第 4 期。
③ 参见汪志刚:《自然资源资产国家所有权委托代理的法律性质》,载《法学研究》2023 年第 2 期。
④ 参见孙宪忠等:《国家所有权的行使与保护研究》,中国社会科学出版社 2015 年版,第 5 页。

产配置、管理、处置的制度框架。

(二) 集体所有权

集体所有权亦属社会主义公有制组成部分。《民法典》第260条规定,集体所有的不动产和动产包括:法律规定属于集体所有的土地和森林、山岭、草原、荒地、滩涂、建筑物、生产设施、农田水利设施,教育、科学、文化、卫生、体育等设施以及其他不动产和动产。从我国城乡二元政治及社会治理体制看,农村土地通常属于集体所有,不论其功能上用作农业耕作还是林牧渔,抑或其他产业。

集体所有权的权利主体乃农民集体,亦属集合概念,正如全民所有权中的"全民"整体一样。所不同者在于,农民集体所涉人员范围相对较小,特定区域农民数量毕竟有限,因此集体成员参与组织体内部治理和集体财产管理就比全民所有的情形便利了很多。作为由全体成员组合而成的组织体,成员集体性质上构成社团法人,其治理机制与同作为社团法人的公司存在诸多相似之处。成员大会作为最高权力机构、村民委员会作为常设和执行机构、监督机构(《农村集体经济组织法》第32条)的三权并置格局,恰与公司的分权治理范式极为相仿。

成员大会对于土地这一最为重要的集体资产享有决定权。依《民法典》第261条,应当依照法定程序经本集体成员决定事项包括:土地承包方案以及将土地发包给本集体以外的组织或者个人承包,个别土地承包经营权人之间承包地的调整,土地补偿费等费用的使用、分配办法,集体出资企业的所有权变动等。不过,某些农村地区也存在将土地、森林、山岭、草原、荒地、滩涂等资源的所有权归属于更小范围内农民集体的情况,比如村民小组全体成员对于本区域上述资源或资产拥有所有权,此时则直接由上述更小规模的组织代表相应的成员集体行使权利。

(三) 私人所有权

与国家、集体等共有制所有权相并立的所有权形态即私人所有权。所谓"私人",既包括自然人,亦包括法人及其他非法人的组织型主体。社团法人拥有独立的人格和财产权,与其成员的财产不得混淆。国家、集体投资设立公司,亦仅以股权为线索将成员与法人关联起来,而非径直认为国家、集体对于法人财产拥有所有权。法人独立人格和财产,能产生风险及责任隔离的效果;股东与公司人格混同时,亦例外地否认公司与股东财产、责任的独立性,股东则应连带地向公司债权人承担清偿责任。

对于非法人的组织型主体,比如合伙企业而言,尽管并不存在独立的法人格,但其财产依然相对地独立于其背后的出资人或者成员。涉及该组织债务履行、责任承担的场合,先由组织的财产予以清偿;不足以清偿时,方由成员连带承担清偿责任。

就并无成员、单纯属于特定目的财产集合的基金会而言,往往由理事会加以管理和运营,其财产同样具有独立性。

此等所有权不仅获得法律的正面认可,自反面言之,亦受侵权法保护。就此,径直适用《民法典》侵权责任相关制度和规则即可。

二、共有

(一)共有的界定

共有乃所有权的特殊形态,即特定客体之上的所有权,由两个以上主体共享。当然,共有的对象并不仅限于所有权,股权、知识产权(《著作权法》第 13 条)以及用益物权、担保物权(《民法典》第 310 条)等有财产价值的权利,均可作为共有的对象。例如,城市物业小区内的区分所有建筑物,本质上就是建立于业主对于建设用地使用权的共有之上。

(二)共有的类型

以共有人对于所共有权利是否可主张份额为标准,可将共有分为按份共有和共同共有。二者皆属共有的形态,区别在于,就前者而言,共有人对于共有客体之上的权利可主张特定的份额,此种份额本身具有财产价值,可如财产权一样进行交易、抵押或作其他处分;就后者而言,共有人既不能主张任何份额,亦不得单独对共有客体实施任何处分行为。可见,共同共有使得各共有人形成相互"牵制"的状态,令客体的处分更加复杂,可能导致财产利用效率降低。鉴于此,《民法典》第 308 条规定,共有原则上推定为按份共有,除非存在当事人明确约定、当事人具有家庭关系两种例外。家庭关系的典型情形是夫妻关系。对此,《民法典》第 1065、1062 条规定,除非夫妻双方另有书面约定,否则婚姻关系存续期间配偶各方取得的工资、奖金、劳务报酬,生产、经营、投资收益,知识产权收益等,皆随着权属转入配偶一方时,自动地归属于夫妻共同共有财产权的客体。

按份共有的场合,份额之确定首先由当事人约定,此乃私法自治原则之体现。如无约定或约定不明,则根据各方对于共有客体之获取所做贡献比例确定各方份额。

（三）共有关系及其内部治理

共有人对同一不动产或动产分享权利、承担义务，相互关系亦有妥善处理的必要。对此，应先由当事人自行约定，如无约定，则各方均有管理的权利和义务。

此种管理，可以表现为共有不动产、动产的处分，或者进行重大修缮、变更性质或用途。不论共同共有人抑或按份共有人，皆不得单独实施此种涉及共有财产的法律或事实上"命运"的管理行为。依《民法典》第 301 条规定，共有财产为按份共有的，须经权利份额占 2/3 以上共有人同意；共有财产为共同共有的，则应由全体共有人一致同意，方为可行。除非当事人通过约定的方式，对此种任意性规范所设置的程序性控制进行调整。

在体系视野下，建筑物区分所有的场合，《民法典》第 278、279 条就建筑物、构筑物及其附属设施的改建、重建，或共有部分性质及用途变更等所设置的表决程序、份额控制及利害关系业主的同意要件，显然属于前述第 301 条按份共有财产管理行为程序控制规则的特别规则，应当优先适用。

对于婚姻关系存续期间夫妻一方处分共同财产的行为，《民法典》婚姻家庭编并未专门设置相应的实证规则，仍需回归至物权编并适用第 301 条为共同共有标的之处分所设置的一致同意之条件。当然，此种同意可以通过明示，亦可通过默示方式对外传递。例如，从配偶他方的行为中能够推断和提取出认可配偶一方处分共有财产的意志，比如丈夫未经妻子许可出售家庭共有的机动车，妻子知晓后径直交出钥匙或协助办理过户登记，则可认为丈夫的处分行为有效。又如，处分授权及代理权授予亦可为夫妻单方处分共同共有财产提供便利机制。日常生活中，如夫妻一方任何处分夫妻共同财产的行为均须经另一方同意或授权，难免导致交易过于复杂或使日常经济往来窒碍难行，因而前民法典时代婚姻法设置了日常家事代理权。但是，《民法典》第 1064 条虽对于夫妻共同债务的判断设置了日常家事代理权，对于夫妻共同财产之处分却未设置。在解释论上，可通过对日常生活所需额度范围内夫妻共同财产拟制概括同意或处分授权的方式，达到无须经过作为共同共有人的夫妻另一方对每一单交易均作个别控制，[①]以为弥补。

共有财产的管理常产生费用或负担，此种负担按照约定优先、份额或共同承担次之的方式加以分配。《民法典》第 283 条对于区分建筑物及其附属设施费用

---

① 参见贺剑：《夫妻财产法的精神——民法典夫妻共同债务和财产规则释论》，载《法学》2020 年第 7 期。

分摊的规定,亦属共有制度中关于费用负担的一般规则在建筑物及其附属设施中的具体应用。

基于共有不动产或动产而产生的债权债务关系,不论性质上属于意定抑或法定债权债务,也不论按份共有抑或共同共有,共有人对外皆以整体的面貌示人,故就对外关系而言,共有人享有连带债权、承担连带债务,除非特别法另有规定,或第三人知道共有人不具有连带债权债务关系。就内部关系而言,按份共有按照份额分配债权债务关系;共同共有人则不分份额,形成共同之债。偿还债务超过自己应当承担部分的按份共有人,取得对于其他共有人的追偿权。在此问题上,按份共有人与连带债务人内部关系有着实质的相似性。

(四)共有关系的终止

按份共有属于较为松散的团体关系,共有人的份额可像财产权那样自由地流转和处分。立法上从简化主体复杂性、提高交易效率出发,为其他共有人配置了优先购买权,以便共有财产归属于尽可能少的主体。《民法典》第306条第1款规定,欲转让其共有财产份额的共有人,应及时将转让条件通知其他共有人,以便其他共有人行使优先购买权。

关键问题在于,转让人违反此一规定,效果如何？我国早期民法学说中,不少学者认为此种行为无效或可撤销。事实上,这是在错误地界定优先购买权规范性质基础上形成的偏颇认识。作为一种以保护特定主体为目的的规范,优先购买权本质上是通过限定行为人权能的方式,达到强化其所欲保护主体法律地位的意图。因为有优先购买权属于权能规范,违者只会导致处分行为相对于应受保护的第三人不生效力的效果,此即理论中法律行为"相对不生效力"的状态。这意味着,即便转让人未经通知其他共有人,便直接将其共有份额让与其他主体,亦不影响其他共有人以意思表示方式行使优先购买权。随着该意思表示的到达,行使优先购买权的共有人与转让人之间后续仍将成立合同关系。又因为转让人向他人让与份额的处分行为相对于共有人不生效力,故其他共有人依然可要求转让人将相应份额之上的权利让与自己。数个共有人均主张优先购买权的,按照协商→各自的共有份额比例分配的方式确定各共有人的优先购买权。

在体系视野下,私法中另有若干重要优先购买权,包括承租人优先购买权(《民法典》第726条)、有限公司股东优先购买权(《公司法》第84条)。解释论上,可以按照相同范式予以展开。

除通过转让份额的方式退出共有关系,按份共有人还可通过请求分割的方式结束共有状态,这就能将原本只是通过持有权利份额而对于客体本身可主张的潜在权利转换成为直接的权利。因共同共有人往往存在更加紧密的身份关系,故原则上排除了类似按份共有人那样随时请求分割的可能,仅当共有基础丧失或有重大理由时,方产生分割请求权。此处所谓的"基础丧失"或"重大理由",皆属不确定概念,通常指严重有损当事人之间信赖或足以对作为共有基础的亲密关系造成重大动摇的事由或因素,但司法实践中仍有待司法者结合个案全部情势进行分析和决断。《民法典》第1066条规定了婚姻关系存续期间夫妻一方得主张分割共同财产的事由,分别为:(1)一方有隐藏、转移、变卖、毁损、挥霍夫妻共同财产或者伪造夫妻共同债务等严重损害夫妻共同财产利益的行为;(2)一方负有法定扶养义务的人患重大疾病需要医治,另一方不同意支付相关医疗费用。从这两项规则所涉情形看,均属足以给亲密关系带来重大创伤的事由。这就从根本上动摇了共有的基础,令共有关系的维系不可期待,故应赋予共有人请求分割的权利。

共有不动产或动产分割,应先由当事人协商确定分割方式。协商不成时,原则上采实物分割方式,如此简便且公平。实物难以分割或分割将减损价值时,亦可通过折价、拍卖、变卖方式完成分割。某一方当事人分割所得的共有财产存在瑕疵时,其他共有人应当分担损失(《民法典》第304条)。

三、建筑物区分所有

建筑物区分所有是随着城市化发展而形成的一种所有权形态。其典型特点在于:同一块土地之上的高层建筑内分布着大量不同权利人的私有产权房屋,若干高层建筑组合成一片相对独立的物业区域;在特定物业区域内,不论专有房屋空间内抑或公共区域,本质上都建立于全部业主对于该片土地之上的建设用地使用权的共有之上;从共有关系中,又衍生出业主对于共有财产的管理权能。由此,形成建筑物区分所有制度框架内专有权、共有权、成员权"三权并立"的格局。

(一)专有权的教义学展开

1. 专有权的界定

业主对其拥有私有产权的房屋空间可行使占有、使用、收益、处分的权利,此即城市区域内房屋所有权的常见形态。在客体上,该所有权指向四堵墙壁相互连接围成的相对独立且封闭的空间整体。理论上有人进一步提出"壁面说""壁心说",以更加精确地界定此种所有权的辐射范围及其界限。这对于划定相邻业主的行止边界有一定作用,但自实务角度看,因"壁面""壁心"归属而产生的纠纷并不多见,故实践价值不大。何况,《民法典》第272条亦已明确,不论"壁面""壁心"如何归属,业主行使权利皆不得损害其他业主的合法权益,也不得危及整个建筑物的安全,足以勘定当事人行为的界限。

2. 专有权的界限

住宅性物业小区建设于城市规划的居住区内,除非在法律、法规层面不存在障碍且经过其他关系业主的同意,否则不得擅自将用途为生活居住使用的住宅性用房改变为经营性用房。此种改变会对其他相邻或有利害关系业主生活安宁、生活秩序带来干扰和负面影响,构成对其所有权的妨害。有利害关系的业主得行使排除妨害请求权。

关键在于,如何界定"住宅性用房改变为经营性用房"以及"有利害关系业主"的范围? 对此,"张一诉郑中伟、中国联合网络通信有限公司武汉市分公司建筑物区分所有权纠纷案"①颇值参考。该案中,郑中伟将其设计用途为住宅的房屋通过租赁方式交给中国联通武汉分公司使用,供后者用于放置光纤传输机柜作为数据传输汇聚节点,以建设有线光纤传输宽带网络,解决"平安城市"视频监控录像传输、无线城市综合项目WLAN(无线宽带局域网)、周边居民小区宽带、固定电话等接入业务的汇聚、交换需求。张一作为郑中伟的同一单元上下层邻居起诉要求后者停止将住宅改为经营性用房,并恢复其住宅用途。

本案争议焦点包括:(1)放置光纤传输机柜作为数据传输汇聚节点的行为是否属于将住宅改变为经营性用房;(2)张一是否属于"利害关系人",并因而构成适格当事人。对于前者,裁判者指出:"住宅是指专供个人、家庭日常生活居住使用的房屋。经营性用房是指用于商业、工业、旅游、办公等经营性活动的房屋。两者因用途不同而有本质区别。住宅的用途主要是生活居住,经营性用房的用途主要是经营性活动。本案中,联通武汉分公司租赁讼争房屋用于放置光纤传输机柜作为数据传输汇聚节点……从其用途可以看出,其租赁讼争房屋并不是为了生活居住,而是为了从事经营性活动,因此联通武汉分公司的上述行为属于将住宅改变为经营性用房。"对于后者,裁判者则指出:最高法《关于审理建筑物区分所有权纠纷案件具体应用法律若干问题的解释》第十一条"业主将住宅改变为经营性用房,本栋建筑物内的其他业主,应当认定为物权法第七十七条所称'有利害关系的业主'。建筑区划内,本栋建筑物之外的业主,主张与自己有利害

---

① 载《最高人民法院公报》2014年第11期。

关系的,应证明其房屋价值、生活质量受到或者可能受到不利影响"的规定,上诉人张一作为本栋建筑物内的业主,无须举证证明其房屋价值、生活质量受到或者可能受到不利影响,即可认定为有利害关系的业主。

(二)共有权的教义学展开

传统学说中往往习惯性地认为,在建筑物区分所有权中,专有权乃"三权"之核心,共有权则仅居于次要或从属性地位。从日常生活角度言之,这固然有其道理,毕竟专有权指向的独立房屋空间,才是人们日常活动之所。可在规范视野下,不论物业小区的公共空间还是各个业主独自拥有的专有产权,都建立在业主对于建筑物所占用土地的建设用地使用权的共有之上。这就为人们更新专有权与共有权之间关系的认识提供了新的线索和方向。

1. 共有权的客体范围

(1)建设用地使用权共有

以权属变迁为脉络可以发现,物业区域内的建设用地使用权会经历从房产开发商向全体业主共有的转变过程。只要业主未作特别约定,原则上推定为业主对于物业区域内的建设用地使用权按份共有。至于具体份额,通常以各业主专有房屋面积的大小为准加以计算和确定。

(2)建筑物、构筑物及其附属设施共有

在建设用地使用权共有的基础上,进一步衍生出业主对于物业区域内除私有产权空间以外其他建筑物、构筑物及其附属设施的共有。比如,物业区域内的道路、绿地、公用设施(如建筑小区内的公用运动或体育健身设施、电梯、无障碍设施等)、物业服务用房及其他公共场所(如建筑物外墙、屋顶等),既可能由房产开发商于兴建住宅时一并配套建成,亦可能在交房后由物业区域内的居民作为建设用地使用权共有人通过团体决议的方式共同决定建设。无论其建成时间如何,一般均属业主按其专属私有产权房屋面积大小按份共有的对象。

上述共有状态决定了,因共有的建筑物、构筑物及其附属设施产生的收益,属于业主共有(《民法典》第282条)。[①] 相应地,建筑物及其附属设施的费用负

---

① 比如,"无锡市春江花园业主委员会诉上海陆家嘴物业管理有限公司等物业管理纠纷案"中,裁判文书即载明:"根据《中华人民共和国物权法》第七十二条的规定,业主对建筑物专有部分以外的共有部分,享有权利,承担义务。共有部分在物业服务企业物业管理(包括前期物业管理)期间所产生的收益,在没有特别约定的情况下,应属全体业主所有。"参见《最高人民法院公报》2010年第5期。

担或债务,亦应由作为共有人的业主共同承担(《民法典》第283条)。此种费用负担的比例,除业主团体通过决议方式特别约定承担方式外,原则上亦由业主按照其专有房屋面积的大小确定分摊比例。

当然,共有权遭受侵害时,作为权利人的业主团体亦可主张侵权赔偿请求权。具体操作中,通常由业委会作为执行机关提起诉讼,寻求救济。比如,在"宜兴市新街街道海德名园业主委员会诉宜兴市恒兴置业有限公司、南京紫竹物业管理股份有限公司宜兴分公司物权确认纠纷、财产损害赔偿纠纷案"[1]中,被告恒兴公司作为宜兴市新街街道海德名园一、二、三期小区的开发商,在海德名园二期内建有海德名园会所。根据法院查明的事实,案涉会所位于海德名园小区内,与476平方米的物业用房同属一套建筑的整体,根据建设工程规划许可证、物业移交接管协议备案证明存根以及上诉人恒兴公司与原审被告紫竹物业公司签订的物业移交验收接管协议等书面证据所载明的内容来看,恒兴公司在移交物业时,将会所与物业用房一并作为配套用房移交给紫竹物业公司,而且写明产权归全体业主所有。但恒兴公司却一直无偿占有使用该会所长达近10年之久,致使海德名园全体业主不能使用、收益,造成相应的损失。最终,法院认定恒兴公司构成对业主共有权的侵害,判令其承担赔偿责任。

2. 车位、车库的归属和利用

(1) 产权车位、车库及其满足业主需要的义务

车位、车库系城市区分所有建筑物必不可少的设施,其权利归属应区分不同类型加以确定。如为开发商在小区兴建过程中配套建成,通常所有权直接由开发商自行取得,此即实务中所谓的"产权车位"。但依《民法典》第275条规定,此等车位、车库应通过出售、附赠、出租等方式约定归属,以优先满足业主需要。值得思考的是,此种优先满足业主需要是否构成法律上的义务?为避免此规则目的落空,应将其认定为从给付义务,如此方能确保业主最大程度地获得利益上的满足。反之,若开发商在业主的停车需求尚未满足的情况下,即擅自将物业小区内的车位、车库出售或以其他方式出售给外部受让人,业主可以从给付义务违反为由,诉请开发商承担增加费用的赔偿。

(2) 地下车位、车库的权利归属及其改革

对于地下车位、车库权利归属,应作进一步分析。在性质上,地下车位、车库属于开发商结合民用建筑修建的人防车位。按照《人民防空法》第2条第1款的

---

[1] 载《最高人民法院公报》2018年第11期。

规定,人民防空是国防的组成部分。而《民法典》第 254 条第 1 款和《人民防空法》第 5 条第 2 款规定,作为国防资产的人防车位,其所有权归国家所有,作为投资者和兴建者的开发商只是拥有管理权和使用权而已。我国部分地方特别立法也基本上采用仅授予开发商于人防车位、车库管理权、使用权的规范模式。例如,《江西省人民防空办公室关于进一步规范防空地下室平时使用和维护管理有关问题的通知》(赣人防发[2012]5 号)第 1 条规定,"任何单位和个人不得买卖或者以长期出租使用权的名义变相买卖防空地下室"。《江苏省实施〈中华人民共和国人民防空法〉办法》第 15 条第 4 款也明确:"依法按照国家和省规定的比例结合城市新建民用建筑修建的防空地下室,应当按照设计文件在实地标注,任何单位和个人不得出售。"

裁判实践中,较为主流的观点也是认定人防车位、车库的所有权属于国家。以"大连隆丰房地产开发有限公司等诉大连金世纪房屋开发有限公司合资、合作开发房地产合同纠纷案"①为例,其裁判文书中载明:"根据《中华人民共和国人民防空法》以及国家关于人防工程的有关规定,讼争项目的地下停车场属于人民防空工程的一部分,产权归国家所有,客观上不能分割。"在"栾德刚、吉林市吉化集团隆飞建筑安装有限责任公司商品房销售合同纠纷案"②中,最高法也特意明确:"地下车库兼具有人防工程性质,其所有权属于国家,依法不得转让,但地下车库的使用权可以转让流通。铁信公司(开发商)对地下车库(人防工程)依法享有使用权,其与栾德刚签订《商品房买卖合同》,将地下车库和社区用房使用权转让给栾德刚,并不违反法律强制性规定。"③

---

① 参见最高人民法院(2013)民申字第 1997 号民事裁定书。
② 参见最高人民法院(2020)最高法民申 4493 号民事裁定书。
③ 司法实践中,采取相同裁判思路的典型案件还有广西壮族自治区钦州市钦北区人民法院(2015)钦北民初字第 150 号民事判决书。该判决书指出:"关于人防工程部分的车库的所有权和使用权问题。根据《中华人民共和国防空法》第 2 条规定:'人民防空是国防的组成部分'和《中华人民共和国物权法》第 52 条规定:'国防资产属于国家所有'。据此,作为国防资产组成部分的人防工程,其产权属于国家,居民小区修建的人防工程产权亦归属国家,同时,根据《中华人民共和国防空法》第五条第二款关于'人民防空工程平时由投资者使用管理,收益归投资者所有'的规定,钦州市中金名苑住宅小区中的人防工程由被上诉人希望公司投资建设,所以应由被上诉人希望公司使用管理,收益也应归该公司所有。"
另可参见广东省恩平市人民法院(2024)粤 0785 民初 620 号民事判决书。此判决书指出:"人防车位由于其战备性和公共服务设施的特殊性质,所有权归国家所有,但也有满足普通民众日常停车之需而开发的经济功能。人防车位所有权不得进行买卖、让渡,但《中华人民共和国人民防空法》与《城市地下空间开发利用管理规定》允许建设单位对其投资开发建设的人防车位自营或者依法进行使用权转让、租赁。"

由上可见，我国现行立法及司法裁判基本上认定人防工程属性的地下车位、车库所有权属于国家，开发商所取得的仅限使用权，甚至此种使用权也不是当然取得的，而是在开发商向国家行政主管部门申请并取得行政机关审批和颁发证照后方才确立。显然，这种制度安排可能减损开发商投资兴建地下车位、车库的积极性。因此，理论上已有针对地下车位、车库进行确权和登记的意见。具体而言，国有土地使用权出让时，自然资源部门即应明确相应地下车位属于人防抑或非人防性质。对于非人防性质的地下车位、车库，应当允许建设者申请初始登记，取得其所有权并可自由地对外流转。事实上，2019年《自然资源部关于城镇住宅小区地下车位(库)确权登记若干问题的意见(征求意见稿)》公开征求意见，这表明国家层面已注意到地下车位、车库权属配置方面存在有待改进的问题，并尝试提出改革方案。

从地方制度革新和试验看，《常州市政府关于深化人防工程产权制度改革的意见》第6条规定："建设单位依法配建的人防工程，在完成竣工验收备案手续后，可由建设单位提出申请，经人防主管部门同意，在一次性缴纳人防工程易地建设费后依法取得所有权。"据此，开发商向政府提出取得人防车库所有权的申请，经人防主管部门同意后，一次性缴纳易地建设费即可取得所有权。这就打破了地下车位、车库所有权仅能属于国家所有的单一产权格局，促成人防工程产权形成多种所有权并存的格局，从而形成经济上的激励机制。

（三）成员权教义学展开

1. 业主自治组织体及其权能

物业区域内，除专有权指向的私有房屋空间外，其余不动产及不动产权利均属业主团体共有。业主团体作为共有财产的权利人，构成人合性的组织型主体，性质与作为人合社团的公司存在诸多相似之处，因而在规范属性及内在治理的诸多方面，有着参照适用《公司法》相关制度或规则的可能及必要性。

作为人合性组织型主体，业主团体的全体成员大会毫无疑问地成为其最高权力机构。为保障日常事务及全体成员大会的召集有适当的机构承担和实施，便产生了选任并设立执行机构的必要，此即业主委员会，通常称为"业委会"（《民法典》第277条第1款）。

依《民法典》第278条规定，须由业主以决议方式予以决定的事项包括：(1) 制定和修改业主大会议事规则；(2) 制定和修改管理规约；(3) 选举和更换业委会及其成员；(4) 选聘和解聘物业服务企业或者其他物业管理人；(5) 筹集和使用维修资金;(6)改建、重建建筑物及其附属设施;(7)对共有部分用途加以改变或利用其从事经营活动。统括来看,大体可以总结为自治规则制定、组织团体机构及共有财产利用或处分方面重要事项的决定、监督受托服务机构或自治团体机构成员以及对其加以任免。

表决方式上,采专有面积及人数双重特别多数决(2/3以上)标准,涉及前述第(6)(7)项及第(5)项中筹集维修资金内容的,甚至还须以3/4专有面积及人数作为前提条件。除列举之外,其他涉及共有或共同管理的重大事项虽仍由业主通过决议方式决定,但仅普通多数(1/2以上)即可。在体系视角下,业主通过决议方式集体管理共有财产,本质上是共有规则在建筑物区分所有领域的具体应用。

2. 业主自治组织体的治理架构及其与居委会的关系

业主大会、业委会作为组织体,其治理的关键制度工具即会议与决议。这当然也是组织型主体在治理方面的共同特点。作为一种团体型意志,决议不同于单方、双方意思表示的特殊之处在于,它并不以全部参与表意主体的意志合致或相同为必要,只要多数参与者形成一致,即可直接拘束其他反对者(《民法典》第134条第2款)。当然,业主大会、业委会的决议也不得超越正当界限或侵害业主的合法权益,否则后者得提起决议撤销之诉(《民法典》第280条)

从《民法典》第277条第2款规定看,居民委员会对业主大会和业委会的选择可以且也应当给予指导和协助。由此引发的问题是,业委会与居委会之间是何种关系?理论上有学者认为,二者皆属居民自治组织,相互并不存在行政层级意义上的上下级或隶属关系,顶多属于监督与协调关系。实务中,这一见解亦有印证。例如,在"大连市甘井子区春田融庄业主委员会返还原物纠纷"①中,大连市甘井子区辛寨街道第一届春田融庄业主大会、业委会于 2018 年 8 月 10 日正式成立,依法取得大连市甘井子区、甘井子区城建局备案后,按法定程序刻制业委会印章,但该印章却一直被居委会扣留。业委会遂以原告身份起诉要求返还原物。一审程序中,法院以业委会应积极配合相关居委会依法履行自治管理职责、支持居委会开展工作、接受其指导和监督为由,认为该案并非平等主体之间的民事纠纷,不属于民事案件范围,裁定不予受理。当事人上诉至大连市中级人民法院(以下简称"中院")后,二审法院指出:"春田融庄业主委员会与大连市甘

---

① 参见辽宁省大连市中级人民法院(2019)辽 02 民终 10136 号民事裁定书。

井子区辛寨子街道春田社区委员会均是群众性自治组织,都属于独立的民事主体,二者间不存在行政管理关系。"最终,一审裁定被撤销,原告诉请获得支持。

与前述案件相似,在"泗洪县双良鸿城湾业主委员会与泗洪县青阳镇孙何社区居民委员会返还原物纠纷"①中,案涉业委会经合法程序选举产生并刻制公章后,居委会却以程序不合法为由擅自扣留公章。业委会以原告身份起诉居委会请求返还公章,法院指出:"双良业委会是依法组建的基层群众性自治组织,与孙何居委会具有平等的法律关系,孙何居委会对于辖区内的双良业委会仅负有监督和指导的权利和义务。"原告诉请最终获得支持。

上述案件也向人们展示,实务中,居委会和业委会极有可能因职能或权限方面的交叉以及二者法律地位未能妥善厘定而出现争议或者物业区域管理上的混乱。故在制度建设上,如何有效协调这两种基层居民或群众自治性组织,仍属有待解决的重要议题。

(四)业主自治权能的委托行使与物业服务合同

物业区域的管理通常交由专业的物业服务企业承担和执行,物业服务企业的选任、解聘及监督,则由业主大会通过决议方式实施。关于物业服务企业与业主之间的法律关系、权利义务配置,《民法典》合同编"物业服务合同"一章作了较为充分的规定。

1. 物业服务合同的界定及其效力

物业服务合同是拘束物业服务企业及业主的合同关系,但其往往由业委会作为业主团体意志的执行机构与物业服务企业具体缔结,因而呈现出明显的集体合同的特质。② 实务中,通常是业主大会通过决议方式作出选聘特定物业服务企业的决定,而后由业委会与该企业签订合同。作为组织型意志,决议遵循多数决,即便投反对票的业主亦需受其拘束。

当然,对于新建物业小区而言,还存在房屋产权移转至业主之前的时间段,此时由建设单位选聘物业服务企业并与后者签订合同。随着房屋买卖合同的缔结和履行,业主取代建设单位成为物业服务合同关系及其中权利、义务的承受人,由此构成法律地位的概括承受。从生活经验看,物业服务企业对于合同权利

---

① 参见江苏省泗洪县人民法院(2017)苏 1324 民初 3267 号民事判决书。
② 参见朱虎:《物业服务合同作为集体合同:以〈民法典〉规范为中心》,载《暨南学报(哲学社会科学版)》2020 年第 11 期。

主体的未来变更早有合理预期,故不论从交易习惯抑或规范设计上看,都可以认为物业服务企业于签订合同时即已对合同相对人的变更及法律地位概括承受作出了预先的同意。

综上所述,作为一种集体合同的物业服务合同,具有缔约主体与合同约束主体相分离的特点。

2. 物业服务企业的义务及其违约责任

物业服务企业的合同义务首先以合同约定为准,此系私法自治的应有之义。当事人约定不明时,可通过补充协议或合同解释的方式予以查明。该方式仍无法奏效时,可由实证法中的任意性规范予以填补,《民法典》第942、943条即属可发挥补充性功能的任意性规范。以类型化为工具,可将物业服务企业的义务整理为:

(1)物业区域内共有部分的妥善维护和经营管理。其典型内容包括公共设施设备的管理修缮、绿化区域的维护管理等。实务中,此类义务表现形态十分多元,比如建筑物外立面或电梯内广告位的出租经营、小区公共运动或娱乐设施的养护、小区围墙的维修保养等。

在"陈书豪与南京武宁房地产开发有限公司、南京青和物业管理有限公司财产损害赔偿纠纷案"①中,物业服务企业未对小区围墙进行维修并防范安全隐患,以至于小区围墙因阴雨天气倒塌,砸损业主的车辆。最终,法院认定物业服务企业违反其于物业服务合同项下所本来应负的公共设施管理、修缮义务,构成安全保障义务的违反,应承担赔偿责任。②

(2)维护物业区域内的基本秩序,具体包括物与人两个方面。比如辅助及引导小区居民垃圾分类、制止高空抛物、进行快递人员身份登记、管理电子门禁授权、管理访客停车及车辆进出事宜等。

此等秩序如未能有效建立,极可能给业主带来利益上的损害。比如,在"颜冰诉泉州武夷物业管理有限公司案"③中,小区被盗,原告业主车辆丢失,主张物业公司承担违约损害赔偿责任。裁判文书载明:"当事人之间存在合法有效的物

---

① 载《最高人民法院公报》2013年第5期。
② 关于本案的详细分析,参见刘洋:《论物业服务企业的给付义务及其与第三人侵权之关系——陈书豪与南京武宁房地产开发有限公司、南京青和物业管理有限公司财产损害赔偿纠纷案评释》,载《苏州大学学报(法学版)》2015年第4期。
③ 福建省泉州市中级人民法院(2001)泉发终字第965号民事判决书。

业服务合同,物业公司依据合同应提供的物业服务包括社会治安和环境秩序的维护管理。其中物业治安管理就是维护楼宇建筑和住宅小区正常秩序和社会治安,具体表现为物业管理企业为防盗、防破坏、防意外人为突发事故等开展的管理活动。"案涉车辆被盗当晚,被告物业公司保安未对犯罪嫌疑人出入逗留进行任何干预和询问,以致原告车辆被顺利盗走。法院据此认为,物业公司没有全面认真履行合同义务,应承担违约损害赔偿责任,并可向犯罪分子追偿。

当然,物业服务企业为保障小区内良好秩序的建立,采取的具体手段与措施亦应符合法律规定及合同约定。从实务来看,物业服务企业愈发普遍地将信息技术运用于小区内物业的管理和服务,甚至通过人脸识别等方式采集业主信息,进行人员身份及流量控制。然而,我国《个人信息保护法》第28、29条规定,人脸作为自然人生物识别信息,构成敏感个人信息,其处理必须经信息主体单独同意。在"张某诉某物业公司物业服务合同纠纷案"①中,被告某物业公司将小区门禁系统改为人脸识别验证,并要求业主限期完成信息录入。业主张某认为此举存在隐私信息泄露风险,未办理录入,这导致其无法正常出入小区,给生活带来极大不便。张某与物业公司交涉未果后诉至法院,要求物业公司提供替代性验证方式。法院指出,人脸信息属于敏感个人信息中的生物识别信息,具有唯一性和不可更改性,一旦被非法收集、违法处理,将对个人的人身和财产安全造成极大损害。此种敏感个人信息的收集和处理应严格遵循"告知后同意"原则,在业主拒绝的情况下,应为业主增设刷卡验证方式,尊重业主的人格权益。

(3) 采取适当措施保护业主的人身、财产安全。即便物业服务合同并未专门就此作出约定,亦应认为其至少构成合同项下的从给付义务。所谓"采取合理措施",可以体现为加强门卫检查,限制无关人员随意进入小区;严格轮岗,确保24小时不间断值守;定期检查消防设施,确保火灾险情发生时派上用场;安装公共场所的监控,保障监控无死角、信息无缺失等措施。

此种义务的违反,也是实务中常见的案型。比如,在"刁义丽诉泉州市华洲物业管理有限公司未尽人身安全保护义务案"②中,原告系一名女士,被他人尾随至小区出租房内,尾随者欲行侵害,后从阳台跳落逃跑。法院认为,物业服务企业未尽到人身方面的安全保障义务,构成违约,应承担赔偿责任。在"穆天子

---

① 江苏省苏州市中级人民法院发布2021年度十大典型案例之一。
② 参见福建省泉州市中级人民法院(2005)泉民终字第1598号民事判决书。

房产公司诉百花物管公司物业管理合同纠纷案"①中,物业区域系高端别墅小区,被盗当晚存在多名当值保安疏忽管理或打瞌睡、未尽职责的现象,构成财产方面安全保障义务违反,须承担赔偿责任。

(4)制止、报告及协助处理违法行为。物业服务人对物业服务区域内违反有关治安、环保、消防等法律法规的行为,应当及时采取合理措施制止、向有关行政主管部门报告并协助处理。

(5)信息公开、报告及说明义务。物业服务本质上属于行为类义务,作为服务提供者,物业服务人应当定期将服务的事项、负责人员、质量要求、收费项目、收费标准、履行情况以及维修资金使用情况、业主共有部分的经营与收益情况等以合理方式向业主大会、业委会报告(《民法典》第943条)。

除上述义务外,个案之中还可能因具体情况的不同而衍生出形色各异的从给付或保护性义务。比如,在"范某诉重庆港某物业管理有限公司物业服务合同纠纷案"②中,范某购买的新能源汽车须在停车位安装充电桩,物业公司却以"新能源汽车易引发自燃事故、破坏建筑物结构及外观"为由予以拒绝。原告起诉后,法院认定:电动汽车对保障能源安全、促进节能减排、防治大气污染等具有重要意义,充电设施建设是电动汽车应用推广的重要举措,物业公司有义务在业主安装充电设施时予以配合、提供便利。可见,实践中还要根据案情分析物业公司义务的内容和表现方式。

物业服务合同的履行虽具有涉行为类合同的特点,但从《民法典》第941条规定看,仍允许物业公司将义务的部分内容转托其他专业性的服务组织或第三人。此种转托行为,本质上是债务人纳入履行辅助人,故物业公司应对第三人辅助履行债务的行为及其过错负责。

3. 业主的义务及其违约责任

业主最核心的义务即物业费用的支付,费用标准通常在合同中有明确约定。立法排除了业主以自己未接受或无须接受物业服务为由拒绝支付物业费用的抗辩,原因在于,物业服务合同的缔结源自业主团体的共同意志,个别业主的单个

---

① 参见广东省佛山市中级人民法院(2005)佛中法民五终字第908号民事判决书。
② 参见重庆法院弘扬社会主义核心价值观典型案例(第一批)之一。

意志不足以排除具有显著集体属性的物业服务合同项下的对价支付义务。① 当然,物业公司也不得未经与业主团体达成合意即单方面寻求提高物业费标准。在"某物业公司诉陈某物业服务合同纠纷案"②中,物业公司与开发商在未与业主协商的背景下签订第二份《前期物业管理委托合同》,擅自将物业费用标准由原来的 1.75 元/月/平方米提高到 1.80 元/月/平方米,引发业主不满和讼争。法院认为,物业服务收费标准变更属于涉及业主共有和共同管理权利的重大事项,未经业主投票通过的提价约定对业主不发生法律效力。

业主可否以物业公司履行义务时违约为由,拒绝物业费用的给付? 对此,从物业服务合同作为集体合同的属性出发,除非物业公司的义务履行存在严重的违约行为,否则不得仅因个别业主对于物业服务的不满,即径直允许其主张所谓的抗辩权并拒绝服务费的给付。在"某物业公司与业主物业合同纠纷案"③中,业主以物业公司失职,未能发现小区公共区域管道破裂,大量污水从其库房内排出致使其财物受损为由,拒绝支付物业费。对此,法院指出,物业公司管理失职造成个别业主损失时,固然应承担赔偿责任,但业主于物业服务合同项下应承担的物业费给付义务却不受影响。此种裁判,较好地吻合了物业服务合同的集体合同特质,值得赞同。

此外,《民法典》第 945 条还规定,业主应将其装饰装修房屋、转让或出租物业专有部分、设立居住权或依法变更共有部分用途的情况及时告知物业公司,以便后者更好地履行物业管理和服务义务。从性质上看,此等义务系物业服务人履行义务的必要条件,应界定为不真正义务或单纯的负担(Obliegenheit);业主违反并不会导致其承担赔偿责任,顶多导致业主不得以物业公司义务履行不当为由要求其承担违约责任。

4. 物业服务合同的终止

物业服务合同作为行为类合同,以当事人较强的信任关系为前提。如信任丧失,则强行要求当事人继续维持合同关系亦属不可期待,故《民法典》第 946 条赋予业主一方任意解除权,允其在无须给出实质理由的前提下得废止合同关系。不过,此种任意解除权之行使,仍需受制于物业服务合同的集体合同属性,即应

---

① 参见朱虎:《物业服务合同作为集体合同:以〈民法典〉规范为中心》,载《暨南学报(哲学社会科学版)》2020 年第 11 期。
② 广东省高级人民法院 2024 年 7 月 10 日发布的 10 起司法保障和谐社区建设规范物业服务典型案例之四。
③ 贵州省高级人民法院 2024 年 5 月 23 日发布的十一则物业服务合同纠纷典型案例之一。

由业主大会通过表决方式作出决定。当然,鉴于物业服务合同均属有偿,任由业主一方解除合同难免导致物业服务人期待落空;何况,此种任意解除权本来也属对契约信守原则的背离,故物业服务人可就剩余合同服务期内本应取得但未取得的价款要求赔偿。① 自体系角度言之,在有偿委托合同中,《民法典》第933条第2句在赋予委托人任意解除权的同时,为受托人配置了履行利益的赔偿请求权,也是基于相同的法理。②

值得注意的是,《民法典》并未赋予物业服务人以任意解除权,毕竟作为提供服务的一方,其主要利益在于取得对价,通常并不存在对作为接受服务一方的业主信赖丧失的问题。当然,物业服务合同期限届满时,物业服务人亦可拒绝续聘。为给业主充足的时间重新找到适当的物业服务人,《民法典》第947条为原物业服务人设置了提前90日告知的义务。违反此种告知义务效果如何?鉴于《民法典》第950条规定,即便物业服务合同终止后,在新的物业服务人到位或业主自行接管物业之前,原物业服务人依然负有继续妥善处理物业服务事项的义务;而第948条又将原物业服务合同期限届满后物业服务人继续提供物业服务的行为直接推定为续订物业服务合同的要约,若原物业服务人未按照第947条之规定提前90日告知结束物业服务合同关系的意图,则自原物业服务合同终止之日起,原物业服务人与业主之间将形成不定期物业服务合同关系,并延续至物业服务人事实上发出终结物业服务合同关系的时点后第90日。不过,不论将原物业服务合同终结后的当事人关系构造成意定的不定期物业服务合同,抑或法定的继续管理和服务义务,因物业服务人的行为均属有偿,故在行为标准和注意义务上并无实质差异,因而两种构造不会给双方当事人的权利义务和法律地位带来根本影响。在物业服务人方面,其及时终结服务义务的时间会随着意定服务关系结束时间点的推迟而相应地向后推移。所以,在法律性质上,可将此种通知义务界定为不真正义务。

一旦当事人之间的合同转化为不定期继续性契约,则任一方皆可提前60日通知对方,借以随时终止合同(《民法典》第948条第2款),此系《民法典》第563条第2款以持续履行的债务为内容的不定期合同解除权在物业服务领域的具体

---

① 参见刘洋:《协力义务违反的类型谱系与效果构造——基于承揽合同的教义学展开》,载《环球法律评论》2023年第1期。

② 详细论述参见周江洪:《委托合同任意解除的损害赔偿》,载《法学研究》2017年第3期。

化。其法理在于,避免当事人义务的无限期延伸,为当事人结束合同关系提供有效的规范工具。①

物业服务合同终止后,原物业服务人负有将物业用房、相关设施及资料等交还业委会、业主或其指定主体的义务,且应配合新接手的物业服务人做好交接工作,告知物业管理和使用情况。② 在性质上,此种义务系法定义务,不宜称为"后合同义务",毕竟合同关系已经终结,合同性义务也丧失了正当基础。③ 依《民法典》第949条第2款,物业服务人违反前述义务的,可成为业主主张一般履行抗辩权、拒绝支付合同终止后物业费的理由。

四、相邻关系

(一)相邻关系的界定

相邻关系总体上属于对物权的限制,与作为意定相邻关系的地役权具有结构上的平行关系。所谓相邻关系,顾名思义,乃不动产因地理位置相邻而产生的请求权或应负担的义务。具体内容上,相邻关系表现为用水、通风、采光、通行、管线铺设等诸多形态。

不过,相邻关系只是对相邻不动产作最低程度的限制,避免处于不利地位的不动产完全丧失使用功能。如当事人仍有更高需求,则为法定相邻关系力所未逮,应通过设立地役权方式实现其意图。

(二)相邻关系的类型化展开

相邻关系的具体内容因个案而不同,《民法典》第290—295条列举了6种较为典型的相邻关系形态,包括相邻用水、排水、通行、因建造、修缮建筑物以及铺设管线而利用土地、建筑物,通风、采光和日照,固体废物、大气污染物、水污染物、土壤污染物、噪声、光辐射、电磁辐射等不可量物污染防治,建筑物安全保障等诸种情形。这种列举并不能周延地覆盖所有相邻关系的形态,但不论具体形

---

① 参见吴奕锋:《论不定期继续性合同随时终止制度——兼评〈民法典合同编(二审稿)〉的规定》,载《中外法学》2019年第2期。
② 参见河南省高级人民法院(2021)豫民申5482号民事裁定书。该案中,案涉小区二期业委会经公开招标已另行与某鼎物业公司签订物业服务合同,原物业服务人某谷物业公司未能中标,故案涉前期物业服务合同终止,二期业委会有权要求原物业服务人某谷物业公司搬离涉案小区并向其移交物业服务用房及监控设施。
③ 参见李宇:《后合同义务之检讨》,载《中外法学》2019年第5期。

态如何,相邻关系处理皆应遵循方便生活、有利生产的基本原则,满足相邻不动产权利人的需求。当然,因满足其他不动产权利人需求而遭受损害的不动产权利人,可向需求获得满足的不动产权利人主张适当补偿。

第九节 用益物权

用益物权系定限物权的重要组成部分,是将所有权中的占有、使用和收益权能提取出来,授予他人而形成。从所有权人角度看,此系处分行为,会导致所有权受到限制。在我国法语境下,用益物权有明显的城乡二元分割色彩。以建设用地使用权与宅基地使用权为例,二者功能完全相同,均用于建设,却仅因所处城乡地域的差异而在设立、内容、流转、消灭等各个方面均呈现出完全不同的特质。

一、用益物权的一般规则

(一)用益物权的界定和设立

《民法典》第323条规定:"用益物权人对他人所有的不动产或者动产,依法享有占有、使用和收益的权利。"这一条文虽并非定义,但也基本上描述了用益物权的核心元素,即不动产、动产为权利客体,占有、使用、收益为主要权能。

从我国实证法看,用益物权既有设立于土地之上,亦有设立于房屋之上的类型。对前者来讲,土地资源的有偿使用制度,为设立土地上的用益物权奠定了基础(《民法典》第324、325条)。就后者而言,房屋所有权人本来就可以自由处分其财产,这也为房屋上的用益物权创设了前提。值得注意的是,《民法典》第323条还提到动产之上的用益物权,但到目前为止,不论实务抑或规范中均尚未看到动产用益物权的实例或规则。

在成立方面,用益物权与担保物权的不同在于,前者并无法定自动生成的可能;后者则存在以留置权、建设工程价款优先受偿权为代表的法定担保权,于相应条件齐备时自动生成。在我国私法框架下,用益物权的设立皆以意思表示为前提。当然,在具体形态上,既可以源于双方合意,如建设用地使用权、土地经营权;亦可基于单方意思表示,如遗嘱设立居住权。

(二)客体扩张与用益物权的形态拓展

除典型用益物权之外,《民法典》第328、329条还规定了海域使用权、矿业权

（包含探矿权和采矿权）、取水权和养殖权、捕捞权，理论上将这些权利称为"准物权"。① 此外，狩猎权、渔业权虽并未直接规定于现行法中，但通说亦将该二者归入准物权之列。诸此权利同样设立于相应的自然资源基础之上，也与这些资源本身在交易实践中的重要地位密不可分。不过，这些权利与典型的物权存在不少重要差异：

一是，客体特定性方面，探矿权、引取江河或湖泊之水的取水权并不具有特定性；以水面面积、取水期界定取水权时，其客体特定性要求并不严格；狩猎权指向特定地域范围内生态环境所承载的动物资源，客体同样难以特定。

二是，权利构成方面。渔业权的权利内容包括两个面向，其一为占有一定水域养殖并捕捞水生动植物；其二为水体之使用。矿业权类似，既涵括在特定矿区勘探开采矿产资源的权利内容，也包括特定矿区内的地下使用权。

三是，排他性方面。取水权并无排他性；养殖权亦然，并存于同一区域的数个捕捞权相互之间无排他性。

四是，权利的公权色彩方面。矿业权、取水权的取得均须获得行政许可，故通说认为其具有公权属性。②

上述差异表明，准物权在若干面向上不同于典型物权。在内核上，准物权是经由当事人的物权合意，并授予权利主体以归属性地位，建立以用益为内容的权利类型。虽在权利生成、内容、客体、转让等方面有特殊性，但并不足以影响其体系定位。值得一提的是，准物权均基于自然资源之利用，故其转让往往与行政审批存在紧密关联，或以行政审批为前提。矿业权即属典型。

（三）用益物权的征收及补偿

不动产之征收常波及其已经设立的用益物权，比如，农村土地的征收会导致设立于其上的承包经营权或经营权受到影响，城市房屋的征收也会使房屋之上的居住权消灭。《民法典》第243条第2款就农村土地征收补偿进行了规定，然而遗漏了土地承包经营权这一用益物权的专门或独立补偿。③ 对此，《民法典》第327条规定："因不动产或者动产被征收、征用致使用益物权消灭或者影响用益物权行使的，用益物权人有权依据本法第二百四十三条、第二百四十五条的规

---

① 参见崔建远：《准物权研究（第二版）》，法律出版社2012年版，第11页。
② 同上书，第23页。
③ 参见周江洪：《土地承包经营权独立补偿问题研究——以〈物权法〉与〈土地管理法〉的衔接为中心》，载《兰州大学学报（社会科学版）》2011年第5期。

定获得相应补偿。"这就有效弥补了第 243 条第 2 款的缺憾。

征用系对于私法主体财产在一定期间内的强制性利用,往往只会影响用益物权的利用,《民法典》第 245 条规定了征用补偿。

二、建设用地使用权

建设用地使用权系我国用益物权体系中规范较为健全的部分,也是对于物债二分和公示原则贯彻较为充分的内容。

(一)建设用地使用权的界定

我国建设用地使用权是建立于国有土地之上的用益物权,功能在于建造建筑物、构筑物或其附属设施。在超大型城市,因土地稀缺、用地紧张,城市建设立体化发展现象极为普遍。故从形态看,城市土地的建设用地使用权既可以针对地表设立,亦可针对地下或地上空间设立。例如,城市地铁交通均布局于地下,过街天桥则横亘于地上空中,二者分别建立于地下或地上空间使用权上。值得注意的是,城市地下、地上空间的有效利用,除了依托空间建设用地使用权外,相邻关系、地役权也属重要的制度工具和备用选项。只不过,城市土地空间利用的需求和预期功能不同,自然会在制度工具的择定上有所不同。①

乡镇企业、乡(镇)村公益设施或公共事业建设需要利用农村集体土地时,可直接按照《土地管理法》第五章关于"建设用地"的相关规定,并参照城市建设用地的模式进行调整(《民法典》第 361 条)。

(二)建设用地使用权的设立

1. 登记生效主义

建设用地使用权的取得,可通过有偿受让、无偿划拨两种方式。《土地管理法》第 54 条规定,可以以无偿划拨方式取得的建设用地限于:国家机关用地和军事用地,城市基础设施用地和公益事业用地,国家重点扶持的能源、交通、水利等基础设施用地,以及法律、行政法规规定的其他用地。除此而外,欲利用国有土地,均须通过有偿交易、支付对价的出让方式实现。在有偿交易的场合,为确保价格尽可能符合市场规律,《民法典》第 347 条第 2 款规定,于意向人有两个以上的场合,应当采取"招拍挂"等方式确定其价格和受让人。

---

① 详参汪洋:《地下空间物权类型的再体系化——"卡-梅框架"视野下的建设用地使用权、地役权与相邻关系》,载《中外法学》2020 年第 5 期。

有偿取得建设用地使用权时,首先须签订书面合同。《民法典》第348条第2款规定,该合同通常应包含主客体、标的及其使用限制、对价、争议解决等方面的内容。关于此种合同的属性,有债权行为、物权行为或两者的综合体三种解释。如将之单纯解释为债权行为,就必须额外地寻找当事人设立建设用地使用权的物权合意。但是,从《不动产登记暂行条例》第14条的规定看,建设用地使用权的设立登记并不以双方当事人共同提出申请为必要,这当然也与建设用地使用权设立关系中必有一方当事人为政府有关。在私法层面,这意味着,无法从登记程序中提取出当事人设立用益物权的合意。因而,建设用地使用权设立的物权合意仍需返回当事人签订的合同中探求。不论《民法典》第348条的立法规定抑或交易实践中,设立建设用地使用权的合同内容都远超出单纯的物权合意。是故,将该合同界定为债权、物权同在的综合性法律行为是较为妥当的结论。

登记作为一种事实行为,性质上构成当事人物权合意生效的法定停止条件。未登记时,尽管物权尚未成立,当事人仍须受到债权债务关系之拘束,并且拟取得建设用地使用权的一方已经取得期待权人的地位。此时,出让人一方尽管是公权力机关,仍不得实施悖于诚信原则的行为,或导致相对人取得用益物权的期待落空。

值得关注的是,在"辽宁省葫芦岛市自然资源局、葫芦岛鸿亿房地产开发有限公司资源行政管理纠纷"[①]中,裁判者却将建设用地使用权出让合同界定为行政协议。其理由为:从签订主体看,签订国有土地使用权出让合同的一方是土地管理部门,系行政主体;从目的要素看,此类协议是为了实现公共利益或者国家对有限的土地资源合理、有效利用的管理目标;从双方权利义务关系看,此类协议与行政机关履行行政职责或者完成行政管理任务密切相关,行政机关在协议的签订和履行中享有基于社会公共利益或者法定事由单方收回土地等权利。

上述说理看似描述了我国法制框架下,城市国有土地使用权出让/建设用地使用权设立合同因公权力机关的介入而附生的一些与完全平等私法主体之间契约关系不尽相同的特点,如判决文书中提到的所谓"单方收回土地"等权利。然而,这种单方收回或者源于合同内在约定,或者以征收作为正当性基础,很难说这就会导致城市国有土地使用权出让/建设用地使用权设立合同与私法契约关系产生权利义务或性质上的实质分野。事实上,该案争议焦点涉及出让方未能

---

① 最高人民法院(2020)最高法行申11749号行政裁定书。

依约按期交付土地情形下受让人的解除权,最高法的裁判结论依旧是从合同约定中导出相对人的解除权。这本质上仍属典型的私法思考范式。因此,将建设用地使用权出让合同界定为行政协议,既不会对当事人权利义务带来实质影响,也不能在法律效果层面进行根本区分,属于画蛇添足,有害无益。

2. 公权管控

即便以有偿方式取得建设用地使用权,亦应符合环保原则,尽可能节约用地、保护环境。站在宪法层面观察,这种制度安排映射出财产权法律地位从早期的绝对性保护向当今负有社会义务的变迁和演进。[①] 其实,此种现象也是一种个人主义与集体主义价值取向在法律层面的中和,未尝不是一种利益平衡的制度安排。

私法中,承载此种价值理念的制度安排还有很多,举凡住房租赁合同的租金控制[②]、相邻关系对所有权的限制[③]、超大型城市机动车限号[④]等等,都是典型例证。

(三)建设用地使用权的内容

建设用地使用权以建造建筑物、构筑物及其附属设施并加以利用、取得收益为核心权能。立法中据此推定,其建造行为产生的建筑物、构筑物及其附属设施归属于该土地使用权人。从物权原始取得和事实行为的基本原理出发,建造人令该标的"从无到有"地出现,也应该取得其上的所有权。但是,这并不排斥相反约定。举例而言,在土地使用权许可使用合同框架下,当事人完全可以约定,土地使用权人的主给付义务为建设建筑物并将其所有权直接归属于被许可人。此时,建设用地使用权人的建造行为实际上被整合入许可使用合同的约定及其所包含的当事人关于不动产权利归属的意志之中。

当然,建设用地使用权人对于土地的利用应当遵循土地规划、用途方面的管制政策。这体现为,国家公权力通过主导国土规划、制定城市建设技术性标准的方式提前介入私权行使的过程。此种公私法互动范式技术化的路径,固然能取

[①] 参见聂鑫:《财产权宪法化与近代中国社会本位立法》,载《中国社会科学》2016年第6期。

[②] 参见许德风:《住房租赁合同的社会控制》,载《中国社会科学》2009年第3期。

[③] 参见张翔:《财产权的社会义务》,载《中国社会科学》2012年第9期。

[④] 参见张翔:《机动车限行、财产权限制与比例原则》,载《法学》2015年第2期。

代实际生活中复杂的法律及利益关系,限缩实质权衡和裁量中的恣意,①却并非从根本上解决问题,而只是将问题以另一种面貌呈现出来,即规划和技术标准本身有无正当性?

(四)建设用地使用权的处分和变动

建设用地使用权乃我国民商事交易实践中十分重要的财产权,也是房地产行业赖以发展的前提。我国土地国有导致土地所有权绝对固定,故建设用地使用权一定程度上扮演着准所有权的角色。建设用地使用权的流转属于二级市场上的权利变动,不同于一级市场上的出让。

1. 流转合同与登记

建设用地使用权的流转形式多样,包括转让、互换、出资、赠与和抵押等。所有这些流转形态中,当事人均应签订书面合同,以为后续办理登记的基础。《不动产登记暂行条例》第14条第1款规定:"因买卖、设定抵押权等申请不动产登记的,应当由当事人双方共同申请。"其中虽未提及建设用地使用权流转的登记应由双方共同申请,但此种交易与私主体之间缔结的不动产买卖合同、抵押权设立合同相比,本质上具有相同的法律结构。同时,该条第2款规定若干仅须单方申请登记的情形,不涉及不动产交易,如不动产首次登记、继承、接受遗赠导致的物权变动,裁判文书导致的物权变动,权利人姓名、名称变动导致变更登记成为必要,不动产灭失或其权利被放弃,异议登记和更正登记等,均如此。这体现出,在立法者的观念中,对于以交易方式导致的不动产物权变动,登记之变更原则上以当事人共同申请为必要。故此,应将建设用地使用权流转的登记同样纳入《不动产登记暂行条例》第14条的涵摄范围,要求双方共同在场。双方共同申请意味着,双方于流转合同之外重新就物权的设立达成合意。由此,建设用地使用权流转的合同性质上宜认定为债权行为。

建设用地使用权的流转须经变更登记,问题在于,此种登记效力如何?鉴于《民法典》第209条为不动产物权设立、变更、转让和消灭确立了统一的登记生效主义。故《民法典》第355条规定建设用地使用权流转应申请变更登记,亦属不动产物权变动的生效要件。

---

① 参见陈越峰:《城市空间利益的正当分配——从规划行政许可侵犯相邻权益案切入》,载《法学研究》2015年第1期。

2. 房地一体主义

我国土地和房屋虽均属独立动产,但物权制度却强行将二者"捆绑"在一起。《民法典》第 356—357 条规定,建设用地使用权流转会导致附着于其上的建筑物、构筑物及其附属设施一并处分;相反,建筑物、构筑物及其附属设施流转,也会直接引发其占用下的建设用地使用权处分的效果。就规范目的而言,此种制度安排无非是防止二者的分割造成房地分别流入不同主体之手,带来"拆屋还地"的负面效果。相同的规则设计,还见于《民法典》担保制度部分第 397、417 条。其实,房地捆绑并非唯一的制度选择。若允许房地分割流转,则只要为房屋取得人创设法定地上权,此种"权利之上的权利"足以为房屋之正当存续提供正当性基础即可。① 当然,此种法定地上权应以有偿为原则。从法政策角度考量,后一种制度设计未必劣于现行法的房地一体主义规则。

(五)建设用地使用权的消灭

土地乃全社会最重要的资源之一,即便已通过有偿方式授予私主体用益物权,亦不阻碍国家为公共利益之需要提前收回相关土地。所谓"公共利益",于实践中应作严格和限缩性的解释。否则,私主体的合理预期和正当利益无法获得有效保障。除此而外,《土地管理法》第 58 条还额外为建设用地使用权的收回规定了 4 种情形:旧城改造,土地使用期届满未续期或申请续期未获批准,划拨土地停止使用,公路、铁路、机场、矿场等经核准报废。

提前收回构成征收的,应予适当补偿。补偿项目、标准按照《民法典》第 243 条和《土地管理法》第 47 条的规则确定即可。建设用地使用权人尚未用满的期限所对应的土地出让金应当退还。

建设用地使用权消灭时,应当及时办理涂销登记。否则,就会引发"名实不符"的结果,出现权利外观与其真实状态的错位,极易扰乱交易秩序。

还值得一提的是,我国用益物权皆有期限,城市国有土地之上的建设用地使用权亦然。就城市房地产开发而言,开发商获得的住宅用地通常有 70 年的使用期。待商品房销售之后,建设用地使用权即为特定小区内全体业主所共有。70 年使用期届满后,必然面临土地之上房屋如何继续获得存续于该特定土地之上正当性的问题。《民法典》第 359 条第 1 款第 1 句虽规定了住宅建设用地使用期

---

① 关于权利客体的多层次性及权利之上权利的现象,参见方新军:《权利客体的概念及层次》,载《法学研究》2010 年第 2 期。

限届满后自动续期,这必然附带产生权利费用问题。但是,该款第2句以"依照法律、行政法规的规定办理"之"空白辞令"将此一问题"搪塞"过去,未来仍有待特别立法的解决。不过,从我国目前实践经验看,房屋的使用寿命能否持续70年可能尚有疑问。纵然如此,仍需进一步思考,若房屋70年后被拆除,业主是否仍可主张"光地"本身使用期限自动延续,并在该宗土地之上自行出资重建新房?单从第359条第1款的文义看,并不排除此种可能。然而,此种解释是否合乎立法目的,恐怕还有疑问。

当然,非住宅类建设用地同样存在使用期届满后续期、费用及地上房屋归属问题,《民法典》第359条第2款亦将该问题交给了未来的特别立法。

三、宅基地使用权

(一)宅基地使用权的界定及其禁止流转政策

宅基地使用权在功能上与城市建设用地使用权完全相同,仅因其处于农村并建立于集体土地所有权上,便在规范结构上与后者大相径庭。《民法典》第362条规定,宅基地使用权系农村集体经济组织成员对于集体所有土地占有并用以建造住宅及其附属设施的权利。相较于城市建设用地使用权,农村的宅基地使用权欠缺收益的权能,宅基地上的房屋也不得入市流转。

《国务院办公厅关于加强土地转让管理严禁炒卖土地的通知》(国办发[1999]39号)第2条第2款规定:"农民的住宅不得向城市居民出售,也不得批准城市居民占用农民集体土地建住宅,有关部门不得为违法建造和购买的住宅发放土地使用证和房产证。"由此开启了禁止宅基地及宅基地上房屋入市流转规则的成文化之路。随后,国土资源部印发的《关于加强农村宅基地管理的意见》(国土资发[2004]234号)第5条第2款也专门指出:"农村村民将原有住房出卖、出租或赠与他人后,再申请宅基地的,不得批准。"这就从后果角度再次强调和表明了国家对于农村宅基地及其上房屋交易的否定态度。不过,上述两项规则仅属部门规章,规范等级和效力层次毕竟不高,能否直接对于合同效力产生根本影响,尚有可质疑的余地。最高人民法院发布的《2015年全国民事审判工作会议纪要》第35条对农村房屋买卖加以调整,规定:"对于宅基地流转处于非试点地区的,农民出售其宅基地上的房屋给城市居民或者出售给不同农村集体经济组织成员,该房屋买卖合同一般应认定无效。合同无效后,买受人可以请求返还购房款并支付中国人民银行同期同类银行贷款利息。买受人已经对该房屋进行改建或者翻建,也可以一并请求赔偿翻建或者改建成本"。至此,宅基地及其上房屋买卖合同无效的司法规则得以固定下来。

  裁判实践中亦有不少由宅基地房屋交易引发的纠纷。颇引人瞩目的案件之一即"北京通州宋庄画家村案"①,画家李玉兰和马海涛就农村房屋买卖达成协议且履行完毕后,出卖人马海涛见房地升值心生悔意而毁约,起诉主张合同无效并要求返还房屋。对此,两审法院皆认定合同无效。在赔偿责任方面,一审北京市通州区法院认为:"马海涛作为出卖人在出卖时即明知其所出卖的房屋及宅基地属于我国法律禁止流转范围,其在出卖房屋多年后又以违法出售房屋为由主张合同无效,故其应对合同无效承担主要责任。对于李玉兰作为买受人信赖利益损失的赔偿,应当全面考虑出卖人因土地升值或拆迁、补偿所获利益,以及买受人因房屋现值和原买卖价格的差异所造成损失两方面因素予以综合确定。"最终,法院判决出卖人向买受人支付 185290 元的赔偿责任。该案中,出卖人明知农村宅基地上房屋存在禁止入市流转的政策,依然实施交易行为,构成前合同义务的违反,成立缔约过失。在此基础上,其赔偿责任应以促成相对人恢复至如同并无义务违反时对方所本来应处于的利益状态。具体而言,如出卖人严格遵守国家禁止农村房屋入市流转的政策,应然状态则会表现为并无合同缔结行为。相应地,买受人所受损失实为缔约费用,如搬家产生的支出等。至于房屋升值后产生的利益,本质上属于履行利益,不应纳入赔偿范围之内。同时,买受人在此过程中亦有过错,还应对其赔偿请求作相应的扣减,诸此却并未被裁判者纳入考量。可见,一审判决思路并不妥当。二审法院除了增加请求权人过失相抵的考虑,亦基本延续了一审判决的分析框架,同样未能准确地确定赔偿责任及其范围。②

  当然,站在法政策层面,需要进一步追问的是:否定宅基地上房屋买卖合同效力的裁判本身是否正当?禁止农村房屋买卖的国家政策是否有理?尽管前文提及的数个文件均提及所谓"一户一宅"政策,并强调"宅基地还具有较强的社会保障和社会福利性质,完全放开对宅基地使用权限制的条件还不具备"(《八民纪要》第 35 条)。可是,以"压制"农民变现财产的方式声称对其予以"保护",本质上是自我矛盾的。尤其是,一方面阻绝和堵塞农民自行将集体土地及其上的房

---

  ① 北京市通州区人民法院(2008)通民初字第 02041 号民事判决书。
  ② 参见北京市第二中级人民法院(2009)二中民终字第 00769 号民事判决书。

屋通过交易方式变现、获取收益的渠道;另一方面,却允许通过征收农村集体土地并将其性质转换为国有土地的方式,将源自相同土地的收益从农民手中"剥夺",并为了维持此种城市建设用地一级市场绝对垄断地位而取消宅基地可流转性的法政策,与宪法上的财产权保护及平等观念都是冲突的。

"北京通州宋庄画家村案"一、二审法院或许正是念及于此,才在判定合同无效的同时,却又以逻辑上并不顺畅的方式,支持了买受人的履行利益赔偿请求,将原本仅于合同有效且正常履行时方可获取的土地增值及拆迁补偿利益部分地分配给买受人。同时,出卖人"见财起意""见利忘义"的背信行为本身也需要在法律上给予否定性的评价,[①]这对于履行利益应当也有一定的助推性功能。

(二) 宅基地使用权的取得、使用和灭失

宅基地使用权的政策色彩浓厚、私法属性稀薄,在权利取得、使用等方面,与私法逻辑不尽匹配。

就权利取得而言,《民法典》第363条直接将其交由《土地管理法》加以规定。事实上,《土地管理法》也并未直接就宅基地权利的设立作出明确规定,只是从第62条第3、4款的规定可以看出,宅基地使用权通过申请→审核→批准的流程取得。合同并非其间的必备要素。可见,宅基地使用权笼罩于厚重的管制和公权氛围中。

取得宅基地之后,权利人对其使用也不得违反规划及土地用途管制等方面的法律、法规或政策。在某些情况下,宅基地因自然灾害灭失,权利本身亦因客体的消灭而消灭,相应的登记亦应注销(《民法典》第365条)。

四、农地承包经营权

(一) 农地承包经营权的界定

农地承包经营权系建立于农村集体经济组织所有的土地或者国家所有但交由农民集体使用的农用地之上的用益物权,以农业生产为核心功能。因所从事具体农业生产内容的不同,期限可分为30年(耕地)、30—50年(草地)、30—70年(林地)不等。

农地承包经营权虽性质上属于主观私权,但其公共色彩亦极其浓厚,除了承

[①] 参见许德风:《论合同违法无效后的获益返还——兼议背信行为的法律规制》,载《清华法学》2016年第2期。

载对农民社会保障的属性外,还是我国基本经济体制的组成部分。

（二）农地承包经营权的设立

农地承包经营权随着承包经营合同的缔结而成立,登记并非必要条件。这是向我国农村登记制度不健全的现状妥协的结果。稍作总结即可发现,我国现行物权制度中规定的几种农村用益物权,均不以登记为权利设立的前提,原因同样在于农村登记制度的不健全。须予注意的是,尽管对于农地承包经营权设立而言,缔结合同即已满足。但是,该合同应当同时包含债权性与物权性的合意,否则有违物权自治性原理。

承包经营合同的发包人为农村集体经济组织或村民委员会,土地如已分割由村内两个以上农村集体经济组织所有,则由村内各该集体经济组织或村民小组进行发包(《农村土地承包法》第13条第1款)。不过,根据《土地管理法》第9条第2款规定,农村土地归集体所有。从《民法典》第261条第1款看,所谓"集体所有",本质上是将集体内成员"绑定"为一个整体和集合概念,共同地取得各该特定农村区域内土地的所有权,性质上属于"总有"。显然,成员集体是一个拟制性的概念,并无实体,不得不依托一个特定的组织代为形成意志、实施行为。因而,就法律性质而言,不论农村集体经济组织、村民委员会还是村民小组,其实都是以代理人的身份签订发包合同。《农村集体经济组织法》第2条对"农村集体经济组织"的界定中的"依法代表成员集体行使所有权"之语,恰恰印证了此种判断和界定。理论上有学者认为,农村集体经济组织本身就是农村土地所有权的承载主体,[①]显然错误地混淆了农村集体经济组织与成员集体两个概念的关系。

承包经营合同的承包人是农户,而非农户内特定家庭成员。因此,承包期内部分家庭成员死亡的,并不发生继承的问题,承包户内的其他家庭成员仍可继续承包。当然,承包收益作为死者的遗产,可以按照继承法的规定继承。(《农村土地承包法》第32条)

（三）农地承包经营权的内容和变动

农地承包经营权只能用于农业生产经营,不能擅自将其改为农业以外的其他用途。

---

① 参见宋志红:《农村集体经济组织的本质特别性》,载《江西社会科学》2024年第5期。

权利存续期间内，承包权人可基于耕种便利或需要，与同一集体经济组织内其他成员进行承包地互换；亦可在经过发包人同意的前提下，将自己承包的土地"转让"给本集体经济组织内的其他成员。值得说明的是，此处所谓的"转让"，其性质并非法律行为意义上的处分行为。按照《农村土地承包法》第 34 条的规定，农户将其承包的土地转让其他农户，须"由该农户同发包方确立新的承包关系，原承包方与发包方在该土地上的承包关系即行终止"。这意味着，新取得承包经营权的农户并非从原承包户手中继受取得权利，而是通过再次与发包方缔结承包合同的方式重新设立。因此，原承包户将承包地"转让"给其他农户的事实，构成《农村土地承包法》框架下农地承包合同的法定解除条件，发包方的"同意"即属解除条件成就的时间点。随着该解除条件的成就，原承包户与发包人之间的承包合同关系自动以面向未来的方式消灭。这表明，《农村土地承包法》第 34 条所使用的"转让"并非规范性概念，而是生活中的描述性语词。

因农地经营权在成立上不以登记为必要，故后续流转亦不以登记为前提。不过，在先已办理登记的农地经营权后续流转如未办理登记，则会因权利状态的"名实分割"而易于引发无权处分和信赖保护的问题。

（四）农地承包经营权的消灭

农地承包经营权通常不会仅仅因为到期就直接消灭，《农村土地承包法》第 21 条第 2 款规定，耕地承包期届满后再延长 30 年，草地、林地承包期届满后亦可参照其最初承包期限相应地予以延长。这与农地承包经营权作为农民生存保障的物质基础的性质界定密切相关。

不过，农地承包经营权可能因征收而消灭。征收的条件、程序、补偿等，径直按照《民法典》及《土地管理法》关于征收的相关规定实施即可。其他得导致承包经营权消灭的原因还包括承认交回承包地。

五、农地经营权

农地经营权系中央为进一步深入解决"三农"问题、刺激农村经济活力并提高农民收入而进行的农村土地利用制度改革的结果，承托了自上而下的期待，由此一度成为法学界关注的焦点和研究的热点议题。

（一）农地经营权的界定

农地经营权可赋予权利人在约定期间内占有并利用相应农地开展农业生产

经营、取得收益的权能。就内容而言,其与承包经营权并无实质区别,只不过立法者基于特殊的政策考量,允许承包人在自己承包权的基础上,再次以权利析出的法技术,将原本由自己享有的相应权能在一定期间内流转给其他主体。①

从原因上看,承包权人向他人流转经营权,可以基于出租、投资入股或其他交易目的,故向他人流转和设立经营权的行为,实质上是前述原因行为的履行。这就厘清了经营权流转中物债二层构造。经营权对外流转后,承包权人与发包方之间的关系维持不变,经营权人系自承包权人处继受取得权利(《农村土地承包法》第44条)。

自体系角度言之,我国的农地之上具有十分明显的"权利层叠"现象,呈现出所有权→承包经营权→经营权的光谱式权利组合结构。这一土地权利设计范式,其实深受我国地权传统的影响。早在明清时期的中国,地权即已具备"多层堆叠"的特质,从皇帝所有权到分封诸侯的封地所有权,再到地主对特定区域土地的所有权,最后到佃农承租而来的地权,此脉络之演进甚至还进一步将佃农承租的土地切割为田底和田面,分别设置相应地权,授予不同的人群主体。② 这也印证了土地物权制度领域历史传统对于后世的直接或间接影响。

(二) 农地经营权的设立

农地经营权承载助力农民增收的重任,故以有偿设立为原则,且对价由承包权人取得(《农村土地承包法》第39条)。

作为一种立基并脱胎于承包经营权的农地用益物权,农地经营权也与前者一样,奉行合同设立+登记对抗主义模式。《民法典》第341条、《农村土地承包法》第41条均只规定了流转期限5年以上的土地经营权,就不足5年的土地经营权却均未置一词。对此,举重以明轻,后者亦应采用合同生效主义,不以登记为必要。

值得注意的是,尽管农地经营权的创设在相当程度上纾解了承包权被禁止入市带来的资源浪费,但经营权本身仍不得突破原有用地规划及土地本身仅能用作农业生产的用途。故在受让人资质上,《农村土地承包法》第45条规定,县级以上政府可考虑建立取得土地经营权主体的资格审查、项目审查和风险防范制度等。此种行政审查的思路看上去可以在先预防农用地流入不具有农业经营

---

① 参见蔡立东、姜楠:《农地三权分置的法实现》,载《中国社会科学》2017年第5期。
② 参见汪洋:《明清时期地权秩序的构造及其启示》,载《法学研究》2017年第5期。

能力的主体之手,可实际上难免导致冗官冗员和行政效率低下的弊病。较妥的做法依然是交由司法机关通过裁判的方式进行嗣后控制,并借此进行一般预防。

(三)土地经营权的内容、担保功能和限制

农地经营权系以农业生产经营为内容的用益物权,权利人享有对于该权利所指向的农地加以占有、使用、收益的权能(《农村土地承包法》第 37 条)。此种"使用"亦可表现为对土壤进行改良、农业生产附属或配套设施。此外,经营权本身作为一种有财产价值的财产权,还可由权利人通过法律行为予以处分。这一属性充分体现了其在中央顶层设计框架下作为促进农民增收制度工具的定位,与城市建设用地使用权相似性明显。

按照《农村土地承包法》第 46 条之规定,这种处分权能首先表现为可以再流转。第 47 条第 1 款规定,农地经营权可以用于向金融机构担保融资,这就为农地金融化扫清了制度上的障碍。① 从第 47 条第 2 款规定看,农地经营权用于担保融资的,金融机构的担保物权直接随着担保合同的签订而成立,登记仅属对抗要件。表面上看,此种合意生效主义的制度安排似乎与承包经营权一脉相承,可事实上,该规则设计悖于担保物权的公示原理。只要观察我国《民法典》担保制度的体系构造即可发现,采合意生效主义的担保物权,仅限于因自身属性决定的不具有可登记性的动产(固定/浮动)抵押。同时,在以动产设定质押时,仍需以转移占有(即交付)的方式对外公示,以免危及交易安全。至于权利担保,不论其为不动产上权利的担保,如城市建设用地使用权抵押,抑或权利质押,如股权、基金份额、知识产权、债权(应收账款)质押,都无不以登记的完成作为担保设立的必要前提。土地经营权作为一种得自由流转的财产性权利,本质上属于土地上的权利,却仅须合同便可直接成立担保物权,显然构成与其他本质上类似的担保工具的冲突。这既不能简单地与农村登记制度不健全挂钩,毕竟担保的登记与农村登记制度无涉,中国人民银行动产和权利担保统一登记系统早已投入使用,亦无法通过特殊的法政策考量取得正当性。因而,《农村土地承包法》第 47 条为农地经营权担保融资设置的合意主义制度是违背法律体系融贯性的,有待未来修法时予以更正。

经营权作为物权,自然应享有物权请求权,权利人得以此为基础排除他人的干涉或妨碍。《民法典》第 337 条第 1 句规定,"承包期内发包人不得收回承包

---

① 参见高圣平:《农地金融化的法律困境及出路》,载《中国社会科学》2014 年第 8 期。

地。"这一规则即物权效力的体现,除经营权人外,其他人皆负有尊重、容忍和不得干涉的义务。

经营权不得用作农业生产以外的其他用途;农业生产过程中,也不得破坏农业综合生产能力和农业生态环境。此系对于经营权的限制。

(四)农地经营权的消灭

经营权可能因期限届满而消灭,此时承包权人的权能恢复圆满。不过,承包期未满时,经营权亦可因承包权的消灭而消灭,毕竟承包权乃经营权产生的基础。依《农村土地承包法》第30条第1句之规定,承包人交回承包地,即可导致承包权消灭,由此附带产生经营权消灭的效果。

另外,值得考量的是,《农村土地承包法》第42条规定了承包方得单方解除经营权流转合同的若干事由,包括受让方擅自改变土地的农业用途、弃耕抛荒连续两年以上、给土地造成严重损害或者严重破坏土地生态环境等严重违约行为。这是否会直接导致经营权消灭?答案是否定的,因为解除权的功能在于赋予解除权人从合同关系上的对待给付义务中摆脱出来的机会。然而,物权行为内容固定,受让人只会因此取得物权、享受利益,并不会因此负担义务。故解除权适用对象仅限于债权合同。因而,前述第42条解除权的行使,只是会导致经营权流转基础合同关系的取消,受让人取得的经营权却不会因此受到影响。故受让人负有以回转性合意的方式将经营权回复至出让人一方的义务。

六、居住权

居住权是立法者为应对老龄化时代的以房养老的制度工具,其蓝本为法国的"老人契约",在我国《民法典》引入之前,学理上经历了长期的讨论和理论准备。

(一)居住权的界定

《民法典》第366条规定,居住权即权利人按照约定,对他人的住宅享有占有、使用的用益物权,以满足生活居住的需要。可见,居住权的权能中并不包含收益,这也与其服务于以房养老的使命承载相匹配。

就规范构造而言,居住权属于人役权,即特定权利人役使特定不动产的权利。其突出特点在于,不论被役使不动产上的权利主体如何变动,任一接手不动产的权利主体皆有义务容忍并许可特定权利人对该特定动产加以役使和利用,直至居住权约定期间届满或权利人死亡为止。

（二）居住权的设立

居住权作为一种用益物权，主要应用于城市，其设立一般经过缔结合同、办理登记两道核心程序。一如其他类型的用益物权，居住权合同同样须以书面形式签订，内容通常覆盖主体、标的、期限等相关必要条款。尽管该合同已经较为明确地将居住权标的固定下来，但性质上仍属债权行为。从《不动产登记暂行条例》第14条规定看，居住权登记亦应以双方共同向登记机关提出申请为必要，双方就特定房屋达成设立居住权的物权合意即藏于其中。

《民法典》第368条规定，居住权无偿设立。从产生看，居住权多由所有权人于出让房屋所有权时通过与相对人达成合意的方式设立。房屋出让价款也多会因居住权的存在而打相当的折扣，这一折扣实质上已经是居住权的对价。因而，所谓的"无偿设立"，其实是表象。

（三）居住权的可让与性

居住权作为一种具有财产价值的物权，从财产权的一般原理出发，本应具有可流转、可交易的属性。然而，立法者从其服务于以房养老的功能定位出发，在制度设计时直接排除了其可流转性。这构成财产权流转性的法定排除。由此，居住权在我国就不得转让、继承，更不得用于担保，毕竟担保最终要通过处分或让与担保财产的方式实现。

（四）居住权的消灭

居住权或以权利人生存期为期限，或存在由当事人明确约定的期限。于约定期限届满或居住权人死亡时，居住权已经圆满地完成其使命，故可消灭。居住权消灭后，应及时办理注销登记。

（五）遗嘱居住权的规范适用

居住权除可通过合同方式设立外，还可通过遗嘱方式设立。对此，《民法典》并未设置特别详细的规则，仅于第371条规定，遗嘱居住权可参照意定居住权的相关规则。此种参照，乃法定类推，即立法者授权司法者于处理个案时，根据待决案件与拟参照规则之间的实质相似度，决定是否以及如何参照。其要义在于，对本质相同的事物应相同对待；如待决案件与拟参照规则之间存有实质区分，亦应有所区别。

经由遗嘱设立的居住权，与意定居住权的权能、可流转性方面均无实质差别,可径直类推。但在设立方面,鉴于《民法典》第 230 条规定:"因继承取得物权的,自继承开始时发生效力。"基于继承设立的居住权亦属"因继承取得物权",其成立亦不以登记为必要条件。随着被继承人死亡,继承直接开始,权利人即已取得居住权,嗣后登记只不过发挥确认性的功能,并不具有创设性的功能。①

七、地役权

(一) 地役权的界定

地役权是需役权人依约利用他人不动产,以提高自己不动产的权利。通常来讲,需役与供役不动产之间地理位置相邻,如此才有役使的必要和利用的基础。就此而言,地役权与相邻关系具有内在相似性,只不过后者仅为相邻不动产发挥功能提供最低限度的保障,而前者则为相邻不动产增值提供制度工具。

值得注意的是,在法律结构上,地役权体现为两个不动产之间的役使关系,并不系于特定的主体。在地役权存续期间内,不论需役不动产或供役不动产的权利主体如何变化,两个不动产之间的役使关系均会传递至各个不动产相应的权利继受人身上。在此意义上,有学者称地役权为附着于不动产之上的"物上负担",即"物务"。

这一特点一方面表现出债权与物权之间伴生与协力的关系;另一方面,也直接折射出地役权不同于其他物权的特殊性所在,即其严重依赖于地役权据以产生的特定不动产本身,难以脱离特定相邻不动产及役使关系而单独对外流转。

(二) 地役权的设立

地役权之成立,仅以合同之缔结为前提,并不以登记之办理为必要(《民法典》第 374 条)。表面看来,此种合意主义权利设立模式违背了物权制度体系中的公示原则,实则与地役权欠缺独立对外流转可能性及其自身浓厚的债务属性紧密相关。毕竟,公示的目的无非在于,为第三人提供清晰辨识和判断权利归属的依据,以便在交易和流转中防范风险。既然地役权牢牢地"黏附"于不动产之上,并不能脱离特定不动产独立对外流转,那么通过公示防范交易风险的必要性

---

① 同旨,参见最高人民法院民法典贯彻实施工作领导小组主编:《中华人民共和国民法典物权编理解与适用(下)》,人民法院出版社 2020 年版,第 899 页;不同观点,参见中国审判理论研究会民事审判理论专业委员会编著:《民法典物权编条文理解与司法适用》,法律出版社 2020 年版,第 386 页。

就缩减为零。

从这个角度看,地役权之上的登记对抗主义制度安排的必要性也值得怀疑。依《民法典》第 374 条之规定,未经登记的地役权,不得对抗善意第三人。从文义解释入手,似乎能推导出,同一不动产为多个相邻不动产设立地役权时,在后手均未了解在先地役权的情况下,设立时间越是在后的地役权,权利顺位却反而靠前。可事实上,权利顺序的确定仅在多项权利存在冲突时方为必要;如数项地役权之间并无竞争甚或排斥关系,这种权利排序就是不必要的。

对于地役权来说,供役地完全可以同时为数宗相邻土地先后设立数个眺望地役权,并由此承担在未来 20 年期间内不得兴建高度超出 10 层建筑物的义务。即便数个地役权均未登记,该复数地役权也完全可以良好地相互兼容、同时存在,并不存在任何相互排斥或需要排序的必要。就此而言,《民法典》第 374 条第 2 句第 2 分句确立的所谓"登记对抗主义"规则,其实适用可能性并不大。

(三) 地役权的内容

地役权当然以依约役使供役地为核心内容,至于其具体期限、行使方式,全凭当事人合意确定。当然,地役权由建设用地使用权人、土地承包经营权人等用益物权主体设立时,鉴于此等作为役权关系产生基础或附着对象的权利本身也是有期间限制的,作为更加次级的权利,其期限不能超出上级权利。因而,《民法典》第 377 条规定,地役权期限不得超过前述基础性用益物权本身的剩余期限。

若地役权的上级权利并非用益物权,而是所有权,那么该所有权之上后续产生的承包经营权、宅基地使用权、建设用地使用权等次级用益物权亦应承受在先设立的地役权。究其原因,役权关系作为一种物物役使利用关系,因可超脱特定主体而呈现出强烈的绝对化倾向,其物权属性恰来源于此。欲使此种物权地位和绝对化属性得到维系,即须使后续生成的用益物权仍受在先役权关系之拘束。

反之,如不动产所有权之上已设立承包经营权、建设用地使用权、宅基地使用权等用益物权,所有权人在地位上则更加劣后。同时,前述用益物权的设立意味着,所有权中的用益权能已经在约定期间内转移到用益物权人一边,所有权人同时丧失对于用益功能的处分权能。故所有权人嗣后再针对相同不动产设置用益物权的行为构成无权处分,非经用益物权人同意不生效力。从另一个角度看,此亦私法自治原则之贯彻。

(四) 地役权不可单独处分

地役权以提升相邻不动产利用价值为使命,属于"升级版"的相邻关系,故无法离开特定不动产及其相互之间物理距离上的接近而存在,这导致其独立流转或处分的可能性被排除。从这个角度看,相较于其他用益物权,地役权财产价值大打折扣。尽管在外观上,农村土地承包经营权、宅基地使用权的可流转及处分性能亦受极大压缩乃至被排除,但这并不源自该两用益物权的内在属性,而是受制于我国城乡二元的社会管理体制和国家垄断土地一级供应市场的土地政策。而地役权的流转和处分性能欠缺,则植根于其自身的规范特质。在此意义上可以说,地役权具有类似于抵押权的从属性。

《民法典》第380、381条规定,土地承包经营权、建设用地使用权等转让、抵押时,"地役权一并转让"。事实上,地役权作为役权关系法律结构中不可或缺的一端,并非真的会随着底层用益物权而转让;更加精准且妥当的描述应当是,随着特定不动产之上前述底层用益物权的权利主体变动,新的权利主体直接承受了"笼罩于"底层用益物权之上的役权关系而已,性质上属于法律关系的概括承受,与债权债务的概括承受有着实质上的相似性。准此以言,《民法典》第382、383条规定需役、供役不动产上承包经营权、建设用地使用权等底层用益物权变动对于地役权的影响时,所使用的"受让人同时享有地役权"或者"对受让人具有法律约束力"才是更加准确合理的表达。

从上述分析可以看出,地役权及其所归属的役权关系,与债权债务关系相似性十分明显。[①] 区别仅仅在于,后者效力上无法溢出特定两方主体之外;前者则根本无须顾及主体身份,与不动产本身紧紧地"绑定"在一起,这就令其获取了强烈的对世性或绝对性,从而成功地跃出债权范畴,进入物权体系之中。然而,这并不能排除其相当方面仍保留着与债权的内在相似性,因而于物权立法不备时,债法规则可得作为调整役权关系的参照对象。

(五) 地役权的消灭

地役权源自合意,必有期限,故将随着期限届满而消灭。另外,依《民法典》第384条规定,供役地权利人可于需役地权利人滥用地役权、欠付费用且催告两次无效的情况下具有解除权。该解除权的行使将导致役权合同关系面向未来地终止。自合同终止时开始,地役权亦消灭。

登记并非地役权设立的必要前提,但权利人已进行登记的,涉及建设用地

---

① 详细论述参见常鹏翱:《债权与物权在规范体系中的关联》,载《法学研究》2012年第6期。

使用权、农地承包经营权变更并导致役权关系当事人更新时,当事人亦应及时办理变更登记。不过,如前所述,役权关系及由此衍生的地役权本身紧密地附着于特定不动产之上,本身并无独立向外流转或加以处分的可能。即便役权关系当事人变化,登记信息却未及时更新,至少从逻辑上看,也很难真正带来交易上的"负外部性"。其实,这些仍植根于役权设立时就没有登记的必要性这一特点。

第十节 担保物权

担保乃强化债权效力、提高受偿可能的重要制度工具,以担保是否指向某一特定财产为标准,可将担保分为物上担保与人的担保。我国 1995 年《担保法》曾以"提取公因式"的方式,将两种担保形态的共用规则置于"括号之前",设为担保法总则,起到了简化立法的功效。进入《民法典》时代,二者分置于物权编和合同编,难免导致立法上的重复。[①]

一、担保物权的通用规则

对于担保物权的认识,可以时间为脉络,观察其自设立、存续、变动、实现到消灭的整个过程。其中,也存在不少"公约数"值得总结。

(一)担保物权的界定

担保物权实质上是从债务人自身或第三人的整体财产中分隔一部分出来,专门作为特定债权取偿的对象和物质基础。从债权人角度看,能够借此取得担保财产上交换价值的支配权。就我国实证法而言,担保物权的具体形态包括抵押权、质权、留置权等经典意义上的担保权以及让与担保、所有权保留、融资租赁、保理等新型担保。

(二)担保物权的设立

担保物权的设立,从担保人角度看,实质上属于物上负担的设立,构成处分行为的一种亚类型。这需要当事人之间的处分合意、公示完成以及处分人的处分权能,与所有权移转是相同的。

[①] 参见徐同远:《民法典合同编草案中保证制度的完善》,载《北京航空航天大学学报(社会科学版)》2019 年第 2 期。

值得说明的是,公示的要求会因担保形态和担保财产的不同而有差异。不动产或不动产权利主要用于设立抵押,比如房屋抵押和城市建设用地使用权抵押,基本均以登记作为公示手段和设立条件。动产之上,既可设立抵押(动产浮动/固定抵押),亦可设立质权,前者于当事人达成抵押权设立的合意时直接成立物权,登记只是对抗要件;后者则以占有转移为质权成立条件;其他有财产价值的权利之上设立的担保,公示方式则取决于权利本身的特点,如基金份额、股权、知识产权和债权,即以登记为必要,而类如票据这般化体于权利凭证之上的债权,通过交付凭证就能促使质权成立。

比较抵押与质押两种意定担保工具,可以发现的趋势是:随着抵押的权利客体从早期仅限于不动产,到后来及于动产,再到今天亦将不动产权利延纳在内,抵押权与质权之间的区别正在不断缩小。① 更何况,动产质权的交付主义构造使得交换价值与使用价值无法兼顾,相较于无须转移占有的抵押权更是劣势明显。在此背景下,有学者倡导将动产意定担保制度朝向一元化改造。②

担保合同是担保物权设立的法律原因和债权基础。《民法典》第388条第1款规定,"设立担保物权,应当依照本法和其他法律的规定订立担保合同。担保合同包括抵押合同、质押合同和其他具有担保功能的合同"。其中,"其他具有担保功能的合同"之表述表明,在我国《民法典》语境下,担保已不限于传统大陆法系观念中的形式主义担保,只要在功能上具有扩张债权受偿财产和提高债权受偿可能的安排,就可以被界定为担保,此即所谓功能主义担保观。由此,让与担保、所有权保留、融资租赁、保理也都得以进入担保外延之内,大大缓解了我国商事担保工具不足的窘境。

以上讨论主要以意定担保为原型,而以留置权、建设工程价款优先受偿权为代表的法定担保物权,于相关要件具备时得直接成立债权人的担保权。

担保如因主债权的效力瑕疵而未能有效设立,必然损及债权人的合理预期,令其原本可能获取的保障落空。如债权最终未能完整实现,此种损害责任根据债权人、债务人、担保人三方各自的过错进行分配。

---

① 参见董学立:《抵押权概念的演变及其法体系效应》,载《法商研究》2017年第5期。
② 参见董学立:《我国意定动产担保物权法的一元化》,载《法学研究》2014年第6期。

（三）担保物权的内容

1. 担保物权的从属性

担保物权属于从权利，以服务于主债权的实现为目的。此种权利的从属性贯穿于权利的产生、变动和（存续）消灭。《民法典》第 388 条第 1 款第 3 句规定："担保合同是主债权债务合同的从合同。"这其实是担保物权作为从权利的不精确表达，因为担保合同随着当事人合意的达成早已生效，即便主债权债务合同无效，也不会直接牵连性地导致担保合同无效；担保合同只是因为欠缺标的物而遭遇效力障碍，可见其在效力判断上遵从自身内在的逻辑，而非完全依附于主债权合同。担保合同未能生效，自无从产生担保权，此为其产生上的从属性。

主债权的让与，能够导致担保物权在无须变更登记的情况下即可直接变动（《民法典》第 407、547 条），即为变动上的从属性。

主债权的实现，令担保物权丧失了存在的必要，此为（存续）消灭上的从属性。

2. 担保物权的范围

担保物权保障的债权，以约定为准。如无约定，依《民法典》第 389 条规定，主债权及其利息、违约金、损害赔偿金、保管担保财产和实现担保物权的费用，皆可纳入担保范围。本质上讲，这些都是辅助和促成债权实现而衍生的费用和成本，属于债权效力扩张的结果，与破产程序中的费用有着共同的属性，从担保财产中取偿易于理解。

在时间维度上，担保物权亦可针对将来债权而设立。《民法典》第 387 条第 2 款规定的反担保，本质上是为担保人针对主债务人可能取得的未来追偿权而设立。至少在担保设立时，追偿权尚未产生，故反担保指向的主债权属于将来债权。事实上，违约金、损害赔偿金作为担保物权保障的内容，也是仅于未来才会产生，亦属对于将来债权的担保。

3. 担保财产的物上代位性

担保物权的设立，实质上是担保人于自己的特定财产上为债权人设立具有归属效能、排除效能和社会公开性的优先取偿地位。据此，从该担保财产中衍生的利益亦应归属于担保权人。如该财产嗣后出于种种原因毁损、灭失，担保人由此取得的代位物，其实是担保财产及其所含财产价值的置换或转换，同样应由担保权人取得。不然，此等代位物停留在担保人处就会导致利益归属秩序的紊乱和错位。①

正因此,《民法典》第390条规定:"担保期间,担保财产毁损、灭失或者被征收等,担保物权人可以就获得的保险金、赔偿金或者补偿金等优先受偿。被担保债权的履行期限未届满的,也可以提存该保险金、赔偿金或者补偿金等。"本条列举了实务中常见的代位物形态,包括保险金、(侵权损害)赔偿金和征收补偿金。

在体系的视野下,代偿请求权在整个私法体系中表现形式多样。除了担保物权意义上财产归属地位及其所代表的财产归属秩序的保障,《民法典》第461条就所有权返还请求权框架下代偿利益交出请求权所作的规定,也具有相同的功能。再者,债法中也存在类似的规则。比如,债之关系中,给付标的物毁损灭失后,债务人取得的保险金、赔偿金、补偿金等代位物,债权人亦可主张相应的权益。

(四)基于担保权的绝对权请求权和担保人不作为义务

担保物权作为物权之一种,亦具有绝对权的属性。绝对权内核所指向的利益及其实现,一方面有赖他人不作为义务的履行;另一方面也依托绝对权请求权排除干扰。担保权存续期间,如担保人的行为足以使抵押财产的价值减少,则既构成不作为义务的违反,也是对担保物权圆满状态的侵入和妨害,已满足物权请求权的规范前提。作为法律效果和物权请求权的表现形式,担保权人得请求担保人停止进行中的行为方式,并恢复已被减少的担保财产的价值。

由于抵押权本身是从属性的权利,源于担保权的不作为义务在目的上终究还是服务于主债权的效力和实现。因此,从体系的观念出发,担保人的不作为义务可归入主债权反射而生的从义务。担保人持续违反不作为义务,对债权实现构成较为严重的威胁,作为救济,债权人可主张提前履行,此即法定的债权加速到期制度。

《民法典》第408条针对抵押权框架下的抵押人不作为义务和抵押权人的绝对权请求权进行了较为全面的规定,但针对质权、留置权却留下规范缝隙。对此,可通过类推适用第408条的方式,填补该立法漏洞。

---

① Vgl. Felix Hartmann, Der Anspruch auf das stellvertretende Commodum, Mohr Siebeck Tübingen, 2007, S. 333.

(五) 担保物权的变动

1. 债务转移对于担保权的影响

担保意味着,担保人未来可能代为承担原本应由主债务人履行的债务,故理论上称其为"风险行为"。从交易经验看,担保人作出担保决定时,除对自身的风险承受能力会再三斟酌外,通常也会对主债务人的资力、信用等各方面状况进行评估,以便对风险加以控制。如在未经担保人同意的情况下发生债务人主体的变化,则极可能令担保人的风险和负担加重,有悖于自治自决的基本原则。根据《民法典》第391条的规定,此时可产生担保人"脱保"的效果。从文义上看,第391条虽未将保证排除于适用范围之外,但在体系上,该条处于"担保物权"章节,因而应将其调整对象限定于物上担保的场合。况且,《民法典》第697条专门针对保证设置了与第391条内容基本相同的规则,这就更印证了立法者对于第391条预想案型的限定。

2. 担保物权或其顺位放弃的法律效果

主债务人以自己的财产提供物上担保,且有第三人担保并存时,尽管从目的看,不论债务人担保抑或第三人担保均服务于债权保障和受偿,但就层次而言,担保人实质上属于"代人受过",只是暂时性地承担本应由债务人负担的债务,最终仍可通过追偿的方式实现责任的转嫁。因此,主债务人和担保人的关系中,潜伏着一个不容忽视的追偿权。

担保权人放弃对主债务人所提供担保的取偿权及其份额时,如径依其意志,将主债务人从被追偿的地位撤除出去,从终局效果看,实质上是对其他担保人追偿权的不当处分和干扰。显然,这背离了私法自治的基本原则,而且可能产生错误的制度激励,引发主债务人"贿赂"担保权人或与之恶意串通的道德风险。为防止此种现象的出现,立法者遂以《民法典》第409、435条两个条文,专门对抵押权人、质权人放弃抵押权、质权及其份额、顺位的法律效果加以规定。综合该两条文的内容可知,担保权人对主债务人所作的放弃权利的意思表示,其效力绝非仅限于担保权人与主债务人内部,而是会产生"外溢效应",可直接"一体均沾"式地惠及其他提供担保的第三人。就结果而言,不利后果终由担保权人自行承担,即主债务人担保财产的价值或份额应从其他担保人的担保义务中予以扣除。

将视野放宽至整个财产法领域即可发现,连带债务关系中同样存在类似现象。尽管在外部关系上,诸债务人均服务于同一债权的实现,但就内部关系而言,每个债务人均应承担特定的份额,给付超过自己本应承担份额的连带债务人可以向其他尚未承担或承担不足的连带债务人进行追偿。这就形成类似于主债务人与其他担保人之间关系状态的利益格局。因此,对于连带债务关系框架下债权人免除部分连带债务人份额的意思表示,《民法典》第520条第2款规定了与担保制度中相同的法律效果,即整体债权的折损,而非单单对于被免除的连带债务人的"优惠"。

(六) 担保物权的实现

1. 担保物权实现的方式

《民法典》关于担保物权的一般规定,并未设置担保物权实现的通用规则。不过,梳理抵押权、质权、留置权的具体规范可知,诸此具体的担保物权在实现方面其实是有着"公因式"的。

首先,在担保财产交换价值的实现方式上,不论抵押、质押抑或留置,均离不开市场机制,可以表现为折价、拍卖、变卖等样态(《民法典》第410、436、455条)。所谓折价,即在担保品归属于担保权人的同时,经由第三方评估或当事人约定,为担保财产确定一个合适的价格,并通过与债权数额相比较的方式完成清算。在拍卖或变卖的场合,担保财产通过流转入第三人的方式换取货币对价,用于清偿债权。只不过前者依托专业的拍卖机构实施,后者则否。一般而言,拍卖多适用于艺术品或稀缺性特征明显的财产变现,对于充分挖掘担保财产的价值较为有利,但也会产生较为高昂的担保物权实现费用;变卖就简便很多。究竟如何选取,端视当事人合意而定。合意无法达成时,担保权人申请法院处理即可。我国《民事诉讼法》第207、208条专门为此设计了担保物权实现程序,可资辅助。

其次,担保程序启动后,孳息由担保权人收取。对于质押、留置而言,占有系担保物权成立的必要前提。作为担保品的占有人,质权人、留置权人本来就可以也应该收取孳息,并将收取的孳息优先用于冲抵收取孳息的费用(《民法典》第430、452条)。但对抵押权而言,抵押权的成立不以占有转移为前提,故抵押财产孳息的收取,唯于担保权实现程序启动之后,方可由抵押权人取得,并以之用于冲抵收取孳息的费用(《民法典》第412条)。

最后,担保财产的价值归属上,须经清算程序。担保财产作为债权人取偿的物质基础,如在覆盖债权数额及相关费用的基础上仍有剩余,则应返还担保人;反之,如有不足,则由债务人继续清偿(《民法典》第413、438、455条)。毕竟,担保在强化债权效力的同时,也意味着担保人的责任范围仅限于担保财产本身的价值。

2. 混合共同担保内部追偿权

混合共同担保的情形中,实现担保物权时,以约定为先。约定欠缺或不明时,依《民法典》第392条之规定,应就债务人自己提供的担保财产先予实现。其目的无非在于,尽可能避免烦琐的追偿,既能节约司法资源,亦可提高当事人间法律关系了结的效率。债务人未提供担保或担保不足时,仍免不了须由第三人承担担保责任。关键问题在于,复数担保人内部是否认可相互的追偿权?

就此,立法上经历了一个反复的过程。1995年《担保法》就此未作明确规定,由此遗留的立法空白,随着《最高人民法院关于适用〈中华人民共和国担保法〉若干问题的解释》(以下简称《担保法司法解释》)的颁行得以弥补。根据该司法解释第38条,承担了担保责任的担保人可以向其他共同担保人追偿。这就为裁判实践提供了一个明确的方案。然而,2007年《物权法》再次打破了这一格局。《物权法》第176条就混合共同担保设计规则时,并未吸收《担保法司法解释》第38条。立法者的沉默又引发了学理中的争议和裁判上的混乱,肯定、否定观点皆有之。肯定观点认为,《担保法司法解释》第38条仍可适用,立法上的单纯留白至少并未明确排除追偿之可能;反对见解则以法律解释方法上的"明示其一、排斥其他"为据,主张将《物权法》第176条的"不备"朝着立法者有意否认的方向加以解释和引导。经历了长期的对垒之后,2019年最高法制定实施的《九民纪要》第56条明确规定,"承担了担保责任的担保人向其他担保人追偿的,人民法院不予支持"。这就在官方层面宣告了追偿权否定论的胜出。2020年《民法典》在制度安排上同样延续了《物权法》第176条的内容,以至于后民法典时代的教义学阐释方案上,否定追偿权的学术见解大有演变成主流学说的态势。①

不容忽视的是,最高法的表态并未阻绝学理上的异见。② 站在法政策的立场上,排斥内部追偿权的方案不论从交易实践抑或利益衡量角度看,均处于明显的劣势。就主债务人和数个担保人之间的宏观关系而论,终局性的责任固然须由前者承担。但实务中,之所以要求担保人承担担保责任,往往是因为主债务人已陷入清偿困境、丧失了给付能力。此种追偿不能的风险,仍有必要在数个担

---

① 参见崔建远:《混合共同担保人相互间无追偿权论》,载《法学研究》2020年第1期;崔建远:《补论混合共同担保人相互间不享有追偿权》,载《清华法学》2021年第1期。

② 参见李宇:《〈民法典〉体系下共同担保人分担责任之实质理据》,载《法学》2023年第2期;李宇:《〈民法典〉中共同担保人分担责任之规范体系》,载《法商研究》2024年第4期。

人内部再作分配。否则,任由某一特定担保人承担该风险,既悖于连带责任的规范逻辑,也使得担保责任的承担沦为"偶然事件"或者完全取决于债权人的恣意选择,这完全可能激发人性之恶,为部分担保人与担保权人的私下串通提供反面激励。

《民法典担保制度司法解释》第 13 条虽为混合共同担保内部追偿权问题设置了规则,但其同样未能有效地解决问题。从文义解释即可看出,第 13 条第 1 款之适用必以"担保人之间约定相互追偿及分担份额""担保人之间约定承担连带共同担保"或者"约定相互追偿但是未约定分担份额"为前提。既然约定了追偿权,从私法自治原则出发,自应尊重之。可待决问题恰恰发生于当事人未作约定的案型,就此,第 13 条第 2 款规定,"各担保人在同一份合同书上签字、盖章或者按指印"时,才能认可各共同担保人内部的追偿权。在理据上,于同一份合同书上签章者,或可认为已形成默示的连带责任合意,当事人之间对于追偿权也有心理准备,故可采用明示合意相同的方案。除此而外,别无其他应当认可内部追偿权的案型。

当然,商事主体的"智慧"是无穷的。从交易实践看,常有担保人以受让债权的方式规避司法解释中对于追偿权的否定性规则。至少在外观上,债权的让与会附带地导致从属性担保物权随之转移,如此一来,债权受让人即可"名正言顺"地主张其他担保人承担担保责任。然而,这一道路也随着《民法典担保制度司法解释》的实施而被阻塞,因为第 14 条明确地将此种行为与第 13 条所涉情形等同。其理由在于,受让债权必有对价,此种对价实质上构成担保责任的承担,故须与直接承担担保责任的案型相同处理。这一方面显示了最高法围堵混合共同担保内部追偿权的决心;另一方面,却也暴露出其无奈,以及悖于交易规律和经济理性的规则终究难以在实践中获得认可和贯彻。何况,不分青红皂白地将债权受让等同于担保责任的承担,未见得合乎当事人的真意。

(七)担保物权的消灭

首先,担保物权会因其实现而消灭。担保物权既以实现,意味着其交换价值已经变现,用于清偿债权的目的已经达成,此乃其使命的完成,系最为正常的消灭方式。

其次,从担保物权的从属性地位出发,主债权消灭的,担保权亦随之消灭。所谓"皮之不存,毛将焉附",被服务的对象既然已经不复存在,作为工具的担保物权亦无存续的必要。

再次,权利可以放弃,担保物权作为一种私权,亦然。

最后,质权、留置权在消灭上还有个性化的事由,即占有丧失。因此二者皆以占有作为权利成立的必要条件,故占有的丧失将导致这两项权利的消灭。

二、抵押权

(一)抵押权的通用规则

抵押权乃"担保之王"。一是因为,早期的抵押权概念基本专指不动产抵押,而不动产往往价值较高,对债权保障功能强大;二是源于抵押权不以占有转移为必要,较好地实现了交换价值与使用价值的统一,于交易实践中颇受青睐,故运用频率极高。对于抵押权制度的观察,同样可依从成立、存续到变动、消灭的时间脉络展开。

1. 抵押权的客体范围

历史地看,抵押权的客体经历了不断拓展的过程。早期的抵押权,基本上设立于不动产之上。随着中小微企业在国民经济中占据愈发重要的地位,为满足其融资需求,动产浮动抵押应运而生。我国土地所有权的绝对固定又使得建设用地使用权替代性地发挥准所有权功能,因而成为交易中无比重要的抵押权对象,这就令抵押权的客体范围进一步拓展到不动产定限物权之上。可见,当今的抵押权客体范围十分广泛。《民法典》第395条第1款明确列举了6项可抵押的财产,但最重要的其实是该条第7项,即凡"法律、行政法规未禁止抵押的其他财产"均可抵押。

就负面清单而言,《民法典》第399条列举了几项禁止抵押的财产,具体包括:

(1)土地所有权。这源于我国土地公有制,土地所有权不得成为交易的对象,即便设立抵押权也无法实现。

(2)宅基地、自留地、自留山等集体土地使用权。这几类土地使用权具有社会保障属性,不具有市场交易的功能。但并非所有农地使用权均禁止抵押,尤其是在三权分置背景下,从土地承包经营权中析出的农地经营权,是可以抵押的。[1]

(3)学校、幼儿园、医疗机构等为公益目的成立的非营利法人的教育设施、医疗卫生设施和其他公益设施。值得注意的是,如为私立学校、幼儿园、医疗机构,本来就以营利为目的,并不具有公益属性,则其名下的教育或医疗设施是可

---

[1] 参见高圣平:《农地金融化的法律困境及出路》,载《中国社会科学》2014年第8期。

以抵押的。其实,从《民法典》编纂过程中对《物权法》第 184 条第 3 项的修改也能看出,立法者有意限定此一规则适用范围的意图。①

(4)所有权和使用权不明或有争议的财产。以权属不明的财产抵押,困境在于:一是难以明确抵押人有无处分权,会给明确抵押权是否设立带来困难;二是,未来实现抵押权时,仍会再次面临有无处分权的困境,甚至还可能因第三人异议之诉丧失可实现性。

(5)依法被查封、扣押、监管的财产等。此处所列举的若干措施,会导致权利人丧失处分权能。设立抵押恰属于处分行为,因而被禁止。

2. 抵押权的设立

设立抵押权,性质上属于处分行为,规范构造上离不开物权性抵押合意的外在载体,即抵押登记。

(1)抵押合同

抵押合同为当事人间物权性抵押合意的载体。② 以不动产或不动产权利作为抵押客体时,该物权合同的生效附加了登记这一法定停止条件;以动产抵押时,随着抵押合同的缔结,抵押权直接设立。

不过,从交易实践看,当事人所缔结抵押合同的内容,完全可能超出《民法典》第 400 条 2 款的范本条款,令抵押合同呈现出更加多元的属性。以"中信银行股份有限公司东莞分行诉陈志华等金融借款合同纠纷案"③为例,当事人虽已签订不动产抵押合同,但并未办理登记,导致抵押物权未能有效设立。但抵押合同中明确约定了登记义务,该义务的违反依然能成立违约责任,抵押人应在债权人未能受偿范围内承担赔偿责任。问题在于,当事人如未在抵押合同中明确约定登记义务,嗣后登记手续未履行以至于抵押物权未能设立时,债权人如何救济? 就此,从诚信原则出发,抵押合同当事人负有尽力促成登记手续完成的义务,对该义务的违反亦应视为过错,足以导致赔偿义务的成立。只不过,债权人本身的过错也要纳入考虑,扣减债权人的赔偿请求权。

抵押合同为抵押权人创设了一种有利的财产地位,但并未直接载明此种利

---

① 参见黄薇主编:《中华人民共和国民法典物权编解读》,中国法制出版社 2020 年版,第 650—651 页。

② 参见李运杨:《论作为处分行为的抵押合同》,载《清华法学》2024 年第 2 期;不同观点,参见杨代雄:《论抵押合同作为负担行为的双重效果》,载《中外法学》2019 年第 3 期。

③ 最高人民法院指导案例 168 号。

益获取的法律原因。通常来讲，担保人之所以愿意为债权人创设一种优先取偿的地位，往往是由于担保人与主债务人之间已有事先的约定或安排。这一约定，就是抵押合意的法律上原因。相应地，此种约定的效力瑕疵也会导致抵押人取得针对主债务人的不当得利请求权。

（2）抵押登记

在不动产、不动产权利作为抵押客体时，抵押登记为抵押权设立的必要条件（《民法典》第402条）。以动产抵押时，抵押登记属对抗要件。由此，未经登记的动产抵押，不具有公开性和可识别性。不知动产之上已存在抵押的相对人，如再次与动产处分权人达成抵押合意，在法律效果上，时间在后的抵押权人反倒取得更加优先的受偿地位，此即《民法典》第403条"未经登记，不得对抗善意第三人"规则的内涵。可见，抵押权语境下的善意保护，并非如同所有权那样互斥，只不过是在多重抵押权之间进行顺位排序而已。

不过，实务中登记极可能出现瑕疵，导致抵押权是否设立、抵押权人是否享有优先受偿效力成为疑问。举例而言，在"武汉市武昌区汉信小额贷款股份有限公司与李五喜等民间借贷纠纷再审案"①中，汉信小贷公司向李五喜、李桂喜共发放贷款1200万元，周经泉以其与刘汉梅、周金木共有的房屋为该债务设立抵押，《抵押合同》已经订立，虽亦办理登记，但据法院查实，案涉抵押合同没有编号，也无法确定抵押合同担保的债务，故汉信公司主张就该抵押房屋行使抵押权并优先受偿的请求未获二审法院支持。但再审过程中，湖北省高级人民法院（以下简称"高院"）却扭转了二审法院的生效判决，并指出："即使武汉市洪山区住房保障和房屋管理局为汉信小贷公司所办理的房屋抵押登记存在瑕疵，根据刘汉梅、周金木向周经泉出具授权委托书及向汉信小贷公司交付二人房产证原件的情况，依照《最高人民法院关于适用〈中华人民共和国担保法〉若干问题的解释》第五十九条'当事人办理抵押物登记手续时，因登记部门的原因致使其无法办理抵押物登记，抵押人向债权人交付权利凭证的，可以认定债权人对该财产有优先受偿权。但是，未办理抵押物登记的，不得对抗第三人'的规定，在不涉及第三人利益的情况下，汉信小贷公司就涉案房屋享有优先受偿权，原审判决对此认定有所不当。"

上述裁判表明，登记作为抵押权的公示手段，主要功能在于固定抵押权的顺

---

① 参见最高人民法院（2019）最高法民申863号民事裁定书。

位、保障交易安全。在不涉及第三人利益保护时,于当事人内部,登记的轻微瑕疵并不足以阻碍优先受偿权的认可。事实上,在不涉及第三人利益时,只要有当事人的抵押合意,即便根本未曾办理登记,亦不影响债权人主张优先受偿权。毕竟,对于债权人而言,债务人的所有财产均是其债权受偿的责任财产。然而实务中,不涉及第三人利益的情况殊为罕见。

3. 抵押权的内容及其效力

(1) 房地一体抵押

我国物权制度中,房屋与土地系两项独立的不动产。这导源于我国土地公有化和绝对固定的国情。因为若采德国式土地所有权吸收房屋所有权的范式,将房屋界定为土地成分,这将导致房屋参与经济交往的功能大大削弱,也会造成我国抵押财产客体的大幅缩减。鉴于此,我国立法者遂采用以建设用地使用权隔离土地与房屋的制度设计,房屋与建设用地使用权就成了各自可以独立抵押的财产。

然而,房屋无法悬空,无论如何也必占用一定的土地表面。在当事人单单抵押房屋或建设用地使用权时,就可能引发房屋所有权和建设用地使用权分属两人,带来"拆屋还地"的窘境。为防止这一结局,立法上遂强行将房地捆绑一体,以强行法的方式,严格地限制当事人以建设用地使用权或房屋所有权作为抵押客体时的意思形成权能。具体而言,《民法典》第397条规定,当事人仅以建设用地使用权抵押的,其抵押合意直接及于土地之上的建筑物;当事人仅约定建筑物作为抵押客体时,其合意亦径直延伸至房屋占用下的建设用地使用权。不动产抵押涉及乡镇、村企业时,同样遵循与第397条为城市建设用地使用权和建筑物所设规则的逻辑。

(2) 禁止流押

禁止流押是古老的规则,早在罗马法时期即已存在。该法理对于质权同样适用。综合二者,可提取出禁止流担保的一般条款。就利益格局言,担保权人通常比债务人、担保人处于更加优越的地位,毕竟是否授信取决于其单方决定。为避免债务人或担保人遭受过分压榨,立法上遂确立了禁止预先放弃清算利益的法政策,这就形成了延续至今的禁止流担保的制度设计。当然,抵押权进入实现的环节后,当事人自可基于合意,决定以折价方式实现抵押权。所谓折价,其实就是物权直接归属于担保权人,只不过此时仍不免除"多退少补"的清算要求。

从交易实践看,流押条款可以形成于抵押合同缔结之时,亦可出现于抵押合同成立之后。对于前者,当事人的抵押合意其实超出了物权立法为当事人容留的自治空间和法律行为形成权限。因立法者所设想的抵押权仅以交换价值上的优先取偿为功能,而流押的合意却以不经清算前提下的物权直接变动为指向,其效力要素显然已大大超出立法者预先塑造的自治边界,故立法上采取径直"抹去"超出权限范围的合意要素,使当事人合意效力不溢出价值优先取偿的制度设计范式。对于后者,实质是当事人合意修改先前的抵押合意和拓展其效力内容,但这种效力要素的扩张同样超出了法秩序所允许的权限范围,因而归于无效。

学理中有观点认为,《民法典》第401条构成法律行为的效力转换,即在法律行为无效的场合,如其同时符合一个内涵更加简单、成立门槛更低的法律行为,那么在不违背当事人意志的前提下,可以允许当事人合意的效力缩减至内涵更加简单的法律行为范围内。此亦被称为"效力维持性缩减"(wirkungserhaltende Reduktion)。

实务中涉及流押条款认定的案件颇多。以"朱俊芳与山西嘉和泰房地产开发有限公司商品房买卖合同纠纷案"[1]为例,当事人先后签订商品房买卖合同和借款合同,前一合同已完成备案;当事人约定借款合同如无法履行,则履行商品房买卖合同,这就出现了两个合同并立又有联系的现象;据查明的事实,两个合同本质上指向同一笔款项。山西省高院认定商品房买卖合同系借款合同的担保,并且以前一合同的履行将导致房屋所有权移转为由,将其判定为流押条款,归于无效。

最高法则否定了山西省高院的判断,将商品房买卖合同与借款合同的关系解释为:前者为后者提供担保,后者为前者设置解除条件。作为争议的焦点,借款合同中约定"如到期不能偿还,或已无力偿还,乙方(嘉和泰公司)将用以上抵押物来抵顶借款,双方互不再支付对方任何款项"的内容,并非法律上禁止的流押条款。理由在于:债务人嘉和泰公司不履行到期债务时,并不能直接导致房屋所有权的转移,而是仍需经历一个履行的过程;债务人对于是否履行借款债务抑或履行商品房买卖合同,其实是有着选择权的。[2]

综合定案事实,本案关键在于判断两份合同间的法律关系。上下两级法院

---

[1] 载《最高人民法院公报》2014年第12期。
[2] 关于本案的详细研究,参见陆青:《以房抵债协议的法理分析——〈最高人民法院公报〉载"朱俊芳案"评释》,载《法学研究》2015年第3期。

虽都作出商品房买卖合同作为借款合同担保工具的判断,但其实并未能就其背后的法理依据给出有力分析。就内核而言,认定一项合意是否具有担保的物权属性,重点在于该合意中是否包含为债权人在财产和清偿方面创设比担保人其他普通债权人更加优先和有利的地位。[①] 从案涉约定看,当事人朱俊芳依据两份合同同时取得借款债权人和买卖价款债务人地位,于借款未获清偿时可通过抵销的意思表示直接消灭两项具有对立关系的债权。从抵销本身的清偿和担保功能出发,这显然为朱俊芳创设了比其他普通债权人在清偿和财产取偿方面更加优越的地位,当事人无疑具有担保的合意。故此,两级法院就担保合意的认定值得认同。

可更值得讨论的问题在于,两项债权因借款债务到期不履行而直接消灭,是否构成流押条款? 回答应当是肯定的。表面上看,对于借款债务和商品房买卖合同的出卖人义务如何履行,债务人嘉和泰公司有选择的可能,但这显然不是否认流押条款存在的理由。在常态化的借款及抵押担保案型中,从经济理性出发,任何一个担保人都不希望丧失抵押物,在外观上债务人毫无疑问同样可以在主债务履行和抵押实现之间进行选择,然而问题在于,事实上债务人丧失资力时根本无法选择,只得任由债权人实现担保物权以为取偿。可见,最高法在这个方面所作的说理是苍白无力的。再者,虽然债权人距离取得商品房所有权人的地位仍然隔着所有权移转手续这一环节,但这并不影响债权人基于抵押的物权合意已经获取相较于其他普通债权人更加"靠前"的地位,或曰向前迈进了"具有侵略性的一步"。更何况,流押条款的核心要义绝非直接的物权变动,而是债务人整体财产中专门隔离出来为担保权人设置优先受偿地位的那个部分,能够在不经过任何清算的背景下,嗣后"抵顶"或"替代"须予清偿的主债权,进入债权人的财产之中。这既是对债务人的"剥削",也可能间接地损及担保人其他债权人受偿可能。至于为促成担保财产从担保人的整体财产组成部分向债权人的整体财产组成部分转移是否还需要补充一些额外的手续,则不是法律评价和考量的重点,毕竟担保权人借助流押条款"攫取"担保人该特定财产组成部分和剥夺其他债权人取偿机会的意图已经实现。而这样的抵押合意,超出了物权法秩序为私主体容让的自治边界和法律关系形成权限,故不得径依当事人约定发生效力。以此

---

① 关于担保合意及其认定,参见冯洁语:《民法典视野下非典型担保合同的教义学构造——以买卖型担保为例》,载《法学家》2020年第6期。

为据,案涉约定在利益格局上恰恰呈现为,一旦主债务(借款债务)未获清偿,债权人于担保人特定财产上的物权性优先地位和"攫取"能力就能够在不经任何清算的情况下继续保留,并且在必要的手续补充完成之后,促成原本归属于债务人的财产转入债权人的整体财产中。所以,没有比这种约定更加典型的流押条款了。故就结论而言,最高法的判断不值得赞同,反倒是山西省高院的裁判更为妥当。

除此而外,法律界颇为关注的"汤龙、刘新龙、马忠太、王洪刚诉新疆鄂尔多斯彦海房地产开发有限公司商品房买卖合同纠纷案"[①]中,当事人原本同样存在借款与商品房买卖两重并立又有联系的合同关系,且就两项合同的关系而言,商品房买卖合同亦构成借款的担保。可该案后续的发展却呈现出与前案差异较大的利益格局。于借款履行期届满后,双方又重新签订了商品房买卖合同,并约定将借款本息"转为"购房款,且债权人将补足借款无法覆盖的房款余额。此时,问题的关键就变成,"借款本息转为购房款"在法律上意味着什么?最高法给出了"合同变更"的结论。然而,合同变更应当是同一合同关系内部的内容变更,与此处借款和买卖同在的事实并不吻合,故这一解释路径并无说服力。较为妥当的解释方案依然是,两重债权的相互抵销。当然,最高法于本案中还特别强调,防止当事人假借商品房买卖合同的方式将违法的高息合法化,并以对账确认的借款利息远高于法律保护的最高利率限额为由,判定超出部分不受保护。可事实上,当事人完全可以通过将商品房买卖价款约定为较低数额并辅以两债抵销的制度工具,精准地规避此种司法判准。这就给司法审查造成新的难题,值得深思。

(3) 追及效力

追及效力是物权的内在效力之一,抵押权随抵押财产流转即此种效力的表现形式。《民法典》第406条第1款规定,抵押期间,抵押人可以转让抵押财产,且抵押财产的转让不影响抵押权的存续,就是对抵押权追及效力的肯定。追及效力意味着,抵押物受让人不得不承受抵押权的负担。就不动产抵押而言,登记的存在令抵押权的负担具有公开性,所有权之上的负担不得被认定为瑕疵。但动产抵押并不以登记为必要,受让人权利状态如何?

对此,有必要区分动产财团抵押和准不动产抵押。就动产财团抵押而言,不

---

① 最高人民法院指导案例72号。

论其为固定抵押抑或浮动抵押,均适用《民法典》第 404 条,不得以抵押权的存在对抗正常经营活动中已支付合理对价并取得抵押动产的买受人。故买受人取得的是排除了抵押权负担的"干净"的所有权,如船舶、航空器、机动车等准不动产抵押,未经登记的动产抵押权无法为交易相对人所知悉,依《民法典》第 403 条第 2 分句,不得对抗善意受让的第三人。至于抵押权人,如未能及时办理抵押权登记,本身就应当承担隐蔽担保带来的风险。何况抵押人转让抵押财产必有对价,抵押权人可基于《民法典》第 390 条之准用,主张代偿利益交出请求权,要求抵押人将转让抵押物获得的对价提前向自己清偿或者提存。事实上,《民法典》第 406 条第 2 款也已作出这样的制度安排。其中,对于抵押人恶意以低价乃至无偿方式转让抵押物的情形,第 406 条第 2 款第 1 句专门设置了抵押人的通知义务。这就为抵押权人防范抵押人损害抵押权人受偿地位和本可获取的交换价值提供了有效的控制机制。若抵押人违反通知义务,则抵押权人可通过损害赔偿请求权寻求救济;若抵押物由债务人自行提供,则抵押权人还存有主张债权人撤销权的可能,借以恢复债务人的财产状况。

4. 抵押权的顺位

抵押权系价值权,同一担保品的价值可为数项债权提供保障,故交易实践中常见担保权叠加现象。只是在担保权实现时,极可能出现担保品价值不足以覆盖全部受保障债权数额的情况,清偿顺位的明确由此成为必要,此即抵押权的顺位。因而,抵押权顺位根本上还是数项竞存的主债权本身的顺位。

依《民法典》第 414 条第 1 款的规定,复数抵押权之间的位序按照如下标准确定:登记时间先后→已登记优于未登记→未登记的按比例清偿。概括地讲,公示越早,保护越强;未作公示,平等保护。

真正值得关注的是《民法典》第 414 条第 2 款将"其他可以登记的担保物权"纳入前款排序标准的适用范围之内。结合《民法典》担保制度的功能化变革,动产买卖中出卖人保留的所有权、融资租赁中出租人保留的所有权、保理交易中保理人受让的债权,本质上都发挥着担保权的功能,且均具有可登记的属性,因此第 414 条第 1 款的顺位标准就同样能适用于诸此非典型的功能性担保工具。

如将视野放宽,除抵押权内部有顺位确定必要的,诸种担保权之间亦然。对于同一财产之上并存抵押、质押的场合,《民法典》第 415 条同样确立了以公示时间先后为准的顺位厘定机制。如将留置权这一法定担保工具纳入考量,则留置权在顺位上比抵押、质押都要更加优先。其理在于,留置权所担保的债权,往往产生于可能对被留置财产产生增值性效果的法律关系。在这一面向上,该债权与破产程序中的共益债务和破产费用有着相似的特点,因而值得赋予更强的保护力度。

5. 抵押权的变动

(1) 抵押权顺位的处分

抵押权的顺位及其担保债权数额是抵押权物权属性的重要内容,经当事人合意,得直接发生变动。此种变动抵押权顺位的合意,乃物权行为的表现形式。不过,于交叉担保的场合,为避免"负外部性",某一抵押权人与抵押人就抵押顺位及其担保数额的内部合意,基本只能朝着不利于己的方向约定。否则,当事人擅自提升自己的抵押权位序或提高自己受担保的数额,必然会对其他共同抵押权人产生消极影响,这实质上构成对他人抵押权的无权处分和自治领域的不当侵入。对此,《民法典》第409条第1款第3句规定,未经其他抵押权人书面同意的,不得对其他抵押权人产生不利影响。

(2) 抵押权失效

《民法典》第419条规定:"抵押权人应当在主债权诉讼时效期间行使抵押权;未行使的,人民法院不予保护。"据此,学理中有观点认为,我国民法确立了担保物权随主债权诉讼时效届满而消灭的规则。表面上看,基于担保物权从属于主债权的特性,既然主债务人可以时效抗辩为由拒绝债务之履行,抵押权丧失亦在情理之中。可细察之下,这一规则未见得正当。就法律效果而言,时效经过并非直接导致主债权的消灭,只是令其强制执行的权能受阻。既然主债权在实体权利层面的存续不受影响,就无法从时效经过的事实中直接推导出抵押权消灭的结论。

在《德国民法典》语境下,主债权罹于诉讼时效,不仅无法导致抵押权的消灭,更不会阻碍债权人继续就担保物权取偿。其背后的法理在于:并不是所有人都懂法律,民法中高度技术性的规则更非为所有国民所理解。从普通人的视角出发,作为一个债权人,通常会认为抵押权的设立和存在会使自己的债权加了一道"保险",提供了充分的保障,这样一来,债权人在主张和行使主债权方面就难免会出现"不上心"的现象。鉴于此,《德国民法典》从门外汉的视角出发,规定了主债权时效经过不影响其就抵押权继续取偿,以免为不知法的当事人设置"规则陷阱"。

当然,也有反对意见认为,学法懂法系国民的基本义务,任何人皆不得以不知法为由拒绝承担法律上于己不利的后果。这就涉及立法者在进行规范设计时对于法律受众的定位。至少德国立法者从一开始就把《德国民法典》定位为"法学家的法"和裁判规则,而非"民众的法"或直接的行为规则。正因此,其制度安排就要从"法律门外汉"会如何安排自己的生活与行为的视角出发,考量规则怎样设置才不会扰乱人们的生活秩序。

站在法政策的立场,主债权罹于诉讼时效对于抵押权的影响这一问题,关乎抵押权人、抵押人、债务人和第三人四方主体之间的利益权衡。从抵押权作为保障债权人利益和增强债权效果之制度工具的规范目的出发,抵押权制度设计中,有必要更多地考虑债权人法律地位的维护。担保人在自己的财产上设立抵押负担时,就应当充分地认识到这是一种具有高度风险性的行为,未来极有可能因此丧失抵押财产。因而在整体的利益衡量层面,仍以保留抵押权人的取偿地位为宜。当然,担保人承担担保责任之后,仍可向主债务人追偿。此种追偿权系新生的、独立于主债权的新类型请求权,主债务人不得以主债务的诉讼时效对抗之。① 我国《民法典》第419条的制度安排上,利益的天平显然朝着抵押人倾斜,难谓符合抵押权的功能承载和规范定位,因而学理中遭到持续的批评。②

同时,为避免抵押权人长期"无动于衷",可考虑参照适用《民法典》第437条、第454条,赋予抵押人请求抵押权人及时行使抵押权的权利。抵押权人不作为的,抵押人可请求法院直接采取实现抵押权的措施。

总结言之,不论自比较法抑或利益衡量的角度观察,均不应为抵押权设置存续期间或者为抵押权附设与主债权诉讼时效同时消灭的效果,这也超出了时效制度本身的规范"射程"和内在功能。《民法典》第419条虽未在规范文义上采用抵押权直接消灭的表达,但"人民法院不予保护"的用语依然为抵押权人主张优先受偿设置了难以逾越的障碍。即便效仿《德国民法典》第1170条将抵押权转归抵押物所有权人的解释路径,也难以在不根本改变法条文义的前提下获得认可。因此,这一规则瑕疵的纠正,恐怕只能交由立法者未来通过修法实现。

6. 抵押权的实现

在建设用地使用权基础上设立的抵押权,如于抵押权存续期间新增建筑物,

---

① 参见邵敏杰、张谷:《民法典时代抵押权存续期间之存废——基于比较私法与私法史的考察》,载《中外法学》2023年第6期。

② 参见邹海林:《抵押权时效问题的民法表达》,载《法学研究》2018年第1期。

待后续实现抵押权时,从我国"房地一体"的法政策出发,应将新增建筑物一并处分(《民法典》第 417 条)。其目的无非在于保障建筑物与其占用之下的土地使用权同归一人,避免"拆屋还地"和资源浪费的负外部性。不过,这一制度安排是否妥当,仍容讨论。其实,建筑物与土地使用权分属二人亦非必然推导出"拆屋还地"的结论。在法技术上,立法者还可以通过创设"法定地上权"方式,为建筑物所有权人创设房屋存续的正当权源。只不过,该"法定地上权"仍应遵循市场规律,以有偿为原则。

抵押权的实现意味着抵押物流转入他人之手,但该抵押物之上仍可能承受着权利负担或政策上的限制。就权利负担而言,典型的例子是租赁权人的法律地位存续。对此,《民法典》第 405 条规定,如抵押权设立之前,抵押物即已被出租,则抵押权并不影响在先租赁关系的存续;即便嗣后抵押权实现导致所有权变动,从《民法典》第 725 条"买卖不破租赁"规则要旨出发,承租人的法律地位也不受影响。在法政策限制方面,农地性质和用途管制最具代表性。在农地三权分置和经营权自由流转的宏观背景下,纵使作为抵押财产的经营权被拍卖、变卖,从而流转入他人之手,但在性质和用途上,受让人也不得改变其作为农地的土地所有权的性质和土地用途(《民法典》第 418 条)。

(二) 浮动抵押

浮动抵押,以担保财产在结晶之前处于浮动状态为核心特征,故有此名。依《民法典》第 396 条之规定,企业、个体工商户、农业生产经营者可以将现有的以及将有的生产设备、原材料、半成品、产品抵押,以获得融资。这一制度系为解决中小企业"融资难"问题而引入的制度。不过,从比较法看,浮动抵押的制度建设模式本身也分为英式浮动抵押与美式浮动抵押,前者效力较弱,抵押权人优先受偿的顺位仅当抵押财产发生结晶时才确立;后者效力较强,抵押权人于抵押权设立时立即取得优先受偿的顺位。[①]

浮动抵押因合同的缔结而设立,不以登记为必要条件。不过,依《民法典》第 403 条之规定,未经登记的浮动抵押,不得对抗善意第三人。换言之,未经登记的隐秘抵押,一旦因同一财产之上设立多重抵押而出现确立顺位的必要,在后的善意当事人取得的抵押权将处于更加优先的地位。

与典型的抵押权相比,浮动抵押的最大特点在于,作为担保品的抵押财产

---

① 参见龙俊:《民法典中的动产和权利担保体系》,载《法学研究》2020 年第 6 期。

"可进可出",未到结晶时刻不固定。同时,《民法典》第404条规定,抵押财产的组成部分只要是在正常经营活动中向外流出,取得人即可获取无负担的动产。这就使得浮动抵押能够在不影响企业正常营业的前提下为其提供融资渠道。不过,何谓"正常经营活动"? 对此,一是要看交易活动及其标的物是否与抵押人的营业范围、企业的营利取向相匹配;二是要分析其交易的频次、方式和规模等是否与常态化的营业行为相吻合。举例来讲,抵押人突然大规模对外转让自己的生产设备,从正常的交易经验看,这显然并非常态化的营业行为,因而无法为《民法典》第404条所覆盖。

浮动抵押并不会永远处于浮动状态。一旦出现需要确定抵押权顺位或实现抵押权的事实,便会出现抵押财产结晶的法律效果。实际上,需要确定抵押权顺位或实现抵押权,往往是在债权届期未获清偿,或者债务人方面出现严重危及债权实现可能性的事由的场合,比如抵押人进入破产或解散状态(《民法典》第411条)。

(三)价款超级优先权

价款超级优先权乃美式强浮动抵押的配套性制度。之所以如此,乃因为美式浮动抵押一经确立,便会出现对于抵押人未来取得任何生产设备、原材料、半成品或产品的自动"虹吸"效果。其结果是,抵押人嗣后取得的任何动产,均会自动地成为设立在先的浮动抵押权人优先取偿的对象,嗣后再为抵押人提供融资而取得这些担保品的债权人便会在受偿顺位上处于相对劣势地位,这对于抵押人后续融资无疑会产生强烈的"阻吓"效果。对于此种现象,如不采取应对或缓和措施,强势的浮动抵押权的存在就会对抵押人的融资渠道产生"垄断性的效果",反倒成为企业进一步发展的障碍。这就违背了立法者借助浮动抵押制度为企业创设更多便利融资工具的立法初衷。

正是受到此种考量的驱动,我国立法者在《民法典》编纂中进一步参照《美国统一商法典》,引入价款超级优先权,体现为第416条。根据该条规定,抵押人于取得的动产之上设立的抵押权,只要以担保该动产本身价款的融资债权为目的,且此一动产抵押权于标的物交付后10日内办理抵押登记,即可在顺位上优于设立时间在前的浮动抵押权。[①]

---

① 关于购置款担保权的详细研究,参见谢鸿飞:《价款债权抵押权的运行机理与规则构造》,载《清华法学》2020年第3期。

在教义学视野下,此一规则之适用,须注意如下面向:

1. 主债权产生于抵押物的价款融资行为

价款超级优先权担保的对象是担保人为支付担保标的物购置款进行融资而产生的债权,正因此,这一担保权又被称为"购置款担保权"(PMSI = Purchase Money Security Interest)。在源头上,此种融资既可以来自担保标的物销售方本身,自然亦可由第三方提供。在交易实践中,销售方提供的融资多表现为赊销,第三方的融资多表现为金融信贷债权。所以,价款超级优先权担保的债权既可以是抵押物出卖人的赊销债权,也可以是抵押人为支付抵押物购置款而从第三方处获取融资产生的金融债权。举例来讲,甲公司为乙银行设立浮动抵押后,又从丙工厂购入原材料,由此产生 100 万元价款的债务。该批原材料作为动产,甲公司可以设立抵押权,这一抵押权首先可用于担保丙工厂的赊销债权。当然,甲公司也可能从丁、戊两家银行各借入 50 万元用以支付丙工厂的价款债权,此时以该批原材料为基础设立的动产抵押权可以用于担保丁、戊银行的债权,并且在满足登记要求的前提下,具有超级优先效力。

2. 动产抵押权的概念外延应作广义解释

在价款超级优先权制度框架下,用于担保价款债权的抵押权是一个源于美国功能主义担保观的概念,其概念的勘定自应遵循功能主义的范式展开。故此处所谓的抵押权,除了典型的动产抵押之外,还应将所有权保留及融资租赁交易模式中出卖人或出租人保留的所有权延纳在内。

仍以上述原材料买卖案为例,丙工厂如以所有权保留方式销售该批原材料,并将保留的所有权加以登记,同样能产生超级优先效力。因为在功能主义担保观下,销售人保留着的所有权本质上是发挥担保功能的"空壳所有权"。若将该案稍加改编,丙并非工厂,而是银行,按照甲公司的要求从 A 工厂处购入机器设备,并以融资租赁方式出租给甲公司。此时,丙银行保留着机器设备的所有权。若丙银行将该所有权加以登记,亦可产生超级优先效力。

3. 10 日的登记时间界限及违反的法律效果

10 日作为登记完成的时间界限,系超级优先效力产生的必要条件。如超出 10 日才完成登记,动产抵押权(包括所有权保留、融资租赁的优先受偿效力)仍能设立,只是其顺位不得超越设立时间在先的浮动抵押权。此时的顺位,按照《民法典》第 414 条依公示先后加以确定。

4. 超级优先顺位无法超越留置权

尽管价款超级优先权以"后来居上"的方式"成功逆袭",超越设立时间在先的浮动抵押权,但同一动产上存在留置权时,该留置权始终居于更高的位阶。这与价款超级优先权作为突破浮动抵押融资渠道垄断效应的功能定位有关。

(四) 最高额抵押

1. 最高额抵押权的设立

最高额抵押权的特点在于,被担保债权的具体金额于一定时间和额度范围内处于变动状态。于其设立之初,抵押人财产中服务于该抵押权人优先取偿的部分及其最高额度便已确定,故对于抵押人的其他债权人来说,具有明确的可预期性,危险性较小。同时,这一担保工具免去了每成立一项债权就单独达成一个抵押合意的烦琐,效率颇高,因而在交易实践中获得青睐。

2. 最高额抵押权的变动

最高额抵押权存续期间,如被担保的主债权发生部分转让,不会导致原本具有从属性的抵押权随之转让(《民法典》第421条)。此一规则是对主债权与担保物权关系"从随主走"这一基本原则的突破,因而值得关注。

当然,当事人亦可对受抵押权保障的主债权数额加以更新。这种更新可以表现为对主债权确定期间的变更、受保障主债权范围调整以及被担保最高债权额本身的变动。从私法自治理念出发,此种变动不得在未经其他抵押权人同意的情况下对其产生不利后果。其法理与《民法典》第409条第1款第3句相同,即此种于己有利的变动会反射性地造成其他担保权人抵押顺位或份额的降低及削减,从而构成无权处分,因此须由真正的权利人以同意的方式加以控制(《民法典》第422条)。

当该变动并未对第三人产生不利影响,或者虽有不利影响但经过受影响第三人同意时,值得讨论的是,此种变动是否以抵押登记的同步变动作为生效要件?立法上并未明确,从交易实践看,回答是否定的。比如,在"中国工商银行股份有限公司宣城龙首支行诉宣城柏冠贸易有限公司、江苏凯盛置业有限公司等金融借款合同纠纷案"[①]中,江苏凯盛置业有限公司(以下简称"凯盛公司")与中国工商银行股份有限公司宣城龙首支行(以下简称"工行宣城龙首支行")于

---

① 参见最高人民法院指导案例95号。

2012年10月24日签订《最高额抵押合同》,约定凯盛公司自愿以其名下的房产作为抵押物,自2012年10月19日至2015年10月19日期间,在4000万元的最高余额内,为宣城柏冠贸易有限公司(以下简称"柏冠公司")在工行宣城龙首支行所借贷款本息提供最高额抵押担保。该抵押已办理登记,工行宣城龙首支行依法取得涉案房产的抵押权。2012年11月3日,凯盛公司与工行宣城龙首支行又签订《补充协议》,约定前述最高额抵押合同中述及抵押担保的主债权及于2012年4月20日工行宣城龙首支行与柏冠公司所签《小企业借款合同》项下的债权。但当事人对于《补充协议》增补债权的约定并未办理抵押变更登记,这就在当事人间引发了变更是否以登记为必要的争议。从最高额抵押的特点出发,其债权数额本就可以在一定数额与期间内不断变动,这不是新设最高额抵押权,也不会对第三人产生负面影响,应予认可。

3. 最高额抵押权的主债权确定

最高额抵押权担保的债权通常皆有期间,期间届满,债权确定。当事人并未约定债权确定期间或约定不明,自抵押权设立之日起满2年后,抵押人或抵押权人任何一方均可请求确定债权。新债权不可能发生的,比如债权人解散、进入破产程序,债权亦可确定。发生可能危及债权实现的事由时,比如抵押人或债务人解散、被宣告破产以及抵押财产被查封、扣押,主债权即可确定。

一旦主债权数额确定,最高额抵押权即转变为固定债权,与常态债权并无二致,故可直接适用抵押权的一般规则。

三、质押权

质权也属意定担保物权的重要组成部分。体系上,质权分为动产质权和权利质权。前者在交换价值和使用价值的统一上难度较大,与后者相比劣势日渐凸显,在担保物权"家族"中的地位有走向式微的趋势。

法律适用上,质权与抵押权有不少共享规则。具体而言,在从属性、受担保债权的范围、担保财产的物上代位性、基于担保权的物权请求权、债务转移对担保权的影响、担保权人放弃顺位或份额、担保权的实现方式、混合共同担保的内部追偿权和担保权的消灭等方面,质权均适用前述就通用规则所作的阐释。值得一提的是,在从属性上,质权部分并未如抵押权规范那样直接设置"从随主走"的条款(《民法典》第407条)。但是,并不能因此否认质权应随主债权转让而直接变动的地位,规范上直接适用《民法典》第547条即可。

（一）动产质权

1. 动产质权的设立

动产质权,顾名思义,自然是设立于动产之上的质押权。从私法自治原则出发,只要未被明确禁止的动产,即可作为动产质权的对象。此亦《民法典》第426条的真义所在。

动产质权的设立同样需要具备质押合同和公示两重要素。《民法典》第427条第2款规定了质押合同范本条款,与抵押合同相似。在性质上,质押合同属于处分行为,只是其物权性效力的发生以质押财产的交付为必要(《民法典》第429条)。

2. 动产质权的内容和效力(质权人的法律地位)

质权设立后,质权人即享有与之相匹配的法律地位。从动产质权必移转占有的法律构造出发,质权人于占有期间得收取质物的孳息。当然,作为一种权利,质权人亦可放弃质权或其顺位、份额。被放弃的质权由债务人自行提供时,产生与抵押权(顺位、份额)放弃相同的法律效果(《民法典》第435条、第409条第2款)。

(1) 质权人维持担保财产价值的权能

质权的核心功能在于,至少在权利设立时质物的价值范围内确保债权人的取偿地位。这是一种值得赋予规范保护的利益,除具有排除质押人干扰或干扰之虞的功能,还能在其他非可归责性因素造成的质物价值减少乃至毁损时,要求出质人予以补足。此种补足义务的不履行,将会给债权实现带来威胁,由此将产生债务加速到期的法律效果(《民法典》第433条)。

(2) 质权人保管质物的义务

质权人占有质物,这使得其法律地位中多了保管质物的义务,而且注意义务的标准并无减轻,主要因为其对质物之占有系为自身的利益,并非全然的无偿。作为保管义务的反射,质权人不得实施可能导致质物毁损、灭失的行为,否则即构成保管义务的违反,出质人可取得将质物脱离质权人保管的权利。在脱离质权人保管的具体方式方面,出质人既可要求将质物提存,亦可通过提前清偿债务、消灭主债权的方式取回质物。

(3) 质权人并无使用或处分权能

质权人的法律地位中并无使用和处分质物的权能。质权人如果超越权限,擅自使用或对质物实施转让、出质等行为,则应就出质人由此遭受的损失承担赔偿责任。值得说明的是,质权人将质物再次出质予他人,实质上是超越自己法律地位和权限范围的无权处分。如经出质人同意,相当于质权人借此获得处分的权能,后续的转质则不再构成无权处分,质权人无须承担赔偿责任(《民法典》第434条)。

3. 质权的实现

质权人的占有地位,使其在质物变现方面处于比出质人更加有利的地位。《民法典》第437条规定,债务履行期限届满后,出质人可以请求质权人及时行使质权,以免"久拖不决",使质物长期承受权利负担而价值却无法得以实现。质权人不行使质权并造成质物价值减损的,出质人可以要求质权人承担相应的赔偿责任。

(二)动产流动质押

动产质权通常难以实现交换价值、使用价值的统一,动产流动质押在此背景下应运而生。动产流动质押系金融物流领域实践创新的产物,债务人或第三人为担保债务的履行,以其有权处分的原材料、半成品、产品等库存货物为标的物向银行等债权人设定质押,采取委托第三方物流企业占有并监管质押财产的第三方监管模式,质押财产被控制在一定数量或价值范围内进行动态更换、出旧补新。① 故此种动产担保形态在实践中又被称为"存货流动质押""流动质押""流动质押""滚动质押"。其特色在于,借由第三方监管实现质权人对担保物的占有和支配,并允许担保物在最低价值控制线上进行动态置换,盘活企业库存的同时节省融资担保交易成本,摆脱了传统动产质权限制担保财产价值的弊端,兼顾了融资与经营的双重需求,故近年来发展迅速,极大地满足了中小企业的融资需求。

体系上,动产流动质押乃动产质押的下位类型,只是在两个方面较为特殊,因而有专门讨论的必要。一是,商事实践中,融资人以自己的存货为金融债权人设立动产流动质押时,出于节省费用、降低成本的考量,通常并不会真正地将货物从自己拥有或租用的仓库搬出,这就极易引发交付是否完成、占有是否转移,进而动产质权是否有效设立的疑问;二是,动产流动质押存续期间,作为担保财

---

① 参见最高人民法院民事审判第二庭编著:《〈全国法院民商事审判工作会议纪要〉理解与适用》,人民法院出版社2019年版,第375页。

产的存货会因出质人经营的需要而"出旧换新",由此带来担保财产的变动,这是否导致担保财产丧失特定性,并影响质权的存续?

前一问题,本质上涉及质权人对于质押财产的占有及控制须达到何种程度方可促成质权的成立。在早期的裁判实践中,对于不转移存货仓储地而设立动产流动质押的行为模式,存在否定观点。比如,在"甘肃博鑫信用担保有限公司与玉门市勤峰铁业有限公司质押合同纠纷案"[①]中,一审法院即认为,虽然质权人对质押财产采取了监控措施,但该质押财产仍存放在出质公司的场地,并未实际交付质权人,质权人并未实际占有质押财产,因此不能依据《质押物清单》认定质押财产已交付。但从《九民纪要》第63条和《民法典担保制度司法解释》第55条的规定看,如果实际监管担保财产的监管人系由质权人委托,那么质权人可通过监管人对于存货的直接占有获取间接占有,从而导致质权的成立;反之,如监管人由出质人委托,或监管人虽在监管协议中由监管人委托,而事实上却并未履行监管职责,鉴于出质人并未真正丧失对于担保财产的控制,则质权并未设立。这就建构了认定质权设立与否的初步基准。然而,其问题在于,列举式的规则未能穷尽监管人与出质人、质权人关系模式的所有样态。比如,出质人与质权人共同委托监管人占有时,交付是否完成?质权是否设立?就此,仍无法直接从《九民纪要》第63条、《民法典担保制度司法解释》第55条直接导出明确的结论。但从该两条规则的列举看,二者的内核均体现为,排除出质人对于质押财产的单独控制和占有。也唯有如此,才能使质权人对于作为担保财产的存货获取更加有力的控制权,从而在存货之上建立起相较于出质人的其他普通债权人更加有利的"攫取"和受偿地位。准此而论,出质人和质权人共同委托监管人对存货直接占有的场合,如为公同式的共同占有,出质人单方并不能在未经质权人同意的情况下直接对存货施加影响甚或处分,故应认为质权已经成立;反之,如为重复共同占有,意味着出质人和质权人任一方都能在未经他方同意的前提下独自对存货加以处分。在后一种情况下,存货并未真正脱离出质人的控制,应认为质权并未设立。[②]

后一问题,并非动产动态质押特有的现象。在动产浮动抵押、金钱账户质押

---

① 参见甘肃省高级人民法院(2013)甘民二终字第163号民事判决书。
② 相关研究参见陈本寒:《企业存货动态质押的裁判分歧与规范建构》,载《政治与法律》2019年第9期。

的案型中,作为担保财产的动产或金钱,同样可能因企业正常生产经营或者账户中的金钱用于抵扣应还未还的到期债务而发生"出入交替""上下浮动"的现象。然而,这既未妨碍立法对于浮动抵押的承认,亦未阻止司法机关认可金钱账户质权的成立及质权人优先受偿地位。从体系观念及评价一致的要求出发,于流动质押的场合,自不应给予差别对待。

当然,上述只是较为形式性的论证。在实质理由上,仍应回归担保权作为价值权的属性。详言之,担保权的设立,本质上是将担保财产所内含或承载的财产价值隔离出来,赋予特定债权人优先"取偿"的地位,因而担保权人借助担保权所真正要取得的只是内在的财产价值。对于流动质押来说,尽管作为担保财产的存货不时发生"出旧补新"状况,但通常都要保证其最低价值。因而在担保财产最低价值得以保障的前提下,部分存货有所更新,并不会导致已设立的质权受到影响。从规范性质上讲,这其实属于同一担保权内容的变动,并不会危及质权本身的存在。事实上,《民法典》第408条关于抵押财产价值减损、433条关于质押财产价值减少的规则,都足以清晰地印证上述判断的妥当性。

综上可知,动产流动质押作为交易实践中发展出的新型担保工具,在便利商事主体融资、弥补传统质权交付占有阻碍出质人对于质押财产正常使用的缺陷方面发挥了重大作用,其交付行为、客体特定方面虽颇有特殊之处,但并不足以影响质权的设立。

(三)权利质权

1. 权利质权的客体

权利质权的客体十分广泛,《民法典》第440条第1—6项列举了13种之多,但交易实践中权利质权的丰富程度远远超出其列举的数量,比如大量的特许经营权的收益权被用作质押的客体。在"福建海峡银行股份有限公司福州五一支行诉长乐亚新污水处理有限公司、福州市政工程有限公司金融借款合同纠纷案"[①]中,涉案当事人以污水处理厂特许经营权的收益权质押,并且在行政管理部门完成出质登记。尽管案发当时,立法上并无规范明确认可此种特许经营权的收益权的可质押性,但司法机关通过与公路桥梁、公路隧道或者公路渡口等不动产收益权相比较的方式,承认二者之间的实质相似性。在此基础上,司法机关将其界定为将来金钱债权,纳入应收账款概念的外延,认可其可质押性质。

---

① 最高人民法院指导案例53号。

从私法自治原则出发,就质权客体范围的界定而言,最有效的立法范式依然是负面清单。目前而言,《民法典》尚无明确禁止特定权利可质押性的规则。但从体系上看,《民法典》第 399 条为抵押权客体设置的负面清单,可在性质允许的前提下,类推适用于权利质权客体消极范围的确定。举例而言,对于依法被扣押的债权或其他财产性权利,通常权利人已丧失处分的权能和地位,自然不允许设立质权;权属未明确或存有争议的著作权、专利权、商标专用权,亦禁止就其设立质权;仓单或提单所指向的货物被依法查封时,亦排除可质押性。

2. 权利质权的设立

(1) 权利质权的交付设立

权利质权的设立不同于动产质权,后者统一以交付完成为标准,前者则须区分不同的权利类型。就汇票、本票、支票、债券、存款单、仓单、提单等有体化的债权而言,权利凭证的交付即可促成质权的设立。此处所列的几项权利凭证中,三大票据和仓单、提单皆属完全证券。票据权利的行使必以票据的持有和提示为前提,持票人就是票据所表彰债权的权利人;仓单和提单更是在理论上被界定为物权性证券,明显具有"权券一体"的特征,故票券的交付等同于其所表彰权利本身的移转。

疑问在于,存款单作为证权性证券,只是存款债权的证据而已,并不具有设权的效力,不管在权券结合的紧密程度还是公示能力上,都远不及前述三大票据和提单、仓单。因此,即便将存款单交付给质权人,也很难说其就获得对于该单据所表彰债权本身的有效控制或"占有"。毕竟,出质人完全可以通过提供其他证据的方式证明自己为已被交付的存款单所表彰债权的权利人,可以在质权人毫不知情的情况下取出该笔款项并加以支配和利用。可见,现行法以凭证交付作为在存款单上设立质权的标志,无法令质权人真正地建立起对于相应债权的规范性支配地位,其优先受偿的地位也不得不面临各种被侵夺的可能性,不符合此种法律关系的"事物本质",属于较为失败的制度设计。

(2) 权利质权的登记设立

以基金份额、股权、知识产权中的财产权和应收账款作为出质对象的,以登记作为质权设立的基准。实操上,该登记统一在中国人民银行征信中心专设的系统上完成。不过,应收账款的登记设质,在实务中常引发争议,甚至不同法院形成不同的裁判思路和观点上的对立。

例言之,在"常州凯纳房地产开发有限公司、东亚银行(中国)有限公司苏州分行金融借款合同纠纷"①中,东亚银行苏州分行与凯纳公司签署《应收账款质押合同》并约定,凯纳公司以其开发的凯纳华侨城二期项目的全部销售收入设立质权,为东亚银行苏州分行向洛察纳公司提供的总额为 2.8 亿元贷款额度提供担保。同日,东亚银行苏州分行与凯纳公司还签订了《应收账款质押登记协议》并及时办理了质押登记。对于此处的将来债权(应收账款)质押,最高法肯定了质权的设立。

但在"上海浦东发展银行股份有限公司临沂分行、中国人民银行股份有限公司沂水支行等第三人撤销之诉再审民事裁定书"②中,浦发银行临沂分行与伟峰公司签订的《应收账款最高额质押合同》约定,"伟峰公司以其所有的在 2014 年 11 月 13 日到 2017 年 11 月 13 日期间发生的(包括已发生和将发生的)所有应收账款向临沂分行提供质押担保,被担保主债权余额最高不超过人民币 2 亿元。"同日,浦发银行临沂分行办理了质押登记,且载明质押财产为"伟峰公司 2014 年 11 月 13 日至 2017 年 11 月 13 日期间内发生的(包括已发生和将发生的)所有应收账款"。嗣后,因该将来债权质权是否成立发生争议,最高法却否定了此案中质权的成立。其理由为:将来债权设质时,质权应满足能够识别为"特定的物"的要求,应收账款质押合同应当具体详细载明应收账款的金额、期限、支付方式、债务人的名称地址、产生应收账款的基础合同、基础合同的履行情况等有关要素。质权登记的完成并非直接意味着质权有效设立,登记仅是应收账款质押的形式要件。质权是否有效设立,权利人是否对应收账款享有优先受偿权,还应对作为质物的应收账款是否符合《物权法》规定的"特定的物"以及可"支配和排他"等实质要件进行审查。本案中的概括性描述没有明确载明应收账款的债务人、数量及产生应收账款的基础合同、基础合同的履行情况等可对应收账款进行特定化的基本要素,不满足质权客体的特定性要件,故质权未能设立。

总结上述两案,将来债权之上的质权虽受认可,但在客体特定性上仍需顾及质权的支配性要求,否则可能在权利成立与否的问题上面临障碍。

(3) 应收账款设质中的真实性审查义务

应收账款性质上属于债权,以之设质,极易出现权利虚假的风险。这与债权让与是相同的。比如,在"广发银行股份有限公司本溪分行、满孚首成(本溪)实

---

① 参见最高人民法院(2019)最高法民终 422 号民事判决书。
② 参见最高人民法院(2020)最高法民申 6319 号民事裁定书。

业有限公司金融借款合同纠纷"①中,满孚公司以其对国源公司享有的1.49亿元应收账款债权为广发银行本溪分行设立质权,并已办理质权登记。但嗣后行使质权时,却遭遇被质押的债权本身并不客观存在的抗辩。最终,质权人广发银行本溪分行的请求并未得到支持。

这显示,应收账款作为一种无形的债权,不像票据那样具有较强的公示性和权利的确定性,如质权人不谨慎审查,极可能遭遇出质人的道德风险,导致权利被否认的结果。交易实践中,金融机构等债权人在设立质权时,要求出质人核实应收账款的客观真实性,并以签署三方协议或询证函及止付通知的形式确保该应收账款客观存在,其后才办理应收账款质权登记。这对于风险的防范大有益处,值得推广。同时,如果债务人以书面形式确认被质押债权的存在,嗣后将不得以同谋虚伪意思表示为由予以抗辩。故从风险防范和交易安全的角度考虑,应收账款质权人应对应收账款的真实性加以审查。

3. 权利质权的变动

从《民法典》第443—445条规定看,通过登记设立的权利质权,均不允许对外转让或作其他处分。以知识产权质押时,对外许可使用的可能性甚至也被排除。站在法政策的立场,此种制度安排实际上背离了权利质权的立法初衷。因为以登记作为设立标志的权利质权,除了拓展质权客体的范围之外,另一重要功能在于,突破动产质权因占有转移而导致使用价值、交换价值必然丧失其一的困境。然而,在目前的立法范式下,基金份额、股权、知识产权、应收账款等权利一旦成为质权客体,便不得不退出流通领域,从而丧失了处分可能与可使用性。这就退回到与动产质权相同的利益格局和规范结构,抑制了权利质权可能给质权这一担保工具带来的"改良效果",殊为可惜。

另外,《民法典》第406条已经放弃早前禁止抵押财产对外让与的态度,转而认可抵押财产于抵押期间的可流通性。同样作为经登记设立的担保权,权利质权制度却依旧保留禁止抵押财产流转的规则,这就造成体系上的矛盾和评价上的不一致,有悖于法律融贯性原则。

事实上,即便允许让与权利质权的客体,也不会对质权人的利益和法律地位带来负面影响。毕竟,让与必有对价,质押人虽因出让而丧失其对质押客体的权利,但也会因此获取相应的对待给付。此种对待给付作为质押客体的替换和代

---

① 参见最高人民法院(2019)最高法民终1445号民事判决书。

位物,应当同样赋予质权人优先受偿的权能,这对于质权人的保障并不比绝对固定的权利更优。其实,《民法典》第443—445条也为权利质押客体转让对价代位发生优先受偿效力设置了缺口,即经过质权人同意可以转让相应的权利,并应将获取的对价提前向质权人清偿或者提存。总之,《民法典》中排除权利质权客体流转性的制度安排,不论在体系上抑或利益格局上都是不当的,应予修正。

以权利设质,需要考量的另一问题在于,作为质权客体的权利如先于被担保的债权届期,以至于权利内容提前实现,将如何处置?这与作为质权客体的权利对外转让并获取对价本质上是相同的,均属担保财产交换价值的实现,而担保权的内核恰恰是于担保财产的交换价值上取得优先受偿地位,故质权人的优先取偿地位仍应延伸及该变现后的担保财产之上。《民法典》第442条的规定正是此意,即质权人可以直接兑现或提货,并以之提前清偿债务或提存。

4. 权利质权的实现

权利质权的实现,基本遵循担保物权实现的一般规则,无待多论。不过,在权利质权的场合,若作为质押客体的权利本身就以收取金钱为内容,那么该质权的实现就多了一种可能,即要求被质押权利的义务人直接向质权人履行相应的金钱给付义务。比如,在"福建海峡银行股份有限公司福州五一支行诉长乐亚新污水处理有限公司、福州市政工程有限公司金融借款合同纠纷案"[①]中,当事人以污水处理项目特许经营权收益权进行质押,在实现上,福建省高院指出:"污水处理项目收益权属于将来金钱债权,质权人可请求法院判令其直接向出质人的债务人收取金钱并对该金钱行使优先受偿权,故无须采取折价或拍卖、变卖之方式。"

(四) 金钱(账户)质押

金钱(账户)质押是近年来交易实践中逐渐兴起的一种担保工具。《民法典》并未对金钱作为担保客体作出明确规定,但基于私法自治原则,只要未列入负面清单,就可于其上设立质权。只是在权利构造上,应满足质权必备的规范要素,尤其是客体特定或可特定性以及占有的转移。

从最高法的审判实践看,这两项要素的判断正逐步形成较为稳定的司法规则。对于客体特定性而言,在金钱(账户)质押的案型中,存入担保账户的金钱虽有数额浮动或流进流出的可能,但只要该账户的金钱并不用作日常结算,数额的

---

① 参见最高人民法院指导案例53号。

变动亦服务于担保目的实现或债权的清偿,且其数额维持在当事人约定的界限内,此时即应肯定客体的特定性。对占有的转移来说,如账户本身并非担保人可自由决定如何使用,而是由担保权人控制,则应认可占有的转移(《民法典担保制度司法解释》第 70 条)。

在"中国农业发展银行安徽省分行诉张大标、安徽长江融资担保集团有限公司执行异议之诉纠纷案"[①]中,长江担保公司与农发行安徽省分行订立《贷款担保业务合作协议》,前者依约于后者开设担保保证金专户,存入不低于贷款额度10%的金额,且未经后者同意,该专户内的资金前者不得动用。法院在裁判文书说理中明确指出:

(1) 当事人上述约定的内容构成担保合意,符合书面质押合同的要求。

(2) 保证金专户开立后,账户内转入的资金为长江担保公司根据每次担保贷款额度的一定比例向该账户缴存保证金,账户内转出的资金为农发行安徽分行对保证金的退还和扣划,该账户未作日常结算使用,故符合《最高人民法院关于适用〈中华人民共和国担保法〉若干问题的解释》第 85 条规定的债务人或者第三人将其金钱以特户等形式特定化的要求。

(3) 案涉保证金账户开立在农发行安徽分行,长江担保公司作为担保保证金专户内资金的所有权人,本应享有自由支取的权利,但《贷款担保业务合作协议》约定未经农发行安徽分行同意,长江担保公司不得动用担保保证金专户内的资金。同时,《贷款担保业务合作协议》约定在担保的贷款到期未获清偿时,农发行安徽分行有权直接扣划担保保证金专户内的资金,农发行安徽分行作为债权人取得了案涉保证金账户的控制权,实际控制和管理该账户,此种控制权移交符合出质金钱移交债权人占有的要求。

最高法据此认可的金钱账户质权的成立。在另一起案情相仿的"富滇银行股份有限公司大理分行与杨凤鸣、大理建标房地产开发有限公司案外人执行异议之诉案"[②]中,建标公司为富滇银行设立的保证金账户质押同样获得法院认可,法院裁判文书说理与前述指导案例 54 号基本一致。

(五) 最高额质权

与抵押权一样,亦可通过当事人特约的方式,为被担保债权设置一个最高数

---

① 参见最高人民法院指导案例 54 号。
② 载《最高人民法院公报》2020 年第 6 期。

额质权和额度确定的时间,由此形成最高额质权。依《民法典》第439条的规定,最高额质权参照最高额抵押权进行规范适用即可,此处不赘。

当然,这也表明,最高额担保本质上是在担保典型样态的基础上,通过附加约定条款的方式,突破被担保债权额自始固定的僵硬传统。其核心功能乃于物权法定的宏观背景下尽可能多地为当事人容留自治的空间与可能,以便满足当事人的个性化需求。据此,最高额担保作为担保制度框架下经由特约而形成的变体,对于人保与物保具体形态均有适用的可能。且诸种具体的最高额担保之间存在实质的相似性,在规范适用上存有"通约"的可能。

四、留置权

留置权系法定担保,不同于抵押、质押,无须当事人之间物权性合意的存在。在法律规定的要件具备时,直接于当事人之间成立留置权。在名称上,留置权极易让人联想起作为抗辩权的留置权,但后者在我国《民法典》中并无实证规范,亦无优先受偿的功能,故须区分开来。

（一）留置权的特殊形态

建设工程价款优先受偿权也是法定担保权,从《民法典》第806条规定看,其性质和体系上构成留置权一般规则的特殊形态和具体应用。不论从同一债权债务关系、债权到期未清偿还是债权人合法占有被留置财产等要件看,建设工程价款优先受偿权均与留置权具有相同的功能和规范构造。因而,二者虽外在体系相距较远,但内在体系上的关联十分紧密。

（二）留置权的成立

在我国《民法典》语境下,作为一种担保权的留置权,应具有如下前提:

1. 债务人的债务已到期

与意定担保权相比,留置权在规范构造上欠缺从当事人合意设立到启动实现程序的环节。留置权在成立的同时,就进入权利实现的步骤,允许债权人直接从债务人的财产中"攫取"和受偿。由此,留置权所担保的债权必须已经到期。

2. 债权人合法占有债务人的动产

留置权乃建立于动产之上的担保权,不过,同样作为优先受偿权,建设工程之上的优先受偿权系属例外。债权人对于所留置动产的占有必须基于合法的基础,这就排除了债权人擅自通过抢夺或侵占债务人财产的方式进行自力救济,为自己创造优先于其他债权人的担保地位的情形。这主要是为了保证私法秩序。

值得提示的是,被留置的动产并不以债务人拥有所有权为必要。为此,《民法典担保制度司法解释》第 62 条第 1 款规定:"债务人不履行到期债务,债权人因同一法律关系留置合法占有的第三人的动产,并主张就该留置财产优先受偿的,人民法院应予支持。第三人以该留置财产并非债务人的财产为由请求返还的,人民法院不予支持。"

这亦已获得司法实践的印证。以"白云机场公司诉通用电气航空公司、天穹航空公司等航空器留置权纠纷案"[①]为例,白云机场公司与东星航空公司签订一系列服务合同,约定由白云机场公司为东星航空公司提供包括机务维修、起降停场等各项服务。合同签订后,白云机场公司依约为东星航空公司营运的八架飞机(所有权人为天穹航空公司)提供了相应的服务,东星航空公司未能按时支付由此产生的各项费用合计人民币 4400 万元。后来,东星航空公司进入破产程序,白云机场公司遂将东星航空公司的一架飞机留置在白云机场,并向法院起诉,请求确认其留置飞机合法、通用电气航空公司等共同向其支付相关费用。广州市中院审理认为:根据我国在《移动设备国际利益公约》作出的特别声明以及我国国内法的规定,均允许债权人在我国领土范围内基于航空器产生的债权对航空器进行留置或扣押以实现债权。而依照我国留置权法律规定,白云机场公司对案涉飞机进行留置时并不负有对留置标的物所有权人是否为债务人进行审查的义务,即便该飞机所有权人并非东星航空公司,留置权亦成立。

3. 留置财产与被担保债权源自同一法律关系

留置财产与担保债权须源自同一法律关系,意在防止留置权过分扩张,超出相对人的合理预期。不过,根据《民法典》第 448 条但书条款,企业之间的留置构成商事留置,可以除外。比如,在"中国民生银行股份有限公司东营分行与东营市东明石油化工有限责任公司、东营市垦利黄河工贸有限责任公司票据追索权纠纷、留置权纠纷案"[②]中,民生银行东营分行基于与东明石油公司的质押合同关系,合法占有公监管字第 ZH1700000003843 号《动产质押监管协议》项下的油品。虽然民生银行东营分行委托南储公司监管,但南储公司系代民生银行东营分行占有油品,其行为不能改变民生银行东营分行合法占有上述油品的事实。

---

① 广州法院涉外民商事审判白皮书(2008—2018)暨 2018 年度涉外民商事十大典型案例之二。

② 参见山东省东营市中级人民法院(2018)鲁 05 民初 603 号民事判决书。

后东明石油公司拒不支付到期票据产生的债务,民生银行东营分行遂直接留置其合法占有的涉案油品,获得法院认可。该案中,未获清偿的票据债权与占有的油品虽并不源自同一法律关系,但当事人双方均属企业,故可突破同一法律关系的限制。

4. 留置财产的价值与被担保债权价值相当

在留置财产可分的场合,留置财产的价值应与被担保债权本身价值相当,否则可能给债务人带来过重负担,从而违背诚信原则。不过,债权人占有的财产如并不具有可分性,仍应允许其就整个财产予以留置,否则将无法达到强化债权人地位的效果。

5. 不得有排除留置的事由

留置权虽属法定担保权,但其同样允许当事人以特约方式予以排除。故《民法典》第449条规定,法律规定或者当事人约定留置的动产,债权人不得留置。

(三) 留置权的内容

留置权成立后,为避免债务人遭到"突然袭击",立法上遂明确规定,债权人应当向对方提供不短于60日的宽限期,以便对方能够利用"最后一次机会",避免留置财产因留置权的实现而被迫丧失。不过,留置财产为鲜活易腐的标的物的,基于标的物本身的性质,不宜保留过长时间,应当例外地允许留置权人直接通过拍卖、变卖等方式加以变现,以由此获取的价款优先受偿。当然,60日宽限期满,债务人仍未清偿的,应允许留置权人实现担保权。

在担保权竞合的案型中,相较于抵押、质押而言,留置权通常居于更优顺位。究其原因,留置权多源于留置权人在留置标的物之上有所贡献或促成其升值,由此产生的报酬请求权或酬金债权未能实现。这就与破产程序共益债务有着相似的性质,因而受偿顺位亦应优先。

(四) 留置权的消灭

除适用担保权一般规则外,留置权消灭还有两项特殊的事由:一是,占有丧失;二是,留置权人接受债务人另行提供担保,这与留置权作为一种法定担保权的性质相关,毕竟该权利成立时并无当事人意志介入的空间,为尽可能避免法秩序单刀直入式的介入对当事人交易和行动可能带来的意外干扰,立法上遂允许债务人在债权人接受的情况下重新提供担保,这对于留置权人获取清偿的目的并无实质的减损,故应肯定之。

五、增信措施的性质和法律效果

交易实践中,商事主体大量地使用着形式多样的增信措施。从功能上看,这些增信措施实质上发挥着与担保基本相同的功能。一旦诸此增信措施引发纠纷,就有必要对法律性质作出妥当界定,如此方可精准地认定其法律效果。

(一)经由意思表示解释的性质认定路径

实践中,当事人可能使用差额补足、流动性支持、信用增级等五花八门的名义,但就法律适用而言,根本途径仍在于借助意思表示解释查明当事人的真意。梳理以往的裁判实践可以发现,对于应用广泛的增信措施,大抵有将其认定为保证、债务加入、无名合同三种较为常见的结果。按照《民法典担保制度司法解释》第36条第1—2款规定,如当事人关于增信措施的约定符合保证或债务加入的规范要素,则径直适用《民法典》为该二者配置的规则即可。

为此,首先要勘定保证和债务加入两项制度在规范上的关系,方可为当事人合意的解释及其性质界定提供有效的框架。就效果而言,不论保证还是债务加入,都具有强化债权效力、降低清偿风险的作用;在机制上,二者均通过扩大债权受偿责任财产范围的方式加以实现。但在构造上,保证呈现出双重法律关系并行的特点,即保证人与债权人通过保证合同的缔结建立起独立于主债权债务关系的另一重合同关系;债务加入仅存在唯一的债权债务关系,第三人只是通过意思表示并在获得债权人的同意后,直接加入先前既存的法律关系。就内容和负担的轻重而言,对于保证,仍有必要进一步区分连带保证和一般保证。如为前者,保证人有着保证期间、从属性等法定保护机制,得于特定场合"逃脱"保证责任的承担;如为后者,保证人还能进一步地主张先诉抗辩权和清偿顺位上的劣后地位。债务加入人则完全不享有任何上述自我保护和摆脱清偿责任的可能,不论地位还是负担上,均与债务人处于完全等同的状态。对比之下,债务加入人显然处于比保证人更加不利的地位。因此,《民法典担保制度司法解释》第36条第3款才专门设置了当事人意思查明和性质判定时的解释规则,即存疑认定为保证合同。

在实践操作中,如当事人约定的内容及其所使用的语词有较为明显的倾向,往往直接据此就能对增信措施的法律性质作出界定。比如,在"瑞安中华汇地产有限公司与北京中天宏业房地产咨询有限责任公司合同纠纷"[①]中,中华汇公司

---

① 最高人民法院(2019)最高法民终1178号民事判决书。

向MB公司提供了11199990美元的贷款。嗣后,中华汇公司、中天宏业公司、MB公司等签订《五方协议》,其中第2.2.3条约定:"中天宏业公司应当对MB公司向中华汇公司偿还第一笔股东贷款中的11199990美元的本金及利息承担连带保证责任。"尽管当事人就该协议中中天宏业公司的法律地位存有争议,但最高法在审理中特别指出:《五方协议》第2.2.3条明确约定,中天宏业公司承担的责任是"担保",是"连带责任保证"……当事人后续签订的《谅解备忘录》和《款项偿付协议》讨论稿等后续沟通协商的往来文件,均明确了《五方协议》就中天宏业公司债务责任承担方式约定为连带责任保证。故最高法从文义解释出发,结合协议目的等因素,将前述协议的性质认定为保证。又如,在"天津大业亨通资产管理有限公司与邓伟等金融借款合同纠纷"①中,亿阳信通公司在《流动性支持函》中承诺:"在光大信托发放的贷款之本金、利息获得全部清偿之前,若亿阳集团没有按照合同约定履行归还本金及偿还融资利息的义务,亿阳信通将根据光大信托要求为亿阳集团在《信托贷款合同》项下全部债务履行差额补足义务。"从此种表述明显可以看出,作为第三人的亿阳信通公司为自己的"差额补足义务"设置了顺位上的前提,即主债务人亿阳集团先行承担,且于后者未能清偿时,自己才"替补性"地进行补足。这恰恰与一般保证的规范构造完全相同。

如文义并未为当事人合意性质的判定提供充分和有效的线索,则有赖裁判者综合考量体系、历史和目的等多种标准,并斟酌个案全部因素,方可对当事人的真意作出妥当认定。以"庄金霖、詹敏金融借款合同纠纷"②为例,案涉《共同还款承诺书》第一段载明:"我自愿作为编号为xxx流动资金借款合同项下的所有债务的共同还款人。"对于此处所谓的"共同还款人"到底意味着什么,当事人存在严重分歧。统揽该等承诺书,通篇没有使用"保证"字句,无论从字面还是从文义均不能解读出该等承诺书有"保证"的真实意思表示。为准确界定当事人合意的法律性质,最高法同时运用了多种解释方法辅助解释形成结论。

(1)庄金霖、詹敏在出具《共同还款承诺书》当日,还分别与黑林铺信用社就同一份借款合同签订《保证合同》。该《保证合同》对主债权、保证方式(连带责任保证)、保证范围、保证期间等作了详细约定。如果当事人签订《共同还款承诺书》的真实意思表示也是订立保证合同,则意味着当事人为了设立保证,在同一

---

① 参见北京市第四中级人民法院(2018)京04民初207号民事判决书。
② 参见最高人民法院(2020)最高法民终10号民事判决书。

天分别签订了两个保证合同,不具有法律意义,也与常理不符。

这无非是将当事人之间围绕同一债权实现及其效力强化实施的多项意思表示作为相互关联、彼此配合的整体进行分析,从理性当事人的视角,遵循尽可能将当事人意思表示朝着有意义的方向加以解释的思路,以便厘清当事人的真意。

(2)黑林铺信用社主张其与庄金霖等在签订《保证合同》的同时要求庄金霖等出具《共同还款承诺书》,是为保障贷出资金安全而采取的保证和债务加入并行的"双保险"措施,是信用总社的借贷习惯做法。

这正是历史解释的运用。尽管就外观而言,债权人强调的是"双保险"及《共同还款承诺书》作为独立于保证的债权强化措施乃自己的习惯性做法,但这一论据的目的其实恰在于证明案涉《共同还款承诺书》缔结时主观上预设的意图与以往一致,以便为裁判机关采纳和认可当事人缔约时的主观意图提供一个客观化的依据。故在操作模式上,这无疑是追溯并究明当事人表意当时的主观目的,系依托历史的标准确认当事人真意。

(二)增信措施作为独立契约类型及其法律适用

通过解释的方式将增信措施界定为保证或债务加入,固然能够将现行法关于保证和债务加入的规则直接作为涵摄的前提,从而提高法律适用的效率和便捷性。可问题在于,并非任何情况下当事人的约定均完全符合保证或债务加入的规范特质。再者,一味地沉迷于将当事人增信安排朝着既有的担保制度或债务加入规则靠拢和纳入,实际上构成一种思维上的懒惰,极有可能背离当事人的真实意图,也未必合乎此种约定的本质。故理论中已有学者就"增信措施担保化"的裁判范式或惯性思维展开批判。①

鉴于此,如当事人就增信措施之约定明显与保证或债务加入有异,不妨径直将之认定为独立类型的无名合同。在法律效果上,直接以当事人约定条款的内容作为准据即可,这也合乎契约和法律行为本身作为直接的请求权基础及其在私法法源中的优先地位。② 于当事人之约定清晰且齐备时,当事人合意可直接作为裁判规则。不过,问题在于,当事人约定出现空白地带时,如何进行规则

---

① 参见朱晓喆:《增信措施担保化的反思与重构——基于我国司法裁判的实证研究》,载《现代法学》2022年第2期。

② 参见刘洋:《合同条款在私法法源中的优先地位及其实现——以隐名合伙的商事实践为例》,载《法学》2021年第4期。

适用?

对此,在法律行为性质允许的范围内,可以通过类推方式参照适用保证或债务加入的相应规则。比如,增信措施由公司承诺或提供时,是否要求其股东大会决议?若会导致比保证、债务加入更重的负担,基于举轻以明重的原理,自应以股东大会决议作为认可此等增信措施私法效力的前提。比如,在"中信银行股份有限公司北京分行、乐视网信息技术(北京)股份有限公司金融借款合同纠纷案"①中,乐视网公司为其母公司乐视控股向中信银行的借款债务出具函件,称"乐视网公司确认知晓并认可该合同的全部条款和条件。如出现逾期或拖欠贷款本息的情况,乐视网公司承诺对借款人在《并购借款合同》项下的还款义务承担差额补足责任。"裁判者将此种差额补足的承诺认定为债务加入,并明确指出:与保证责任相比,(债务)加入人承担的债务较保证人的负担更重。举轻以明重,公司出具差额补足函加入债务,亦应当经股东大会决议,否则对公司不发生效力。如将增信措施认定为独立类型的无名合同,此种思路同样适用。至于其他规则是否具有可类推性,关键取决于当事人在增信措施上的约定与保证、债务加入的规则有无实质相似性。

六、功能主义视野下的非典型担保形式

我国在《民法典》编纂过程中,通过参考《美国统一商法典》的功能主义担保观,对担保制度进行了大刀阔斧的改革。在功能主义担保观下,只要当事人的约定或安排在功能上具有担保和强化债权的效果,即构成担保。由此,所有权保留买卖中出卖人保留的所有权、融资租赁中出租人保留的所有权、保理交易中保理人取得的债权,实质上均为担保。

(一) 所有权保留

1. 所有权保留的担保构成

所谓"所有权保留",即当事人在动产买卖合同中约定,标的价款未完全支付之前,所有权留存于出卖人一边。早期的理论认为,此种交易形态,是在动产所有权转移的物权合意之上附加了价款支付完毕的停止条件,构成买卖典型态的变体,因而理论上称为"特种买卖"。

经过功能主义改造后,出卖人保留的所有权在理论上被认为是一种"空壳所

---

① 参见最高人民法院(2019)最高法民终1438号民事判决书。

有权"。从功能上看,此种所有权只不过是服务于价款债权的实现而已。相比之下,买受人虽外观上并非所有权人,但其经济地位早已与所有权人等同。这意味着,如果仍将所有权保留合意的法律性质解释成附停止条件的物权变动合意,就不再符合其在新的担保制度框架下作为功能主义担保工具的定位。故在解释论上,应参照让与担保制度,以"手段大于目的"的思路,①将所有权保留的合意界定为担保合意。

从《民法典》第643条第2款对于标的物转卖后价款的处理中也可以看出,现行法对出卖人所有权人地位作了担保化改造。因为对于出卖标的物所得价款,出卖人扣除买受人应付未付的价款及必要费用后,剩余的应返还买受人,不足部分由买受人清偿。这正与担保权实现程序中的清算模式完全相同,足以证明出卖人与担保权人处于相同地位,而买受人才是真正取得标的物上经济利益的当事人。

当然,与所有让与担保一样,所有权保留同样构成隐秘担保,难以为外人识别,极可能危及交易安全。故《民法典》第641条第2款规定,此种担保形态未经登记不得对抗善意第三人。

2. 所有权保留制度中的规范冲突

尤值关注的是,《民法典》虽在宏观理念上对我国担保制度作了功能主义化的改造,然而在微观制度上,不少前民法典时代按照形式主义观念设计的条款依然存续,这就引发了具体规则解释和适用上的内在冲突。兹举几例,以为说明。

(1) 基于买受人处分行为的取回权

在将所有权保留界定为担保的情况下,买受人处于所有权人的地位,对于标的物本应有着处分的权能。但《民法典》第642条第1款第3项却规定,买受人将标的物出卖、出质或作出其他不当处分时,出卖人可以行使取回权。这实质上是在否定买受人作为所有权人对于买卖标的物的处分权能,显然是形式主义立法范式的思维残留和贯彻。

何况《民法典》第406条一改前民法典时代禁止抵押物转让的规则设计思路,已经允许抵押物在抵押期间自由流转。在将所有权保留解释为动产抵押的背景下,买受人本质上就是动产抵押中的抵押人,自应有权以出让、出质或其他

---

① 参见高圣平:《动产担保交易的功能主义与形式主义——中国〈民法典〉的处理模式及其影响》,载《国外社会科学》2020年第4期。

方式对作为抵押财产的买卖合同标的物加以处分。因而,第 642 条第 1 款第 3 项为出卖人配置的取回权构成功能主义担保体系中的"异类"。①

为避免规范冲突的发生,在解释上可通过将《民法典》第 642 条第 1 款第 3 项解释为,仅当买受人的出让、出质等处分行为对价过低,以至于会对出卖人的担保权人地位或价款债权实现带来严重危险时,出卖人方可行使取回权。这样就能够与《民法典》第 406 条第 2 款"抵押权人能够证明抵押财产转让可能损害抵押权"形成衔接,从而确保规范适用上的融贯。

(2) 买受人的处分权能与善意取得适用

承上所述,如买受人实质上已取得所有权人地位,其处分买卖标的物的行为就不属于无权处分,此时自无善意取得制度适用的必要。但是,《最高人民法院关于审理买卖合同纠纷案件适用法律问题的解释》(以下简称《买卖合同司法解释》)第 26 条第 2 款却恰相反,对于买受人的处分行为适用善意取得,这同样构成体系上的悖反。

(3) 取回权要件中未付价款的数额限制

在功能主义担保视野下,出卖人处于实质上的担保权人地位。这意味着,只要约定的价款债务履行期届满,作为价款债务人的买受人却并未履行或未完全履行给付义务,实现担保权的条件即已满足。即便尚未履行的价款债务仅占总额不足 10%,亦不应阻碍出卖人以担保权人的身份行使担保权。

与此相反,《买卖合同司法解释》第 26 条第 1 款却规定,"买受人已经支付标的物总价款的百分之七十五以上,出卖人主张取回标的物的,人民法院不予支持"。这其实是前民法典时代为了限制出卖人滥用其所有权人地位和尽可能促成交易朝着正向发展而设置的规则,与功能主义担保观下出卖人仅作为担保权人并借助取回和再次处分标的物实现债权的定位亦不吻合。

如单纯停留于解释论的层面,上述问题难以化解,故依然有赖未来司法解释修正时予以调整或删除。

(二) 融资租赁

融资租赁是以融物的方式实现融资的目的,出租人具有租金债权人和出租标的物所有权人的双重地位。不过,在功能主义担保观下,出租人的租赁标的物所有权本质上发挥着担保的功能,旨在确保租金债权的实现。依《民法典担保制

---

① 参见纪海龙:《民法典所有权保留之担保权构成》,载《法学研究》2022 年第 6 期。

度司法解释》第 65 条第 1 款之规定,融资租赁的承租人未按照约定支付租金的情形中,如经催告后在合理期限内仍不支付,除可产生加速到期的法律效果外,出租人还可以拍卖、变卖租赁物的方式就所得价款优先受偿。关于如何实现租赁物价款,可以参照《民事诉讼法》关于实现担保物权案件的程序规则落实。这正是对出租人作为担保权人地位的印证和确认。在规范结构上,出租人与承租人之间同样呈现以动产所有权作为债权担保工具的特征。就此而言,融资租赁与所有权保留买卖中的担保结构有着惊人的相似性。

对于所有权担保而言,大抵都存在隐秘担保的通病。为防止交易安全受损,《民法典》第 745 条专门规定:"出租人对租赁物享有的所有权,未经登记,不得对抗善意第三人。"由此,融资租赁出租人的所有权就成为一种可登记担保。这带来的体系效应是,租赁标的物上多重担保竞存时,担保顺位的确定就要以《民法典》第 414 条所确立的登记时间先后为基准。《民法典》第 406 条动产购置款超级优先权同样可以适用于融资租赁方式确立的担保权。

不过,值得注意的是,我国《民法典》对于融资租赁制度的担保化改造并不彻底,实证法中仍有不少条文与功能主义担保观存在冲突。一是,在将出租人对租赁标的物所有权向担保权方向解释的情况下,承租人实质上处于类似于所有权人的地位,应当取得标的物的处分权,自应有权对租赁标的物采取包括出让、抵押、质押等在内的诸种处分。可《民法典》第 753 条却规定:"承租人未经出租人同意,将租赁物转让、抵押、质押、投资入股或者以其他方式处分的,出租人可以解除融资租赁合同。"此种规则显然与承租人在功能主义担保观下应有的地位并不匹配。① 二是,租赁物价值归属上,如出租人只是拥有租赁标的物上的担保权,那么租赁标的物作为担保财产,其变现后超出租金债权的数额就应当归属于作为担保人的承租人。然而,《民法典》第 758 条第 1 款为此设置的规则中,在承租人欠付租金导致出租人取回租赁物并加以变现的场合,唯于当事人实现约定租期届满租赁物归属于承租人且承租人已经支付大部分租金的前提下,方可使租赁物超出债权数额的价值归属于承租人。这就与担保权实现程序中的清算范式并不吻合。

由上述可见,我国民法语境下的融资租赁及其制度安排,属于功能主义和形

---

① 参见张家勇:《论融资租赁的担保交易化及其限度》,载《社会科学辑刊》2022 年第 2 期,第 81 页。

式主义理念混合体引导下的产物。在规则解释中,应注意两种观念可能带来的不同结果以及为当事人提供的双重选择可能。

(三)保理合同

保理系交易实践中重要的融资工具。从规范结构上看,保理的核心由保理人向融资人提供资金和融资人向保理人让与债权组成。在我国《民法典》框架下,保理分为无追索权保理和有追索权保理。前者系债权买卖,即以保理人提供的资金作为对价"买断"融资人的债权,这与普通的买卖合同之间并无实质的区别。后者的法律性质在学理中仍有争议。有学者将之界定为间接给付。然而,观察《民法典》第766条关于有追索权保理的制度安排可以发现,于融资债权到期时,作为债权人的保理人既可以向应融资人,即应收账款债权人,主张返还保理融资款本息或者回购应收账款债权;亦可以向应收账款债务人主张应收账款债权。此种任债权人自由选择的规范模式,显然与间接给付的规范结构并不吻合。因为间接给付一旦成立,原债权尽管并不直接消灭,却会由此进入"休眠状态"。相应地,债权人就有义务先就债务人提供的他种给付加以变现,以为清偿旧债的手段,唯于他种给付变现后的价值仍不足以覆盖旧债的全部数额时,债权人方可要求债务人继续给付。是故,我国民法中的有追索权保理制度在法律性质上不构成间接给付。

从《民法典》第766条第2句的规定看,债权人向应收账款债务人主张清偿时,如该数额超出融资款的本息及费用之和,则保理人应将超额部分退还作为应收账款债权人的融资人。这就与担保权实现程序中的清算行为完全相同。因而,我国私法中的有追索权保理性质上构成债权让与担保。①

这也构成让与担保在我国私法实证规则中的制度承载。尽管我国现行私法中并无一般性认可让与担保的规范,但有追索保理合同的规范设计,至少传递了立法者对于让与担保的认可态度,足为动产让与担保提供示范。

与债权质押一样,保理同样可能因被让与的债权虚假而导致保理人的担保权人地位落空。交易实践中影响较大的代表性案件即"江铜国际商业保理有限责任公司诉上海顿展实业有限公司等借款合同纠纷案"②。该案中,顿展公司与江铜公司约定,顿展公司将其对长展公司拥有的 2.7 亿元货款债权让与江铜公

---

① 参见李宇:《保理合同立法论》,载《法学》2019 年第 12 期。
② 参见上海市高级人民法院(2021)沪民终 236 号民事判决书。

司,获取保理款2.5亿元。江铜公司向债务人长展公司发出确认应收账款的函件时,长展公司出具的《回执》载明:长展公司已收到《应收账款债权转让通知书》,其项下提及应收账款真实、有效且尚未偿付;应收账款转让方在基础商务合同项下的对应供货义务均已履行完毕,且未发生任何涉及或不利于该等应收账款回收的违约、争议、逾期、异议或索赔;长展公司将严格按照所签署之相关基础商务合同,通过(且仅通过)《应收账款债权转让通知书》规定的收款账户向上述应收账款受让方(作为新债权人)及时足额履行付款义务。嗣后,保理融资款还款期限届满,顿展公司未能还款,江铜公司遂要求长展公司给付自己所受让债权的款项,却遭到长展公司关于债权不存在的抗辩。经公安机关介入查明,顿展公司与长展公司间虽确曾有购销合同,但货款债务早已履行完毕。鉴于江铜公司工作人员于办理此笔保理交易时,事实上均已知晓前述事实,故主审法院最终认定,江铜公司与顿展公司之间并不构成保理关系,而只是普通借款关系。长展公司并不负有给付义务,江铜公司仅得要求顿展公司承担还款责任,并承担顿展公司无力偿还的风险。

(四)让与担保

1. 让与担保的演进脉络

让与担保于交易实践中运用广泛,但迄今为止,不论中国抑或德国私法实证规范框架下,均无一般性认可此种担保工具的条文。让与担保的出现,源于商人的智慧和交易实践的需要,并且在很大程度上是为了克服动产质押因必须转移占有而牺牲使用价值的弊端。然而,在早期的司法实践中,其效力却被广泛地否定。除了物权法定原则的刚性适用导致此种并无实证规范载体的担保工具被否定外,让与担保"手段大于目的"以及直接以所有权进行担保的规范特征,也令其完全突破了大陆法系立法者、司法者对于担保形态的想象。只要回顾大陆法系私法框架下几种典型担保样态即可发现,不论抵押、质押等意定担保权抑或以留置为代表的法定担保权,均以债务人或第三人的财产确保债权人的债权实现作为表现形式。而对让与担保来说,用作担保的财产却恰恰是债权人自己享有所有权的财产,这对于大陆法系担保制度的冲击无疑是巨大的。

不过,僵硬担保制度立法未能阻止活跃的商事交易和商事主体对于让与担保灵活的"法外运用"。这就在不断动摇物权法定原则的同时,为让与担保经由时间累积和法律拘束力信念的培育上升成为习惯法开辟了通道。如今,让与担保至少已经成为公认的习惯法,甚至还通过保理合同立法部分地获得实证法的明确认可。此外,最高法《九民纪要》第71条、《民法典担保制度司法解释》第68条也专门对其加以规定,均是其获得私法秩序认可的标志。

2. 让与担保的概念

理论上认为,让与担保是指债务人或第三人为担保债务人之债务,将担保标的物之权利移转于担保权人,债务清偿后,标的物应返还债务人或第三人;债务不履行的,担保权人得就该标的物受偿之非典型担保。

3. 让与担保的规范要素

(1) 让与担保客体广泛

让与担保既可以设立于动产之上,亦可设立于具有流通属性的财产权之上,比如债权、股权等。从我国交易实践看,尤以股权让与担保运用最为广泛、常见,引发的争议也最多。

(2) 让与担保具有隐蔽性

让与担保通过直接将权利归属变动至债权人名下的方式,为其于债权未获清偿时行使担保权提供充分的便利和保障。同时,为了兼顾担保人的使用利益,当事人还通过占有改定合意的方式,将直接占有继续留存于担保人一边。但由此带来的结果是,担保权的设立欠缺清晰的外观,令第三人难以觉察或探知,因而具有隐蔽性,容易引发第三人误信。

有追索权的保理作为一种债权让与担保,《民法典》第768条为其设置了登记对抗的范式。从担保权益透明度和交易安全角度出发,将登记对抗制度的适用范围扩张及于其他让与担保的具体形态,也是较为妥当的选择。

(3) 让与担保可能引发物权法内在体系的冲突

让与担保在实践中最易面临的质疑就是,可能抵触禁止流担保的"红线"。毕竟担保财产本身的权属已经归于担保权人,担保权极有可能于债务人未清偿到期债务时要求确认自己作为担保品的真正权利人。对此,《民法典担保制度司法解释》第68条规定,不论是否完成公示,未经清算的权利变动请求均无法获得支持;应予保障的,只不过是债权人优先受偿的效力而已。比如,在"深圳市奕之帆贸易有限公司、侯庆宾与深圳兆邦基集团有限公司、深圳市康诺富信息咨询有限公司、深圳市鲤鱼门投资发展有限公司、第二人广东立兆电子科技有限公司合同纠纷案"①中,对于让与担保情形中的当事人,裁判者特意指出:"为防止出现债权人取得标的物价值与债权额之间差额等类似于流质、流押之情形,让与担保权利的实现应对当事人课以清算义务。"

4. 让与担保中担保合意的认定

让与担保以"手段超越目的"为典型特征,外观与内核严重割裂。因此,必须仰赖适当的基准,方可将担保型让与从真正的权利让与中区分和隔离出来。此一基准即当事人的担保合意。换言之,只有能从当事人变动权利的约定中提炼出设立担保的合意,方可将权利的让与界定为单纯的外观,并将其内核界定为让与担保。由此,问题也就转化为何谓"担保合意"。

从担保的实证法制度中,可提炼出担保合意最为关键的两个要素:一是,担保权人对于担保财产具有相较于担保人其他普通债权人更为优越的取偿地位;二是,担保权人对于担保财产的"攫取"权能也仅限于其交换价值,不能溢出此种范围并扩张及于其他权能,并且此种"攫取"在顺位上劣后于直接从债务人自身财产中的"攫取"。

对于抵押、质押等意定型担保权而言,关键在于前一要素的成立。毕竟,不论登记抑或交付等公示手段,目的都是在担保财产上为特定的担保权人确立起相较于其他普通债权人更加优先、排他性的受偿地位。未经公示不具有物权效力的制度安排,意旨恰恰在于提示当事人优先取偿地位形成并非理所当然,而是需要相应的积极前提的齐备。

然而,在让与担保场合,须予强调的要素却正好相反,即权利受让人法律地位上的限制及其对于担保财产"攫取"权能在顺位上的劣后属性。究其原因,至少在外观上,债权人已经通过受让权利的方式获取担保财产之上的全部权能,其中当然已将交换价值延纳在内,并足以为其确立起相对于普通债权人在取偿上更加便捷、"靠前"的地位。如果不限制受让人对于担保财产所享有的权能,就会导致实体权利的真正转移,而非单纯的担保地位确立。

这也就能顺畅地解释,为何最高法近年来频繁发布的大量关乎股权让与担保的案件,不论裁判说理还是裁判要旨,着力关注的焦点均集中在标的公司股权受让人在股东地位上所受到的种种限制。举例来说,在"江西巨通与稀土公司股

---

① 载《最高人民法院公报》2020 年第 2 期。

权转让纠纷上诉案"①中,稀土公司为修水巨通从中铁信托公司获取的借款提供保证担保,作为补偿,修水巨通公司将其持有的江西巨通公司48%的股权让与稀土公司。嗣后,对于此处的股权让与行为性质上究竟属于真正的权利转让抑或单纯的担保型让与,当事人发生争议。最高法经审理作出担保型让与的结论,裁判要旨中的核心理由为:"案涉股权虽已变更登记至稀土公司名下,但该转让系以担保债权实现为目的,稀土公司作为名义上的股权受让人,其权利范围不同于完整意义上的股东权利,受担保目的等诸多限制。……(2)案涉股权转让附有解除条件,无论条件满足与否,均有目标股权回复至修水巨通名下的可能。《股权转让协议》第2.3.2条、第2.3.3条约定,案涉股权转让附有解除条件……(4)稀土公司作为受让人,其股东权利的行使受到诸多限制。《股权转让协议》第2.3.4条约定,在合同解除条件满足与否之前,目标股权对应的未分配利润不作实际分配;第4.3条约定,协议生效后,目标公司的高级管理人员中原由修水巨通委派、推荐或者选任的人士,暂时保持不变,在修水巨通未清偿债务、合同解除条件未成就且稀土公司选择受让股权后,才改由稀土公司依其持股比例选派。综上,《股权转让协议》在转让目的、交易结构以及股东权利等方面,均具有不同于单纯的股权转让的特点,其权利义务内容及实际履行情况,符合让与担保的基本架构,系以股权转让的方式实现担保债权的目的,其性质应认定为股权让与担保。"

梳理交易和裁判实践可以发现,司法机关已渐渐认识到,辨识和认定股权转让的合意究竟属于担保型让与抑或真正的权利让与,取决于当事人意思表示的解释和真意的发掘。②可这只解决了问题的一半,毕竟当事人真意的审查只是完成事实层面的作业,其法律性质的界定,还需要进一步将其置于规范框架下。这一规范框架,就是担保合意。

这也表明,尽管我国《民法典》中的担保制度已因对于《美国统一商法典》的参考而功能主义化,导致非典型担保的不断生成,也为民商事主体根据交易和个性化需求创设更多新形态担保工具提供了显著多于形式主义担保观下的自由空

---

① 参见最高人民法院(2018)最高法民终119号民事判决书。
② 参见昆明哦客商贸有限公司、熊志民与李长友等股东资格确认纠纷案,载《最高人民法院公报》2022年第6期。

间,但不得不承认的是,物权作为一种不同于债权且具有绝对性、排他性的权利形态,仍旧建基于独立的物权合意这一必要要素之上。否则,一旦少了担保合意这一必要的规范性支点,物权属性无法产生,担保权能不得主张,当事人在合意和约定上的自由就必然以其所欲追求的物权效力及优先地位的丧失为代价。这一方面再次印证了物权自治性观念对于独立物权合意的坚持;另一方面,也深刻地揭示,不论功能主义担保观的引入还是非典型担保的涌现,都只能在缓和的意义上修正物权法定原则,绝不可能彻底地取消或废止之。毕竟,担保合意作为担保权产生的最低门槛和必要要素,已经是对当事人在绝对性、排他性的担保权人地位创设上的限制。

5. 让与担保的实践样态

让与担保于实务中表现形态多元,但从我国民商事交易和裁判实践看,最常见的还是股权让与担保。鉴于此,以下结合若干司法案例,分析股权让与担保的特点及其判断路径。

首先,在股权让与担保交易中,股权转让约定通常与借贷关系相互嵌套,且呈现主从关系。以"张雨方与谢钰珉、深圳澳鑫隆投资有限公司等其他合同纠纷案"[①]为例,最高法专门在裁判文书中指出:"让与担保作为一种担保措施,属于从合同,只有在主合同存在的情况下,才可能发生让与担保,因此是否存在主合同并以此为基础设定让与担保,是判断相关交易安排是否属于让与担保的重要前提和标准。"

不过,商事实践中,当事人完全可能将主债权债务关系以多种形态加以"伪装",极易使人误认。比如,"某酒店公司诉某投资公司民间借贷纠纷案"[②]中,某投资公司与某酒店公司签署《项目协议》,以所谓项目投资的方式提供借款。《项目协议》约定,投资期满后由朱某按照投资本金的价格回购某投资公司所持的投资份额,其实质是返还某投资公司的借款本金。《项目协议》约定,某酒店公司每月向某投资公司分配一次利润,并约定固定收益及运营费用年化利率,该约定脱离了经营业绩和风险,名为利润分配,实为支付利息。为确保该债权本息的实

---

① 载《最高人民法院公报》2024年第8期。
② 参见北京市第三中级人民法院于2021年4月20日发布《北京市第三中级人民法院公司类纠纷审判白皮书(2013—2020)》,其中精选了二十个典型案例,该案系典型案例之十三。

现,第三人周某将其持有的部分某酒店公司股权转让给某投资公司,并未约定股权转让的对价,而是约定由某科技公司提供投资资金实缴服务,故周某是以股权转让的方式为某酒店公司的借款提供让与担保。法院支持了债权人关于借款关系以及收回本息的主张。

其次,单从股权让与合意这一层面看,受让人并不支付对价,并且基本上均约定股权在未来回转的可能和条件。一旦存在此种现象,说明此时的股权让与并非真正的权利转移。在"昆明哦客商贸有限公司、熊志民与李长友等股东资格确认纠纷案"[①]中,江西省高院二审认为案涉股权约定了返还条件,即还清借款本息便归还股权",并将此作为认定案涉股权转让系让与担保的重要考量因素。

最后,也是最重要的,股权受让人于标的股权之上的权能、法律地位受到较多的限制。比如,受让人在受让后并未真正参与目标公司的管理、选任管理人员、参与决策等,往往意味着此种让与的真正目的只不过是赋予债权人在交换价值范围内优先取偿的地位而已。前文提到的修水巨通与稀土公司之间的纠纷、某酒店公司与某投资公司之间的借款合同纠纷等,都是典型代表。

---

① 载《最高人民法院公报》2022年第6期。

后 记

我自 2018 年 9 月开始给本科生、研究生讲授民法学课程,渐渐有些心得,遂希望将之记录下来。随着课件和讲义的不断完善,这本书便有了底稿来源。如所公认,民法学的制度和知识内容体量庞大,出于时间考量,我遂与编辑老师商量,此次先将总则、物权部分付梓,后续还将陆续完成债法、人格权及家事法部分。

本书属于简明型教材,意在运用干净、简洁的语言,对于民法的主要制度、基本法理作尽可能清晰的阐释和分析。在全面信息化的时代,每个人都被湮没在"信息海洋"中,注意力已经是稀缺之物。此种要言不烦式的论说,或许更能帮助读者在有限的时间和注意力范围内,迅速、准确地捕捉关键信息,抓住私法制度和相应论域内不可忽视的核心要义及问题所在。

本书有如下两个特点:

一是,基于法条,穿透法条。诚如梅迪库斯所言,对于法律人而言,"最重要的永远是法条本身"。因此,本书之阐释,均秉持教义学理念,将实证法规则作为思考论述的起点。但是,法条毕竟只是法技术(Rechtstechnik),虽为承载和传递立法意旨的首要渠道,但仍可能因文字符号"所指能指"的局限而面临"词不达意"的困境。故观察、活用法律规则,必须更进一步,深入潜伏于法条背后的价值取向。如此,方可认识到那些更为持久、恒定的法理,从而在实证规范文义未及之处,有效、妥当地展开规范续造,以有限的规范应对无限的生活世界和交易需求。

二是，强调具象，关注体系。我国民法典规则设计受德式思维影响颇深，法条以抽象为常态。这固然能为法律安定性、司法裁量权提供保障，却也给初学者人为地制造了理解门槛。伴随着抽象而来的，必然是对大量生活细节的舍弃。然而，恰是这些生活细节本身可能蕴含着足以影响利益衡量走向及结果的关键因素，这便与规范适用有了直接关联。因此，本书对于私法理论的分析，时时考虑引入有说服力的裁判实例或事实场景，尽可能促成抽象规范与具象事实形成必要链接。事实上，不论考夫曼所强调的"目光在事实与规范之间往返流转"，抑或菲肯切尔所建构的"个案规范"方法论，都在提醒法律人，不可单纯地沉浸于规范世界，灵动多元的生活、真实复杂的交易以及这些过程中涌现的利益冲突与调和，才是规范的来源与归宿。

"百科全书"式的民法典，条文数量繁多。只有借助于体系方法，方可防止评价矛盾，实现规范融贯。事实上，实证法制度之间的内在关联，也必然对规范解释与适用的结果产生影响。因此，于有必要处，本书尽可能揭示实证规范之间的联动状态与相互影响。德国法学之所以共享"适用一个法律条文就是在适用整部民法典"的理念，其缘由恰在于此。

民法学博大精深，笔者才疏学浅，内容如有错漏之处，恳请方家师友不吝赐教。本人联系邮箱为 contactliuyang@163.com。

最后，感谢本书编辑孙维玲、刘秀芹两位老师的悉心审读和校对，感谢我的家人，尤其是我的妻子对我的鼓励和支持。

刘 洋

2025 年 7 月 17 日